Comenius: Seiner Zeit weit voraus...!

ERZIEHUNGSKONZEPTIONEN UND PRAXIS

Herausgegeben von Gerd-Bodo von Carlsburg

BAND 79

Eva Rass (Hrsg.)

Comenius: Seiner Zeit weit voraus...!

Die Entdeckung der Kindheit als grundlegende Entwicklungsphase

Bibliografische Information der Deutschen Nationalbibliothek
Die Deutsche Nationalbibliothek verzeichnet diese Publikation in der Deutschen Nationalbibliografie; detaillierte bibliografische Daten sind im Internet über http://dnb.d-nb.de abrufbar.

ISSN 0723-7464
ISBN 978-3-631-65606-8 (Print)
E-ISBN 978-3-653-04831-5 (E-Book)
DOI 10.3726/978-3-653-04831-5

Peter Lang Edition ist ein Imprint der Peter Lang GmbH.

Peter Lang – Frankfurt am Main · Bern · Bruxelles · New York · Oxford · Warszawa · Wien

Diese Publikation wurde begutachtet.

www.peterlang.com

Inhalt

Vorwort

Immer wieder gibt es selbst unter den großen Denkern herausragende schöpferische Individuen, die mit brillanter Geistesschärfe, ungeheurer Beobachtungsfähigkeit, Intuition und eigenen Erfahrungen allgemeine Lebensphänomene gedanklich komplex, differenziert und mutig durchdringen und dabei zu zukunftsweisenden Vorstellungen gelangen. Jan Amos Comenius gehört zweifelsohne im Feld der humanistischen Wissenschaften zu diesen gedanklichen Riesen, deren Erkenntnisse erst sehr viel später durch nachweisbare Befunde mittels weiterentwickelter Forschungsmethoden und -instrumente belegt werden konnten.

Der Essay „Entdeckung der Kindheit als grundlegende psychische Entwicklungsphase am Beispiel von Jan Amos Comenius' „Mutterschul" entstand im Jahre 1998 – just in jenem Zeitraum, der als die „Dekade des Gehirns" bezeichnet wurde (d.h. der Zeitraum von 1990–2000) (vgl. Schore 2007, S. 19). Die darin diskutierten Vorstellungen und Anforderungen, die Comenius an die verantwortliche Fürsorgeumwelt eines Kindes stellte, sowie deren Vergleich mit Erkenntnisfortschritten, die durch neue Beobachtungsmethoden und dem Einsatz bildgebender Verfahren möglich wurden (und der daraus resultierenden modernen Bindungs- und Affektregulationsforschung, ebd.), müssen auch 16 Jahre nach dem ersten Erscheinen in keinster Weise revidiert werden, da das damals Formulierte im Wesentlichen auch heutigen Überprüfungen standhält. Diese Tatsache lässt die Genialität des alten Meisters nur noch deutlicher aufleuchten. Wenn Comenius in seiner „Mutterschul" z.B. dem Gemütszustand der Schwangeren ganz besondere Bedeutung zumaß – er realisierte, dass diese „besonderen Umstände" Auswirkungen auf das ungeborene Kind haben – so kann die derzeitige Neurobiologie mit „harten Daten" beweisen, dass tatsächlich der Gemüts- und Stresszustand der Mutter unmittelbare Auswirkungen auf das ungeborene Kind hat. Wenn Comenius davon spricht, dass die ersten Eindrücke im Leben eines Menschen so sehr haften, dass es einem Wunder gleicht, wenn sie umgestaltet werden könnten, verweist dies auf das heutige Wissen, dass diese frühen Erfahrungen Prägequalität haben und nicht mehr ausgelöscht, sondern nur noch überformt werden können (Bauer, J. 2002). Die Neurobiologie spricht vom Gehirn als „eine soziale Konstruktion" (Eisenberg 1995). Insofern stellt der zweite Aufsatz im vorliegenden Buch „Die frühe Kindheit – die grundlegende Weichenstellung der Entwicklung" (2013) eine mit den seit 1998 hinzu gekommenen neuen Forschungsbefunden erweiterte Ausarbeitung dar. Umfangreiche internationale Forschungsvorhaben können immer differenzierter und umfassender die Bedeutung der frühen Entwicklungsjahre nachweisbar belegen, so dass die „harte Wissenschaft" der Neurobiologie die „sanfte Wissenschaft" der Psychologie auf eine neue Ebene gehoben hat (R. Bowlby in Rass 2012, S. 8).

Comenius erachtete die ersten 6 Jahre als einen Lebenszeitraum, in dem zunächst die Eltern und vor allem die Mutter das Kind in einen emotionalen und kognitiven Zustand bringen sollten, um sich darauf folgend mit dieser sicheren Basis (ein Grundbaustein der modernen Bindungsforschung) der Welt zuwenden zu können. Ab dem 3. Lebensjahr sollten die Sinne und die damit möglichen Fähigkeiten und Fertigkeiten ausgestaltet werden – „denn es gelangt nichts in den Verstand, was nicht zuvor in den Sinnen war". Comenius hatte somit erkannt, dass spätere kognitive Prozesse eines funktionierenden sensorischen Fundamentes bedürfen und dass die Integration des sensorischen Erlebens jene Bahnen im kindlichen Verarbeitungssystem installiert, die später bei „höheren" kognitiven Prozessen benutzt werden müssen. Wenn die sensorische Grundausstattung eingeschränkt arbeitet, beeinflusst dies unmittelbar die weitere sensomotorisch-kognitive Entwicklung. Ein Mensch mit Schwächen in der Wahrnehmungsorganisation steht demzufolge vor sehr großen Herausforderungen, wenn es gilt, das Leben in seiner Komplexität sensomotorisch zu erfassen und zu verarbeiten, um diesbezüglich kompetent bei vielen Lebensabläufen abgestimmt mitschwingen zu können. Das dazu heutige Wissen wird im 3. Kapitel zusammengefasst dargestellt (Rass 2002, 2008, 2013).

Der Aufsatz von v. Carlsburg/Wehr beschäftigt sich mit der Entwicklung der Fähigkeit zu Einfühlung und zum Lieben und verweist ebenfalls auf frühe Erfahrungen des Menschen mit seiner Umgebung, um durch gemachte und verankerte Erfahrungen dieses inhärent angelegte Potenzial zu entfalten. Ein Mensch, der in seiner Entwicklungsgeschichte auf Einfühlung, Fürsorge, Achtung und Bindungssicherheit stößt, kann nicht anders, als diese Erfahrungen zu internalisieren, was notwendig ist, um es weitergeben zu können. Dies steht in unmittelbarem Zusammenhang mit der Erkenntnis von Comenius, dass es in der Verantwortung der Eltern liegt, was aus dem Kind später wird. Die Eltern stehen somit vor der Entwicklungsaufgabe, sich der nächsten Generation mit Feinfühligkeit, mit Beziehungssicherheit und Lebenszuversicht als Entwicklungsobjekt anzubieten und Comenius steht somit in unmittelbarer Nähe zu dem zukunftsweisenden Aufsatz von A. und P. Ornstein „Elternschaft als Funktion des Erwachsenen-Selbst" (1994).

Die moderne Bindungsforschung postuliert, dass die frühen Kindheitsjahre, insbesondere die ersten 3 Jahre, entscheidend für das weitere Leben sind, da die Kinder in dieser Zeitspanne mit ihren engsten Bezugspersonen Erfahrungen machen, die ihr späteres Erleben prägen. Wenn es sich um positive Erfahrungen handelt, gelingt es dem Menschen leichter, ein Urvertrauen zu entwickeln, was als stabiles Fundament für den langen Lebensweg zu dienen vermag. Wenn die frühen Erfahrungen von Unsicherheit und schmerzlichen Erfahrungen geprägt sind, verleiht dies dem weiteren Lebensweg eine Tönung von Unsicherheit (vgl. Rass 2011). Die Forschung kann zwar heute belegen, dass durch die Plastizität des Gehirns eine neuronale und eine psychobiologische Umgestaltung möglich ist, doch ist dieser reorganisierende Veränderungsprozess nicht einfach.

Der Zeitgeist drängt auf eine frühe Herausnahme des Kindes aus seiner primären Fürsorgeumgebung und auf eine frühe Selbständigkeit und Selbstorganisation des kleinen Menschen. Aber auch nach dem Überwechseln aus der Frühkind- und Vorschulzeit verbleibt das Kind während seines Lebens als Schüler in großer Stundenzahl unter der Obhut professioneller Erzieher, die stundenmäßig das Kind häufig mehr begleiten als die primäre familiäre Umgebung. Insofern wäre es von größter Bedeutung, dass die Erkenntnisse über die frühen Einflussfaktoren auf die kindliche Entwicklung an all jene herangetragen werden, die sowohl im privaten als auch im professionellen Bereich mit der Fürsorge des Heranwachsenden konfrontiert sind, was letztendlich einen seelischen Reifungsprozess des Erwachsenen als notwendig erscheinen lässt. 2000 sprachen Arnhardt, v. Carlsburg und Hoffmann vom Spannungsfeld zwischen berufsethischer Entscheidungsfreiheit und verpflichtenden Denk- und Handlungsstrukturen (s. S. 88 im vorliegenden Band), in welchem sich aus Comenius' Perspektive der Lehrer/die Lehrerin bewegt. Dieser Herausforderung kann er/sie nur verantwortungsvoll begegnen, wenn die *innere* Struktur der Lehrperson einen Entwicklungsprozess hin zur umfassenden Menschlichkeit durchläuft.

Die frühkindlichen Erfahrungen beeinflussen auch das Erleben und das Verhalten des größeren Kindes und es tritt mit diesen bis dahin entwickelten Persönlichkeitsstrukturen in erweiterte Lebensfelder. Daher sollten im Falle von ungünstigeren Voraussetzungen die professionellen Erzieher in der Lage sein, die Hintergründe von schwierigen Erlebens- und Verhaltensweisen mit den Erfahrungen des Kindes, das diese in das außerfamiliäre Leben mit einbringt, in Verbindung zu bringen. Ohne dieses Wissen besteht die Gefahr, dass der Zögling im schulischen Lebensfeld keine korrigierenden Erfahrungen erleben kann oder dass sich im ungünstigsten Fall durch uneinfühlsames Verhalten der professionellen Erzieher die vorher gemachten seelischen Verletzungen noch tiefer in das Persönlichkeitssystem des Heranwachsenden eingraben. Die allgemeine Pädagogik steht daher vor der Aufgabe, die bestehenden Erkenntnisfortschritte in ihr Konzept zu integrieren und diese, um das neue Wissen bereichert, in eine Bindungspädagogik überzuführen (Göppel et al. 2010; Jungmann/Reichenbach 2013).

Gelänge diese Erweiterung, wäre dieser Prozess eine Antwort auf die schon vor 400 Jahren sehr differenziert, sorgsam und breitgefächert ausformulierten Anforderungen von Comenius an die Erwachsenengeneration. Die damit mögliche „Kultur der Wertschätzung“ – so v. Carlsburg und Wehr – könnte das Fundament eines „solidarischen Umgangs“ sowohl mit sich als auch mit dem anderen darstellen, was insbesondere dem verletzlichsten Teil der Gesellschaft – dem Kind – die bestmöglichen Bedingungen für ein gelingendes Heranwachsen ermöglichen würde.

Die Entdeckung der Kindheit als grundlegende psychische Entwicklungsphase am Beispiel von Jan Amos Comenius' Mutterschul

Eva Rass

„Dein Wort siegt über den Tod noch; Was du gesät hast, birgt treulich der Acker im Schoß! Späteren winkt der Ernte Geschenk; schon wogen die Halme!"
(G.W. Leibnitz zum Tode von J.A. Comenius*)

Vorwort

Jan Amos Comenius (latinisierte Form des böhmischen Namens Komenský, 1592–1670) gehört uneingeschränkt zu den überragenden pädagogischen Gestalten. Die heutige historische Betrachtung von Erziehungswirklichkeit und Ideen führt notwendigerweise zur Auseinandersetzung mit seinen Vorstellungen.

Er war Exulant und Asylant. Wie er im 17. Jahrhundert, so leben auch wir heute in einer Zeit umwälzender Veränderungen. Er war ein europäischer Denker, dessen Schriften immer noch Aktualität besitzen. Er trat für Frieden ein, entwickelte Gedanken, um der Unvernunft auf Erden ein Ende zu bereiten. Er machte Vorschläge zur kindgerechten Unterweisung der Jüngsten, zur Gleichberechtigung von Mädchen und Frauen am Bildungsprozess. Sein Werk kann als historisch-theoretische Orientierungshilfe studiert werden. Kaum ein anderer Pädagoge hat der Erziehung und der Schule eine so gewaltige Aufgabe zugesprochen. Sie hat für Comenius entscheidende Mitarbeit an der – nicht weltimmanent verstandenen – Erlösung der Menschheit zu leisten. Aus dieser ins Metaphysische hinreichenden Bedeutung der Erziehung ergab sich, dass sie mit allergrößter Sorgfalt geplant werden und schon ab frühester Kindheit erfolgen muss.

Comenius ist mit dem Gedanken der Kleinkinderziehung ein wichtiger Vorläufer Pestalozzis (1746–1827) und Fröbels (1782–1853), letztlich auch der modernen Vorschulpädagogik. Ein positiv christliches Menschenbild tauchte auf, das auch dem Kleinkindalter als Entwicklungsphase bedeutenden Wert zuerkannte.

---

* aus Wartenberg, D.: Zum Menschenbild des Jan Arnos Comenius. In: Golz, Korthaase, Schäfer (Hrsg): Comenius und unsere Zeit, 1966, S. 11.

Der Kindheit, die bis dahin nur eine schnell zu überwindende unerfreuliche Erscheinung war, maß er wesentliche Bedeutung bei. Aus heutiger Sicht war dieser Lebensabschnitt damals bei sehr Vielen von unermesslichem Leid geprägt und kennzeichnete (modern ausgedrückt) das Selbstgefühl der Überlebende, die ihre Lebenserfahrungen weitergaben.

Mit seiner wachen Beobachtungsgabe hat Comenius offenbar diese Teufelskreise erfasst und aufzubrechen versucht. Er bemühte sich daher, eine umfassende Erziehungslehre – beginnend mit einer Mutterschule bis abschließend zur Pampaedia – zu schaffen. Hier liegen die Anfänge der Pädagogik als Wissenschaft. Er kam zu Erkenntnissen, die heute noch in vielen Bereichen Bestand haben, sei es in der Neurophysiologie, der Schwangerschafts- und Geburtsmedizin, der Psychologie und Pädagogik. Erst in diesem Jahrhundert konnten viele dieser von ihm erkannten Zusammenhänge durch Forschung belegt werden.

Seine existentielle tiefe Religiosität und die daraus resultierende Menschenachtung waren vermutlich die wesentlichste Motivationsquelle für die Erstellung „der Mutterschul“[**]), um Eltern einen Leitfaden in die Hand zu geben, damit sie ihrem Kinde eine seelisch und körperlich gesündere Entwicklung ermöglichen könnten.

Diese Arbeit versucht, anhand von Literaturstudien die Bedeutung dieser von Comenius vorgelegten Schrift sowohl für die damalige Zeit als auch für die Gegenwart darzustellen. Dabei kamen mir Erfahrung und Wissen aus meiner 20jährigen Tätigkeit als analytische Kinder- und Jugendlichen-Psychotherapeutin zugute. Einige Fallvignetten – zumeist aus Behandlungen – sind im Teil 11 eingefügt, um theoretische Darstellungen zu verlebendigen.

** Dieser für uns heute ganz ungewöhnliche Sprachgebrauch lässt sich bei Zitaten in dieser Arbeit nicht immer vermeiden. Verschiedene Schreibweisen liegen vor; z.B.: Informatorium. Der Mutterschul, Hrsg. Arnhardt/Reinert: Jan Amos Comenius, Bd. II, 1996, Inhaltsverzeichnis Mutterschule (ebenda S. 396) Informatorium. Der Mutter-Schul (ebenda S. 405) Informatorium der Mutterschul, Petersen/Priesemann, Einführung in die Unterrichtswissenschaft, Teil 2, 1992, S. 115.
Trotz des Punktes hinter „Informatorium.“ handelt es sich bei „Der Mutterschul“ nicht um einen männlichen Genus im Nominativ, sondern um den Genitiv Femininae, denn „Schul“ oder „Schule“, lat. „schola“, war (vgl. Etymologisches Wörterbuch der Deutschen Sprache, Berlin, 1967, S. 682 und Wahrig Deutsches Wörterbuch, Gütersloh, 1968, S. 3184) immer weiblich. Befremdlich ist also der Punkt, und allenfalls das entfallende Auslaut-E bei „schul“; ein „Informatorium der Mutterschule“; modern-sprachlich „Hinweise zur Kinderbeschulung durch die Mutter“, entspräche dem von Comenius Gemeinten am ehesten.

Teil I. Comenius und seine Zeit

1. Charakteristika der Barockepoche und Aufkommen des Volksschulgedankens

Das 17. Jahrhundert stellte eine neue geschichtliche Einheit dar, die ihren eigenen Lebensstil hatte und viele Lebens- und Kulturbereiche prägte. Besonders sichtbar wurde diese Wandlung auf politischem, wirtschaftlichem und sozialem Gebiet (Reble 1969, S. 95–101).

Im Zuge der Machtballung erstarkten die Fürsten, während die Macht der Städte, Ritter und anderer kleinerer Landesherren dagegen sank. Dabei entstand ein straff geleiteter Territorialstaat mit entschiedenem Durchsetzungswillen im Inneren und nach außen. Der Absolutismus mit seinem Expansionsdrang und seinem Bedürfnis nach Repräsentation stieg auf. Staatsverwaltung, Finanz- und Steuerwesen sowie das Militär wurden stabilisiert, durchrationalisiert und uniformiert. Der Staat mit seinem absoluten Herrscher wurde zum Eigentümer des Lebens, er verfügte über seine Bürger und deren Eigentum.

Dieser absolutistische Staat, der aus Regieren und Verwalten ein System machte, strebte auch nach einer zentralgeleiteten Volkswirtschaft. Er griff nach Kolonien, gründete Industrien, schaffte Monopole. Der Reichtum des Staates bestand nach der entsprechenden Wirtschaftsauffassung (dem Merkantilismus) in barem Geld, seinerzeit noch Edelmetall-Geld. Alles Gewerbe wurde intensiviert, das gesamte Wirtschaftsleben weitete sich aus. Die Bevölkerungszahl wuchs enorm – in England z. B. während des 17. Jahrhunderts um 100 %. In Folge des 30jährigen Krieges war dieser Zuwachs in Deutschland weniger erkennbar.

Der Staat hatte von seinem Bürger wirtschaftlichen und finanziellen Nutzen, fühlte sich aber auch für ihn und sein Wohl verantwortlich. Er behandelte ihn als „Landeskind". Dieses Machtgebilde mit seinen umspannenden wirtschaftlichen Ambitionen brauchte einen mit nützlichen Erkenntnissen und Fertigkeiten ausgerüsteten Staatsbürger. Er hatte somit auch die Aufgabe, einen tüchtigen und seinem Stande entsprechend unterwiesenen Untertan heranzubilden. Aus diesem größeren Zusammenhang wird verständlich, dass sich das 17. Jahrhundert der Volksschule zuwendete, während das 16. Jahrhundert fast nur die Gelehrtenschulen förderte. In ganz Europa war der große Eifer der Fürsten in den Fragen der allgemeinen Schulbildung charakteristisch (Gotha, Weimar, Köthen, Sachsen, Frankreich, Schweden, England). Dieses Jahrhundert war ein Zeitalter von Pathos und Repräsentation. Baukunst, Malerei und Musik waren geprägt von unerhörtem Reichtum und Einfällen, enzyklopädische Bestrebungen waren wirksam, um alle Kenntnisse auf sämtlichen Gebieten zusammenzutragen und die Welt abzubilden. Ebenso bestand in diesem Jahrhundert das Streben nach straffer Formung und Regulierung.

Ähnlich wie in der Staatsverwaltung wurde auch die Lenkung und Systematisierung der Wirtschaft, die städtische Entwicklung mit ihren planvoll-mathematischen Gartenanlagen (Mannheim 1652, Karlsruhe 1715) sowie der Erziehung versucht.

Große Gelehrtenvereinigungen (Royal Society in London, Académie des Sciences in Paris, Berliner Akademie der Wissenschaften, usw.) wurden gebildet. Überall wollte man systematisieren, wollte planvoll-methodisch bewältigen und beherrschen. Nicht zufällig fallen verblüffende Erfolge der methodisch arbeitenden Wissenschaften auf dem Gebiete der Natur (Galilei, Kepler, Newton) in diese Epoche des Ordnens und Systematisierens.

Die pädagogische Gedankenbildung dieser Zeit entsprach dem ganzen Lebensstil. Sie war beherrscht von dem Gedanken einer vernünftig-planvollen Führung des Menschen und strebte zu umfassender Systematik. So entwickelte sich in dieser Zeit nicht nur ein allgemeines, vom Staate eingerichtetes Schulwesen zumindest in Anfängen, vielmehr begegnete die Frage planvoller Erziehung überhaupt stärkstem Interesse. Nicht nur einige wenige sollten in den Genuss von Bildung kommen, Bildung sollte für alle sein. Das führte zur Notwendigkeit, das Schulwesen zu verallgemeinern. Man kann von einem Jahrhundert der Erziehung sprechen. Man wollte nicht nur besonders viel, sondern auch besser und konsequenter als zu früheren Zeiten erziehen und man versuchte ein System, ein Schulwesen mit dem geregelten Unterrichtsverfahren zu schaffen. Man bemühte sich um eine allgemein verbindliche Didaktik aus der allgemeinen Natur des Menschen heraus und um die Erarbeitung eines Erziehungszieles. Dies führte zu einer pädagogischen Gedankenbildung, die – besonders bei Comenius – von Naturalistisch-Rationalistischem und Theologischem gekennzeichnet ist. Gerade er rang um Überwindung der Erstarrung der humanistischen Gelehrtenschule und um den einheitlichen Aufbau eines allgemeinen Schulwesens. Dem vorausgegangenen Humanismus stellte sich – vor allem in Deutschland – der Gedanke einer Erneuerung der Volkskultur durch Besinnung auf die eigene Sprache entgegen. Mit der Besinnung auf die Muttersprache wurde diese auch als das Naheliegende und Naturgemäße proklamiert. Auch hier verkörperte Comenius ausdrucksvoll ein pädagogisches Bestreben dieser Epoche.

2. Comenius' Leben[1]

Johann Amos Comenius wurde am 28. März 1592 in Nivnitz im südwestlichen Mähren als Sohn eines Müllers, der der Gemeinde der Böhmischen Brüder

1 Vgl. Arnhardt/Reinert, Hrsg. 1996, Bd. 1, S. 8–10, S. 136–138; Bd. II, S. 400–402; Böhm, W. 1994, S. 151; Reble, A. 1969, S. 104–105; Weidel, K., in: Golz, Korthaase, Schäfer (Hrsg.) 1996, S. 16–23.

angehörte, geboren. Sein Vater nannte sich Komenský nach seinem Heimatort Komnia nahe ungarisch-Brod. Als 12jähriger wurde er nach Ausbruch einer Seuche, die beide Eltern dahinraffte, Vollwaise. Er lebte bei einer Tante und besuchte die Brüderschule. Anschließend bezog er die Akademie zu Herborn in Nassau, lernte hier die Schriften des Schulreformers Wolfgang Ratke kennen, die ihn zum ersten Nachdenken über Erziehungs- und Unterrichtsfragen veranlassten. Er beschäftigte sich, hier beginnend, mit allem, was an Erziehungsschriften zugänglich war; so auch z. B. mit den moralischen Schriften des Plutarch[2] (50–125 n. Chr.) und der Noctes Atticae von Gellius (170 n. Chr.)[3]. Später studierte er an der reformierten Universität Heidelberg Theologie. Anschließend kehrte er im Jahre 1614 in sein Vaterland zurück und wurde Lehrer an der Lateinschule in Prerov. Er erhielt die Ordination zum Priester der Brüdergemeinde. Nach der unglücklichen Schlacht am Weißen Berge, die ihn tief in die Wirren des 30jährigen Krieges hineinriss, trieb der Druck der Gegenreformation die Brüder aus dem Lande. Zuvor hatte er durch die Pest seine erste Ehefrau und seine zwei Söhne verloren. Etwa 30.000 Familien begaben sich in die Emigration, – nicht nur Mitglieder der Religionsgemeinschaft der bömisch-mährischen Brüder-Unität, sondern letztlich alle Nichtkatholiken, beinahe zwei Drittel des Adels.

In polnisch-Lissa wollte er eine neue Heimat gründen und übernahm die Leitung der dortigen Schule. Er legte seine pädagogischen Gedanken in Schriften nieder, die ihn weit über die Grenzen Deutschlands hinaus bekanntmachten. Die bekanntesten sind seine „Didactica magna" (1630) und die „Janua linguarum reserata" (1631).

Zur Durchführung pädagogischer Reformen wurde er nach England und Schweden gerufen. 1642 verlegte er seinen Wohnsitz nach Elbing, war dort am Gymnasium tätig, wurde zum Bischof der Brüdergemeinde gewählt und kehrte nach Lissa zurück. 1650 führte ihn ein Ruf des Fürsten Rakoczi nach Ungarn zur

---

2 z. B.: „Die Mütter müssen nach meinem Dafürhalten ihre Kinder selber ernähren und stillen. Denn sie nähren sie ja mit viel größerer seelischer Verbundenheit. (…) Ich bin weiterhin der Überzeugung, daß man die Kinder zu rühmlichen Zielen stets nur durch Ermahnungen und Vorstellungen, niemals aber durch Schläge oder andere schimpfliche Behandlungen anhalten soll; (…). Denn der Schmerz wie der Schimpf der empfangenen Schläge machen stumpf und schrecken vor jeder Anstrengung ab. Lob und Tadel richtet bei den Freien weit mehr aus als Mißhandlung: (…). Man suche für seine Kinder Lehrer, die in ihrem Lebenswandel unbescholten, in ihren Charakteranlagen untadelig und in ihren Erfahrungen ausgezeichnet sind." Plutarch, 1947, S. 7–17 (in ihrer Echtheit umstritten).

3 Auch er betonte die existentielle Bedeutung des Stillens durch die Mutter (in: Arnold, K. 1980, S. 149, 170.

Umgestaltung des dortigen Schulwesens; aber auch hier, ähnlich wie in England und Schweden, konnte er nur wenig von seinen umfassenden Ideen verwirklichen. In dieser Zeit entstand u. a. der „Orbis pictus" (1654), sein bekanntestes und bis ins 19. Jahrhundert immer wieder neu aufgelegtes Werk. In dieser Zeit verstarb auch seine zweite Frau, die ihm vier Kinder hinterließ. Bald kam es zur dritten Eheschließung. Er kehrte nach Lissa zurück und verlor dort 1656 zum zweiten Male durch polnische Soldaten seine gesamte Habe. 1657 siedelte er nach Amsterdam über, wo er im Hause seines Freundes de Geer lebte und als Lehrer von Kindern besserer Stände außerordentlich gesucht war. Hier gab er auch seine gesammelten Schriften heraus. Er kehrte nicht mehr in die alte Heimat zurück und starb in Amsterdam am 15.11.1670.

Sein Leben war somit ein unstetes Wandern, voller Unruhe und Tragik, voller Anfänge und Anregungen. Mit heldenhaftem Optimismus, der einem tiefen Gottvertrauen entsprang, schaffte er in seinem Werk ein erstaunliches Maß an innerer Einheit, Harmonie und Geschlossenheit, was sich gerade im 17. Jahrhundert, das an ungeheueren inneren Spannungen und Dissonanzen litt, leuchtend abhob.

3. Sein pädagogisches Wirken[4]

J.A. Comenius kann zweifelsohne als erster großer Theoretiker einer systematischen und umfassenden Pädagogik gelten. Seine pansophische Erziehungs- und Bildungslehre stellt den Höhepunkt der Barockpädagogik dar. Viele Probleme der modernen Pädagogik – sei es Vorschulerziehung, Altenbildung, Chancengleichheit und anderes – hat er vorweggenommen. Das umfassendste pädagogische Werk schuf er in seiner „Didactica magna" (große Unterrichtslehre). Erziehungsfragen der frühen Kindheit war sein „Informatorium der Mutterschul" gewidmet. Er war ein tiefer weltweiter Denker, geistig in ganz Europa daheim und mit allen großen Gelehrten der verschiedenen Länder im Austausch. Er war schriftstellerisch sehr schaffensfreudig und trotz zweimaligen Verbrennens seiner Manuskripte blieben 147 Schriften erhalten.

Was bis heute die Faszination ausmacht, ist das in allen pädagogischen Aussagen aufleuchtende positive christliche Menschenbild, das er im Bruch mit den Auffassungen des mittelalterlichen Denkens von der Erbsünde und der Erkenntnisbeschränktheit des Menschen postulierte und begründete. Sein Menschenbild war ein zutiefst aktives: mit seinen Sinnen tritt der Mensch in die Harmonie der Natur ein, er schaut sie an und erkennt sie. Mit der Vernunft erreicht er den Bereich

4 Vgl. Arnhardt/Reinert, Hrsg. 1996, Bd. I/II; Böhm, W., a.a.O., S. 151; Loch. W. 1979, S. 107/108; Nohl, H. 1958, S. 5–8; Petersen/Priesemann. 1992, S. 102–118.

der Kunst, in dem er die Dinge und sich selbst beherrschen lernt. Der Glaube führt ihn dann zu Gott. Gott, Natur und die Kunst, d. h., die durch die Schaffenskraft des Menschen erstellte Welt, sind die drei Objekte, um die es in seiner Pansophie geht.

Von den praktischen Aufgaben und den Anschauungen seines engeren Kreises ausgegangen hat sich sein Denken immer mehr zum Universalen geweitet. Weite Bereiche seiner Arbeit dienten der Verchristlichung des Lebens, der Vorbereitung des Menschen auf das himmlische Leben. Seine pädagogischen Gedanken und Bücher wollten nur diesem Ziel dienen. Sie dürfen, wenn man Comenius gerecht werden will, nicht ohne diesen Zusammenhang gesehen werden.

Er war Anhänger der chiliastischen Lehre, d. h., er war davon überzeugt, dass Christus zu einem tausendjährigen Reich wiederkommt. Er glaubte, dass das Ziel nahe ist, da die entsprechenden Zeichen sich mehrten (Ausweitung des Verkehrs, Beginn der Weltschiffahrt, Bacons Wirtschaftserneuerung und vieles mehr). Da die Welt aber noch voller Verirrungen und Verwirrungen war, hielt er planmäßige Hilfe für notwendig, um die Welt zu einer wirklichen Vorschule der „himmlischen Akademie“ zu machen. Um die Stufen der echten Wahrheit und Weisheit zu erreichen, erschien ihm daher eine Pansophie vonnöten, d. h. eine allumfassende Wissenschaft. Bis dahin hatte kein Pädagoge der Erziehung und speziell der Schule eine derart gewaltige Aufgabe zugesprochen. Sie hat für Comenius entscheidende Mitarbeit an der Erlösung der Menschheit zu leisten.

Der Weg der Bildung führt, beginnend bei den Sinnen, über das Denken zum religiösen Glauben. Echte sittliche Bildung ist nicht durch Worte oder durch Erkennen, sondern nur durch sittliches Tun selbst zu erreichen. Über eine Allgemeinbildung, die sich auf Sinneswahrnehmung, strukturierendes Denken sowie erkenntnisleitendes Handeln gründet, soll sich wahres Menschsein konstituieren. Im Zentrum steht das Vertrauen auf die Kraft menschlicher Aktivität.

In seinem Spätwerk „Pampaedia“ (d. h. Erziehung im Ganzen) legte er dar, wie in diesem Sinne das ganze Leben für den Menschen eine Schule sein soll. Er gliederte die gesamte Erziehung in vier Stufen zu je sechs Lebensjahren. Jeder Periode entsprach eine bestimmte Schule, so dass ein System von vier nacheinander zu durchlaufenden Schulen entstand: Der Kindheit bis zum sechsten Lebensjahr ordnete er die „Mutterschul“ zu, für die Knabenzeit (siebtes bis zwölftes Lebensjahr) sollte in jedem Ort eine Muttersprachschule eingerichtet werden, die wie die Mutterschule von der Jugend beiderlei Geschlechts besucht werden sollte und in sechs Jahresklassen aufgeteilt war. Niemand konnte nach diesem Ablaufplan in die darauffolgende sechsjährige Lateinschule kommen, der nicht diese allgemeine deutschsprachige Schule besucht und damit einen Vorgeschmack auf das Leben erhalten hatte. Er verhalf der Muttersprache zu ihrem Recht, redete den Realien das Wort und drang auf eine naturgemäße Entwicklung des kindlichen

Geistes: Den Vorstellungen geht die sinnliche Wahrnehmung voraus; „denn es gelangt nichts in die Vorstellung, das nicht zuvor in den Sinnen war.“[5] Nur so kann sich nach Comenius wahres Menschsein verwirklichen. Als Vorbereitung für die höheren Berufe schloss sich dann in der Jünglingszeit von neunzehn bis vierundzwanzig Jahren der Besuch einer Hochschule an. Dieser Akademie oblag dann die Willens- und Urteilsbildung.

Die Pampaedia ist der vierte Teil eines aus sieben Büchern bestehenden Gesamtwerkes, in dem eine Erziehungslehre umfassender Natur zur allgemeinen Beratung über die Verbesserung der menschlichen Dinge entworfen wird. In dieser Erziehung zum Ganzen geht es um die Frage, wie alle Menschen – männlich, weiblich, jung, alt – in allen Stücken, d. h., nach Gottesbild und wahrheitsgemäß, in allumfassender Weise belehrt werden können. Tugenden wie Klugheit, Eintracht, Vorsicht und Arbeitsamkeit sollen sich in jedem Menschen entwickeln können. Die Erziehung sollte für jedermann sein, sie sollte nichts auslassen und ein in sich selbst geschlossenes Ganzes sein. Dieses totale Erziehungsprogramm war nichts anderes als die Abbildung der göttlichen Weltordnung auf die Didaktik: Schulordnungen, Lehrmethoden, Art und Rang der Lehrgegenstände; Altersstufe, Reifungsgrade, Abstufung und Abfolge des Lernzieles wurden thematisiert. Für Comenius war der Mensch ein Mikrokosmos, der den Makrokosmos spiegelte. Erziehung konnte für ihn nicht nur alles leisten, sie sollte auch jeden erfassen, und bis in die letzte Einzelheit legte er dar, wie dieser Prozess in die Tat umzusetzen war. Sinn für Realität, Tradition und Lebenserfahrung waren ihm Quellen für das Programmatische. Realismus sowie der Ausgriff ins Universale kennzeichnen das Werk.

Dieser Griff ins Universale wurde von den Nachfolgern in dieser Kühnheit nicht mehr gewagt. Schon zu seiner Zeit drang er mit der Gesamttheorie der totalen Erziehung aller Menschen nicht durch. Einige Einzelheiten des Systems hatten größeren Erfolg.

Eine Theorie, die aufs Ganze geht, muss auf Widerstände in der Praxis stoßen, die immer individualisiert ist. Die bewegende Idee – das Ganze zu erreichen und darzustellen – lebt jedoch in den Einzelteilen dieser didaktischen Lehre. Eine Theorie, die in einem System alles zu vereinigen versucht, können wir als Utopie klassifizieren. „Die Utopie zeigt das Notwendige als Ziel, die realistische Betrachtung hingegen sucht das Mögliche als Wirklichkeit.“ (Petersen/Priesemann, a.a.O., S. 118)

5 aus: Die pansophische Schule. In: J. A. Comenius, Arnhardt/Reinert, Hrsg. 1996, Bd. II, S. 501.

4. Die Erziehungslehre für das Kleinkind: „Informatorium. Der Mutter-Schul"[6]

Eine der Schriften, die auch heute noch volle Berechtigung und Gültigkeit hat, ist die 1633 auf deutsch erschienene Übersetzung der zunächst in böhmischer Sprache abgefassten „Scola materska". Diese Schrift zeigt für die damalige Zeit außergewöhnliches Verständnis für die kindliche Entwicklung und für kindliche Erscheinungsformen. Comenius wollte den damaligen Eltern einen Ratgeber in die Hand geben, um so den Kindern eine sowohl körperlich als auch seelisch gesündere Entwicklung zu ermöglichen. Einer der bedeutendsten deutschen Comenius-Forscher, Prof. Dr. Dr. h.c. Franz Hofmann, spricht in einem anderen Zusammenhang von einem „allerzieherisch-psychagogischen"[7] Instrumentarium, was zweifelsohne gerade auf diese „geschlossene Erziehungslehre für das Vorschulkind"[8] zutrifft. Im 27. Kapitel seiner Didactica magna weist Comenius auf die Mutterschule hin, wo er diese als vorausgehende Schule für alle anderen als grundlegend notwendig erachtet.

Kapitelschwerpunkte der Mutterschule

1. Kapitel
Da die Kinder die teuerste und wertvollste Gabe Gottes sind, sollen sie ihrem Wert entsprechend hochgehalten und verwahrt werden. Achtung, Zuneigung und Verständnis muss ihnen entgegengebracht werden, da sie die zukünftigen Erwachsenen mit ihren Fähigkeiten und Qualitäten stellen. Sie sind als Gottesebenbild frei von Sünde, sie gehören als Teil von Christus zum Reiche Gottes und sie sind später Werkzeuge, um seinen Namen zu preisen. Die Beziehung der Eltern zu ihrem Kind soll die mit Abstand edelste und wichtigste sein.

---

6 Quelle: Comenius, Informatorium. Der Mutter-Schul, in: Jan Arnos Comenius. Hrsg. Arnhardt/Reinert 1996, Bd. II, S. 405–486.

7 J. A. Comenius, Hrsg. Arnhardt/Reinert, 1996, Bd. 1, S. 60.

8 ebenda. S. 9.
Etwa 170 Jahre später (1801) entwarf J. H. Pestalozzi ebenfalls ein „Vorschulprogramm": „Wie Getrud ihre Kinder lehrt, ein Versuch, den Müttern Anleitung zu geben, ihre Kinder selbst zu unterrichten." Er entwickelte hier fundamentale und elementare Erziehungsgrundsätze, die in einigen Aspekten denen von Comenius ähneln (in: Johann Heinrich Pestalozzi, Reinert/Arnhardt/Cornelius, 1996, S. 61). Obwohl die Sicht des Menschen und des Menschlichen bei Comenius und Pestalozzi eine grundverschiedene war, ergaben sich in weiteren Punkten Übereinstimmungen: Gründung von Lernen und Lehren auf Anschauung, Naturgemäßheit als erzieherischer Grundsatz, Idee der allgemeinen Volksschule sowie die sinnvolle Verbindung von Begriff und Sache (Gehrig, H., 1996, S. 85–91).

2. Kapitel
Da das irdische Leben der Weg zum ewigen Leben ist, soll er vernünftig ausgestaltet werden (Glaube, Gottesfurcht, Sitten, Tugenden, Wissenschaft, Künste), um in die ewige Seligkeit eintreten zu können. Gott hat den Eltern die Kinder anvertraut, damit sie deren Körper und Seele entwickeln. Der Körper soll die würdige und bequeme Wohnung für die unsterbliche Seele sein. Nur eine wohlerzogene Seele erkennt die Hoheit des göttlichen Ebenbildes in sich.

3. Kapitel
Die Erziehung eines Kindes erfordert Fleiß, Mühe und Arbeit. Wie ein Baum, der wachsen soll, also gepflanzt, begossen und beschnitten werden muss, muss das Kind gepflegt werden. Die Erziehung soll jedoch für die Eltern, die diese Aufgabe gottesfürchtig akzeptieren, „lieblich, anmutig und gleichsam nur wie ein Spiel oder Kurzweil sein".

4. Kapitel
Da die Ausbildung der Kinder nicht erst in der Schule beginnen kann, müssen die Eltern in der heimischen Schule wichtige Grundsteine legen. Das in der Kindheit Angelegte wirkt sich bis ins Alter aus. Angelegt werden sollten:

- ein altersentsprechendes Gottesverständnis
- Sitten und Tugenden wie Mäßigkeit, Reinlichkeit, Gehorsam, Wahrheit, Gerechtigkeit, Liebe und Nächstenliebe, Arbeit, Stillschweigen, Geduld, Höflichkeit, Ehrbarkeit
- Übungen in der Erkenntnis (Künste), d. h. Naturkunst, Optik, Astronomie, Geographie, Chronologie, Geschichtsverständnis, Verwandtschaftsverhältnisse, Politik
- Schulung des Handelns, d. h. Verstehen von Fragen und Antwort, Verständnis des Zahlenraumes bis 20, altersentsprechende Kenntnis von Maßeinheiten, Einführung in Musik und Feinmotorik
- Schulung des Redens, d. h. altersentsprechender Umgang mit der Muttersprache in Aussprache und Grammatik, passende Gebärden zur Sprache, Schulung des Kurzzeitgedächtnisses durch Auswendiglernen.

Die Eltern sollten sich in Geduld üben, da sich Kinder unterschiedlich entwickeln, daher kann es keinen generellen strengen Zeitplan geben.

5. Kapitel
Gesundheitsempfehlungen für die schwangere Frau und den Säugling Da Kinder sich noch nicht selbst um ihre Gesundheit bemühen können, haben die Eltern, insbesondere die Mutter, die Aufgabe, sich dieser Pflege zu widmen.

Wenn eine Frau merkt, dass sie schwanger ist, soll sie

- fromm und andächtig sein,
- sie soll sich mäßig halten,
- sie soll Erkrankungen meiden, soll nicht fallen und sich nicht stoßen, da all dies die Frucht schädigen könnte,
- sie soll auf ihre Gemütsverfassung achten, sich nicht zu sehr erschrecken, sich keine großen Sorgen machen, da das Kind sonst seelisch krank würde. Übermäßiger Stress könnte zu frühzeitiger Geburt, Missgeburt oder schwacher Gesundheit führen.
- Die Mutter soll nicht zu schläfrig und zu träge sein, sondern sich in gesundem Maße bewegen. „Denn wie sie in solcher Zeit selbst ist, also wird hernach auch das Kind sein."
- Die Mutter soll, wenn sie gesund ist, selbst stillen, da alles andere widernatürlich ist. Sie handelt sonst gegen die Ehrbarkeit; solche Mutter sei es nicht wert, Mutter zu heißen. Neben der reinen Milch kann dem Kind allmählich süße Breinahrung angeboten werden. Ohne Grund Arznei einzuflößen, ist gefährlich, da sie sonst in der Not nicht mehr hilft. Ebenfalls schaden zu stark gewürzte Speisen und Alkohol.
- Entwachsen die Kinder der Muttermilch, soll die Nahrung aus Brot, Butter, Wasser und Bier[9] bestehen. Die Kinder sollten sich viel bewegen, genügend spielen und schlafen.
- Der Körper soll behutsam gepflegt werden, ein geordnetes Leben, in dem Schlafen, Essen, Spielen geregelt ablaufen, ist wichtig.
- Bewegung ist notwendig, zunächst in Form von Tragen, dann in Eigenbewegung. Je mehr ein Kind sich bewegt, desto besser kann es schlafen.
- Die Eltern sollen um ein „fröhlich Herz" bemüht sein, damit Treu, Freude und Trost nicht fehlen.

6. Kapitel

In diesem Kapitel kommen noch einmal in differenzierterer Form die Künste zur Sprache, die schon im Kapitel 4 genannt werden. Letztlich sind dies Lernprozesse für die generelle Lebensorientierung:

9 Selbst wenn es sich in der damaligen Zeit um ein „Schwachbier" gehandelt haben kann, ist es ein Widerspruch zu dem wenige Zeilen davor als gefährlich erachteten Alkohol. Das heutige Wissen verbietet diesen grundsätzlich in jeder Form.

1. Einfaches Wissen um die natürliche Umgebung; Wasser, Feuer, Kälte, Katze, Ast, Körper, Glieder u. ä.
2. Optik: Benennung der Farben, Umgang mit Licht
3. Astronomie: Gestirne, Tages- und Jahreseinteilung
4. Geographie: Gemeint ist die nahe Umgebung des Kindes wie Wiege, Decke, Mutterschoß, erweitert bis zum Dorf, Acker, Berg, Fluss u. ä.
5. Einfache Zeitvorstellung, Chronologie, Jahresfeste
6. Eigene geschichtliche Vorstellungen und entsprechendes Gedächtnis (gestern, heute, morgen u. ä.)
7. Verwandtschaftsverhältnisse, Häuslichkeit und die darin eingebetteten Rollen
8. Politik, d. h. Rollen und Verhalten in der Öffentlichkeit: Die Eltern sollen eindeutig, geradlinig und konsequent sein, so dass das Kind gehorchen kann: „Wer ein verständiges Kind haben will, der muss verständig mit ihm umgehen, und nicht ernstlich aus ihm einen Narren machen, der nicht weiß, woran er dran ist." Alles andere verwirrt das Kind. Dem Kind sollen Geschichten vorgelesen werden, zudem soll es täglich mit anderen Kindern spielen, wo es am Wettbewerb mit den anderen wachsen kann.

7. Kapitel

Hier wird die Handlung als zentrales Element in der Entwicklung des Kindes behandelt.

- Kinder sind von sich aus sehr bewegungsfreudig, sie sollen sich daher in diesem Tun üben.
- Der Haushalt weist viele Gefährlichkeiten auf, daher soll man dem Kinde kindgerechte Gegenstände anbieten und es soll damit umgehen dürfen.
- Ab dem 3. Lebensjahr soll man darauf achten, dass die Kinder malen, bauen, kleben können; ebenso sollen Kinder einfache Formen des Musizierens erlernen.

Comenius geht davon aus, dass nichts in die Vorstellung gelangen kann, was vorher nicht sinnlich erfasst wurde.

8. Kapitel

Dieses Kapitel behandelt die Schulung der Redegewandtheit und Poesie; verbaler Ausdruck und Gebärden sollen integriert werden.

9. Kapitel

Entwicklung von Tugenden und Sitten:

- Der Erwachsene soll dem Kind ein gutes Vorbild anbieten, da das Kind sich schon von früh auf hiermit identifiziert.
- Die Unterweisung der Eltern soll vorsichtig und von Einfühlsamkeit geprägt sein. Wenn das Kind sich nicht wohlerzogen verhält, sollen mäßige Zucht und Strafe eintreten. Bessert sich das Kind, soll sofort gelobt und das züchtigende Erziehungsverhalten beendet werden.
- Das Kind soll beizeiten lernen, Maß zu halten, z. B. nur dann zu essen, wenn der Körper es deutlich braucht.
- Weiter wird Wert auf Reinlichkeit, Tischmanieren und Kleiderordnung gelegt.
- Anderen Menschen gegenüber soll das Kind Achtung zeigen, es soll sich wohlerzogen benehmen. Wenn die Eltern selbst kein Maß wissen, wird das verwöhnte Kind „zu einem mutwilligen, wilden Pferd“.[10]

10. Kapitel
Die Jugend soll zu Gottesfurcht geführt werden, indem die Eltern eine Vorbildfunktion einnehmen. Weiter soll das Kind an wichtigen Akten im Leben eines Gläubigen teilnehmen wie z. B. der Taufe. Hierzu gehört auch das Lernen altersentsprechender Gebete.

11. Kapitel
Die Mutterschule soll bis zum 6. Lebensjahr dauern:

1. Das Kind braucht bis dahin intensive Pflege und Aufsicht. Ein Lehrer, der sich um mehr Kinder kümmern muss, kann dieser Aufgabe nicht gerecht werden.
2. Comenius hält das Gehirn des Kindes in diesem Alter für weich und entsprechend beeinflussbar.
3. Das Kind braucht diese Entwicklungszeit, um sich später mit weiteren Bildungsangeboten einlassen zu können.
4. Das Kind kann diese Voraussetzungen nur in der gewohnten Umgebung erwerben.
5. Die Schulreife ist dann vorhanden, wenn das Kind die Angebote der Mutterschule beherrscht und dadurch ein gewisses geistiges Verständnis erworben hat.

10 Hier lehnt sich Comenius offenbar an eine Formulierung Jesus’ Sirach (175 v. Chr.) (Ecclesiasticus) 30, 1–13. an: (…).
„Ein verwöhnt Kind wird mutwillig wie ein wild Pferd.“ (Arnold, K. 1980, S. 80).

12. Kapitel
Die Eltern sollen das Kind auf die Schule vorbereiten:

- Die Schule soll in den schönsten Farben geschildert werden, um so Vorfreude zu pflegen.
- Die guten Aussichten der Bildung sollen dem Kind als Ziel angedeutet werden. Lernen soll nicht als Arbeit angedroht werden, sondern als „ein Spiel mit Büchern und Federn, süßer als Zucker".
- Das Kind soll keine Angst vorm Lehrer haben, dieser soll als väterlicher Freund in Aussicht gestellt werden.
- Zum Schluss soll Gottessegen über dem zu erwartenden Schulbesuch stehen.

5. Kindheit zu Beginn der Neuzeit

Der kleine Erwachsene[11]
Kindheit als beachteten, vom Erwachsenenalter abgegrenzten Lebensabschnitt hat es nicht immer gegeben. Erst im Zuge der Industrialisierung endete die alteuropäische Gesellschaft, in welcher die kindliche Lebenssphäre noch nicht von der Welt der Erwachsenen abgetrennt war. Elementare Lebensereignisse spielten sich vor den Augen der Kinder ab. Geburt und Tod waren Alltagserfahrung, die elterliche Sexualität blieb nicht verborgen. Es gab keine Kinderzimmer, oft schliefen alle in einem Bett.

Die Kinder wurden, kaum waren sie der Stillphase entwachsen, als kleine Erwachsene betrachtet, die so schnell wie möglich Fuß in der Welt der Erwachsenen fassen sollten. Die Kindheit endete mit 7 Jahren, mündig war man mit 12 Jahren. Frühzeitig mussten sie ihren Beitrag zum Familienunterhalt leisten. Sowohl häusliche Dienste als auch die Betreuung jüngerer Geschwister und Hilfe im Garten oder auf dem Feld gehörten zum Kinderalltag. Das Kind lebte mit den Erwachsenen in einem informellen Lehrlingsverhältnis. Es trug die gleichen Kleider, sah und hörte die gleichen Dinge, verrichtete oft einen großen Teil der im Alltag zu erledigenden Arbeiten – lange bevor Kinderarbeit im 19. Jahrhundert zu einem großen Problem wurde.

Kinder erlebten keine Stufenerziehung und Bildungsanstalten, vielmehr lernten sie durch miterleben. Nach verrichteter Arbeit blieben sie sich selbst überlassen und lebten in Gassenfreiheit.

---

11 Vgl. Aries, P. 1978, S. 10, 53, 97, 137, 209–210; Arnold, K. 1980, S. 17–27; deMause, L. 1997, S. 39.

Kindersterblichkeit*[12] *und Stillsitten

Bis zum Ende des 18. Jahrhunderts starb jede zehnte Frau im Kindbett. Höchstens 80 % der Säuglinge vollendeten das erste Lebensjahr nur jedes zweite Kind erlebte seinen fünften Geburtstag. Um ein totes Kleinkind wurde im bäuerlichen Volk meist nicht viel Aufhebens gemacht; Eltern wohnten nur selten dem Begräbnis bei.[13] Die Grenzen zwischen Gleichgültigkeit und schicksalsergebener Resignation in Bezug auf das Kind verschwammen. Es stellt sich die Frage, ob viele Todesfälle eine „verschleierte Form des Kindesmordes durch Vernachlässigung sein könnten – kein grundloser Vorwurf nach dem, was über die damalige Säuglingspflege bekannt ist. Dennoch gibt es auch Chroniken, aus denen deutlich Trauer und Verzweiflung wegen des Kindesverlustes hervorgeht.[14]

Viele Mütter gaben ihre Kinder gleich nach der Geburt für die ersten Jahre zu einer Säugamme. Diese Sitte war nicht nur bei den wohlhabenden Schichten verbreitet, auch Handwerkerfrauen und arme Mütter brachten ihre Kinder außerhalb in deren Obhut. Zweidrittel dieser Kinder starben bei der angeworbenen Pflegemutter. Bei Babies, die bei ihrer Mutter blieben, lag die Sterblichkeit zwischen 10–18 %. Obwohl dies Alltagserfahrung war, wurde dies überall und immer wieder praktiziert. Wären die Kinder wenigstens ein bis drei Monate bei der leiblichen Mutter gewesen, wäre die Säuglingssterblichkeit bedeutend geringer gewesen.[15]

In den Polizeiberichten damaliger Zeit von Paris und Lyon tauchen für die Transporte solcher Kinder von der Stadt auf das Land mit den Ammen Beschreibungen von entsetzlichen Bedingungen auf: „Mal kommt es vor, daß eine Vermittlerin sechs Kinder auf einem kleinen Wägelchen mitnimmt, einschläft und nicht bemerkt, daß ein Baby herunterfällt und von einem Rad überrollt stirbt. Mal werden einem Gespannführer sieben Säuglinge anvertraut, von denen er einen verliert, ohne daß man in Erfahrung hätte bringen können, was aus ihm geworden

---

12 Arnold, K. a.a.O. S. 29–42; Badinter, E. 1981, S. 65, 107–1 12; Dersin, D. (Hrsg.), 1997, S. 114; Shahar, S. a.a.O. 178.

13 Badinter, E. a.a.O., S. 9, 91–94, 107–110; Shahar, S. a.a.O., S. 69/70.

14 Montaigne: „Ich habe zwei oder drei Kinder im Säuglingsalter verloren, nicht ohne Bedauern, aber doch ohne Verdruß.“ In: Badinter, E. a.a.O., S. 64.

15 Bis 1974 war die Morbiditätsquote in den Krippen in der DDR, in die die Säuglinge nach kurzem Mutterschutz kamen, so hoch, dass der Staat gezwungen war, ein Babyjahr für die Mütter einzuführen, um der hohen Krankheitsanfälligkeit der Säuglinge – vermutlich bedingt durch die zu frühe und plötzliche Trennung von den Eltern – entgegenzuwirken. 1976 wurde das Babyjahr institutionalisiert. Leuzinger-Bohleber/Garlichs, 1993, S. 219; Garlichs/Leuzinger-Boleber 1995, S. 92/93.

ist. Ein andermal werden drei Neugeborene einer alten Frau anvertraut, die angibt, nicht zu wissen, zu wem sie sie bringen soll“ (Badinter, a.a.O. S. 94).

„Die gesamte Gesellschaft zeigt eine derartige Gleichgültigkeit, daß erst im Jahre 1773 durch eine Polizeiverordnung den Wagenführern oder sonstigen Personen, die Kinder transportieren, vorgeschrieben wird, die Planken des Wagens ausreichend mit frischem Stroh zu bedecken, den Wagen mit einer soliden Plane abzudecken und die Ammen im Wagen mitfahren zu lassen, damit sie aufpassen können, daß kein Kind herunterfällt…“ (ebd.).

79 % der Männer und 85 % der Frauen waren zu dieser Zeit Analphabeten, d. h., dass weder Namen, Taufscheine, Personenbeschreibungen der Kinder, der Eltern, der Ammen, der Vermittlerinnen noch die Aufenthaltsorte zuverlässig und verfügbar vorhanden waren. Verschwand eine Vermittlerin, waren die Kinder, für die sie einen Platz besorgt hatte, verloren (ebd. S. 94).

Im Jahre 1780 wurden in Paris 21.000 Kinder geboren; davon wurden etwa 1.000 von der eigenen Mutter gestillt, weitere 1.000 von einer Säugamme im Elternhaus, etwa 2.000–3.000 in ein Kinderheim gebracht, alle anderen wurden sofort nach der Geburt bei einer Pflegemutter untergebracht (deMause 1997, S. 60).

Da nicht stillende Mütter schneller schwanger werden als stillende, wurden manche Frauen so oft schwanger, wie es biologisch überhaupt möglich ist und brachten mehr als zwanzig Kinder zur Welt.[16] Da die Ammen häufig arm und krank waren, verschlechterte ihre Krankheit die Milch oder die Krankheit übertrug sich auf das Kind.

Oft dauerten solche Aufenthalte mehrere Jahre ohne Elternbesuch und ohne Elternkontakt.[17] Die Kinder blieben auch nach der Entwöhnung bei der Pflegemutter. Erst nach der Rückkehr lernten sie ihre Eltern kennen. Kinder aus begüterten Klassen wurden dann einer Gouvernante, einem Hauslehrer oder einem Internat anvertraut. Andere kamen als Diener in andere Häuser oder wurden in eine Lehre geschickt.

---

16 Die mit dem Stillen verbundene Laktationsamenorrhöe (etwa 4 Monate) war ein Mittel zur Empfängnisverhütung (die Stimulation der Brustwarze durch den Säugling führt zur Produktion des Hormons Prolaktin, welches den Eisprung verhindert), da der danach wieder einsetzende Ovulationszyklus erst nach durchschnittlich zwei weiteren Monaten eine Empfängnis möglich machte. (Arnold, K. 1980, S.33). Badinter, E. a.a.O., S. 72; Dersin, D. 1997, S. 114; Shahar, S., a.a.O., 85/86, S. 901, Fußnote 116, S. 325.

17 Arnold, K. 1980, S. 43–58; Aries, P. a.a.O., S. 54; Talleyrand (1754–1838, Staatsmann aus altfranzösischem Adelsgeschlecht, Außenminister 1790–1815) kam wenige Stunden nach der Geburt zu einer Amme. 4 Jahre kümmerte sich Madame de Tallyrand kein einziges Mal um ihn. Ohne seine Eltern zu sehen, kam er gleich im Anschluß zu seiner Großmutter aufs Land. (Badinter, E. a.a.O., S. 91/98–99).

Kindestötung[18]

Ein weiteres wenig seltenes Ereignis war das des Kindesmordes. Die Ermordung legitimer als auch illegitimer Kinder war schon im Altertum eine verbreitete Praxis. Die Tötung legitimer Kinder ging im Mittelalter nur langsam zurück, die Tötung illegitimer Kinder wurde bis ins 19. Jahrhundert für relativ normal gehalten. Erstgeborene durften in der Regel am Leben bleiben, besonders, wenn es sich um einen Jungen handelte. Die verfügbaren Statistiken aus dem Altertum zeigen einen großen Überschuss der Jungen gegenüber den Mädchen.

Z. B. gab es in Milet in 79 Familien, die zwischen 228 und 220 v. Chr. die miletische Staatsbürgerschaft erlangten, 118 Söhne und 28 Töchter. 32 Familien hatten ein Kind, 31 hatten zwei. Bis etwa zum 4. Jahrhundert n. Chr. galt weder in Rom noch in Griechenland Kindesmord vor Gesetz und in der öffentlichen Meinung als etwas Unrechtes. Erst im Jahre 374 n. Chr. wurde in Rom die Tötung eines Kindes vom Gesetz als Mord erachtet. Doch dauerte es noch weit bis in die Neuzeit, bis der Kindesmord seine Rolle als Regulativ verlor und nicht mehr toleriert wurde.

Findelhäuser[19]

Für das 18. Jahrhundert kann aufgrund des reichen Materials, das zur Verfügung steht, kein Zweifel bestehen, dass der Kindesmord in allen Ländern Europas häufig vorkam. So konnte Thomas Coram 1771 das Schreien der Neugeborenen in den Gossen und auf den Misthaufen Londons nicht mehr ertragen, was ihn veranlasste, sein Findelhaus zu eröffnen. Auch in Rom hallten die Latrinen und der Tiber vom Schreien der Kinder wider, die man hineinwarf. So kam es, dass immer mehr Findelheime eröffnet wurden, die bald zu voll waren. Auch hier starben vor der Vollendung des ersten Lebensjahres 84–90 % der Kinder. Vor allem Kirchenmänner bemühten sich, ausgesetzte Kinder in Heimen am Leben zu erhalten. Man erhoffte sich durch Gründung neuer Findelhäuser den Kindesmord einzugrenzen. Reiche brachten häufig uneheliche Kinder im Findelhaus unter, arme Leute benutzten diese Unterkunft für eheliche und uneheliche Kinder. Es lässt sich aber nicht leugnen, dass dadurch vermehrt Kinder ausgesetzt wurden. Auch relativ zahlungsfähige Eltern machten von dieser Einrichtung Gebrauch. Selbst Jean-Jacques Rousseau (1712–1778), mit dessen „Emile ou l'éducation" 1762 – einem Klassiker der Pädagogik – eine neue Ära der Erziehung eingeläutet wurde, der nachhaltig

---

18 Badinter, E., a.a.O, S. 11O, deMause, L. a.a.O., S. 45–52; Shahar, S. a.a.O., S. 144–165.

19 Arnold, K., a.a.O., S. 46; Badinter, E. a.a.O., S. 110–112; deMause, L. a.a.O., S. 51; Shahar, S., a.a.O., S. 145–149.

und mächtig die Geschichte der Erziehung beeinflusste, gab mit ausgewogenen Rechtfertigungen seine fünf Kinder ins Heim. Sowohl die Unterbringung bei einer Amme als die im Heim führten zu hoher Kindersterblichkeit, was die damaligen Eltern wussten.

Findelanstalten entstanden in vielen Städten des Abendlandes. Zu den frühesten in Deutschland zählten u.a. die in Einbeck (1274), Köln (1341), Freiburg i. B. (1376), München (1489), Basel (15. Jahrhundert).

Säuglingspflege[20]

William Buchan, einer der großen Kinderärzte im 18. Jahrhundert, meinte: „Fast die Hälfte der menschlichen Gattung kommt in der Kindheit durch falsche Behandlung oder Nachlässigkeit um“[21]. Das Quellenmaterial enthält viele Hinweise, dass die Kinder oft ungenügend ernährt wurden. Die Ammen ernährten sie nicht nur häufig unzureichend mit ihrer Milch, sondern sie gingen auch im 18. Jahrhundert dazu über, Kuhmilch in kleinen durchlöcherten Hörnern zu verfüttern, was nicht immer ungefährlich war. Weiter gab es Breigemische aus Wasser, Brot und anderen schwer verdaulichen Zutaten, was zu Krämpfen, Verstopfung und Durchfall führte. Neben der schlechten Ernährung kamen häufig andere – gelegentlich tödliche – Praktiken hinzu, wie die Verwendung von Mohnsirup, Branntwein und Opium, um die Kinder ruhig zu halten. Frauen, die den ganzen Tag hart arbeiten mussten, flößten den Kindern narkotisierende Mittel ein, um sie ruhig zu stellen. Schon ein bisschen zuviel davon konnte sich fatal auswirken. Wenn einem Kind nicht die Ernährung zum Verhängnis wurde, musste es mit einem anderen entsetzlichen Übel fertigwerden – dem Mangel einer minimalen Hygiene. Die Kinder wurden bis zum 6. Monat von Kopf bis Fuß straff gewickelt, so dass sie ein handliches Paket waren. Tagelang lagen sie in ihren Ausscheidungen, die die Haut entzündeten. So entstanden im Verbund mit den Wickeltechniken Schmutzgeschwüre, woher eine Vielzahl von Krankheiten rührte. Ein Arzt: „Wie oft haben wir, wenn wir die Bänder der Kinder öffneten, entdecken müssen, dass sie über und über mit Exkrementen bedeckt waren, deren stinkende Ausdünstungen hinreichend klarmachten, dass sie schon alt waren; die Haut dieser Unglücklichen war ganz entzündet. Sie waren von Schmutzgeschwüren übersät. Ihr Stöhnen, das wir bei unserer Ankunft vernahmen, hätte das grausamste Herz erweicht.“[22]

---

20 Badinter, E. a.a.O., S. 96–97; deMause, L., a.a.O., S. 59–64; Shahar, S., a.a.O., S. 166–172.

21 zitiert nach: deMause, L., a.a.O. S. 55.

22 Zitiert nach Badinter, E. a.a.O. S. 96.

Kinder erlitten viele Unfälle: Sie nahmen im Krabbelalter auf dem Boden liegendes Gefährliches in den Mund, gerieten an Hunde, unter Pferde, an giftige Pflanzen. Brunnen, Feuerstellen und heißes Wasser waren Gefahrenquellen. Als Säuglinge erstickten sie in der Wiege oder durch Gegenstände im Mund. Während Mütter Wäsche wuschen, ertranken Kleinkinder im Fluss. Viele Unfälle waren auf Nachlässigkeit und mangelnde Unfallverhütung zurückzuführen. Man überließ die Kleinkinder viel zu früh sich selbst, ohne dass sie Vorsicht lernen konnten.

Die Rolle der Familie[23]

Die Familie war damals keine Gefühls-, sondern eine Wirtschaftsgemeinschaft. Sie existierte noch nicht als Faktor des Gefühlslebens oder als Wert. Die Ehegatten waren einander durch Arbeit, nicht durch Liebe verbunden und die Kinder waren keineswegs ersehnter Lebensinhalt. Die Kinder waren nicht in erster Linie gewollt oder ungewollt, sondern unvermeidbar. Da viele starben, mussten es viele sein, sei es als zusätzliche Arbeitskraft oder spätere Altersversicherung. Die in hohem Maße kollektive Lebensform, die alle Altersstufen und Stände in ihren Sog zog, gab wenig Zeit zu Einsamkeit oder Intimität. Raum für einen privaten Sektor bestand kaum. Die Familie erfüllte eine Funktion. Sie sorgte für den Fortbestand des Lebens, der Besitztümer und der Namen. Sie hatte auch keine Vorstellung von Erziehung. Erst im 15. und 16. Jahrhundert entstand allmählich unsere Kernfamilie durch die systematische Auflösung des Stammes- oder Geschlechtsverbandes durch den sich konsolidierenden Zentralstaat.

6. Die Einstellung zur Kindheit[24]

Seit Platon (427–347 v. Chr.) ist bekannt (de Mause, a.a.O. S. 12), dass die Kindheit ein Schlüssel zum Verständnis der Geschichte ist. Die Bedeutung der Eltern-Kindbeziehung ist nicht erst von Freud und seinen Nachfolgern für den sozialen Wandel entdeckt worden. Schon Augustinus (354–430) rief aus: „Gebt mir andere Mütter und ich gebe euch eine andere Welt“ (ebd.). Selbst bei Quintillian (gest. ca. 100 n. Chr.) kommt der Gedanke auf, dass man das Kind als ein Wesen ansehen solle, das von Geburt an volle Entwicklungsfähigkeit besitzt (ebd. S. 122).

Kindheit als ein wahrgenommener und wahrgemachter prinzipieller Abstand zwischen dem Erwachsenen und dem Kind hat es nicht immer gegeben. Die Kindheit hatte nicht nur keinen Wert und nichts Eigentümliches, vielmehr war

---

23 Vgl. Aries, P. a.a.O. S. 556–560.

24 Aries. P. S. 9–1 0, 206–208, 559–560; Badinter, E., a.a. O. S. 36–44; deMause, L., a.a.O. S. 12, 25–44, 132.

sie ein Zeichen von Verderbtheit. Zur Erlösung kam man durch die Bekämpfung der Kindheit, d. h. durch Aufhebung eines negativen Zustandes. So sagte Augustinus: „Denn die Natur des Kindes ist derart verdorben, daß die mühsame Besserung nicht schmerzlos abgehen kann“ (In: Badinter, a.a.O. S. 38). Bartholomäus der Engländer, ein Mönch des 13. Jahrhunderts, äußerte: „Kinder haben vielfach schlechte Angewohnheiten und denken nur an die Gegenwart statt an die Zukunft... Ein verlorener Apfel bringt sie heftiger zum Weinen als ein verlorenes Erbstück...Was immer sie sehen, sie wollen es haben und rufen und greifen danach... Mal lachen, mal weinen sie und so greischen, schnattern und gackern sie ohne Unterlaß“ (Dersin, a.a.O. S. 113). Der kindliche Zustand wurde nach dem Tode als der schändlichste Zustand der menschlichen Natur betrachtet. Der Körper sollte gezüchtigt werden, um die Seele zu retten.

Loyd deMause sammelte für seinen Aufsatz[25]: „Evolution der Kindheit“ Material zu den Methoden der Disziplinierung und musste danach zur Überzeugung gelangen, dass ein sehr großer Prozentsatz der vor dem 18. Jahrhundert geborenen Kinder „geschlagene“ Kinder waren. Die meisten Ratschläge zur Kindererziehung billigten schweres Schlagen. Zu den Schlaginstrumenten gehörten Peitschen verschiedenster Art, Eisen- und Holzstangen, Schaufeln u. ä. Die in den Quellen geschilderten Schläge führten zu Blutergüssen und Blutungen und bildeten schon früh einen regelmäßigen Bestandteil des kindlichen Lebens. Jahrhundert um Jahrhundert wuchsen so geschlagene Kinder heran, die ihre eigenen Kinder schlugen (de Mause a.a.O., S. 66–71).

Auch die Kindheit Ludwigs XIII. (1610–43) war von Schlägen geprägt. Nach dem 25. Monat wurde er regelmäßig jeden Morgen nackt ausgepeitscht, auch am Tage der Krönung, als er 8 Jahre alt war: „Ich würde auf soviel Huldigung und Ehre gern verzichten, wenn man mich statt dessen weniger peitschen würde“ (ebd. S. 68). Von der Züchtigung scheinen Kinder weder zuhause noch in der Schule verschont geblieben zu sein. Wird im Mittelalter ein Lehrer dargestellt, gibt man ihm eine Rute in die Hand. Augustinus sagte noch als 62jähriger von sich, dass er lieber den Tod erleiden wolle, als noch einmal in die Schule zu gehen. Philipp von Novara (gest. 1261) sah als Erziehungsziel, den Eigensinn zu brechen. Das Weinen des Kindes, das gezüchtigt wird, soll man nicht wichtig nehmen (Arnold, K. 1980, S. 80, 81). Auch Rousseau berichtete, dass Babies schon in ihren ersten Tagen hart geschlagen wurden, damit sie ruhig blieben. Erst ab dem 18. Jahrhundert kam es zu einem starken Rückgang des Schlagens.

---

25 im Rahmen eines Forschungsprojektes der Association for Applied Psychoanalysis, 1974.

Descartes (1596–1650), mit dem Comenius 1642 eine persönliche Begegnung hatte, bedauerte offensichtlich, dass jeder Mensch das kindliche Stadium durchlaufen muss. Die beiden großen Denker konnten in Bezug auf die Einstellung und (positive) Bedeutung der Kindheit sowie auf das Verständnis vom Menschen keine Einigung erzielen. Für Descartes bedeutete Kindheit vor allem Schwäche des Geistes; sie ist jener Lebensabschnitt, in dem die Erkenntnisfähigkeit, der Verstand, vollständig in Abhängigkeit vom Körper steht. Man muss sich also von der Kindheit befreien, so wie man sich von einem Übel befreit. Die Kindheit wird als etwas dargestellt, dessen man sich absolut entledigen muss, um ein Mensch zu sein, der diesen Namen verdient. Das kleine Kind musste isoliert werden, um sich vor seiner Spontaneität in Acht nehmen zu können. Dies war die vorherrschende Konzeption der Kindheit aus der Sicht der Pädagogik und Theologie im 17. Jahrhundert.

Dieses Bild der Kindheit erklärt auch weitgehend das Fehlen einer Kinderheilkunde. Die Ärzte beschäftigten sich wenig mit Kindern, da Kinder eben sprachlich wenig Auskunft geben können, obwohl diese an zahlreichen, exakt beschriebenen Krankheiten (Windpocken, Mumps, Diphterie, Scharlach usw.) litten. Weiter war man noch zum Beginn des 19. Jahrhunderts nicht davon überzeugt, dass sich der Bereich der Kinderheilkunde von denen der übrigen Lebensalter unterscheidet. Diese fachärztliche Tätigkeit entstand erst im 19. Jahrhundert, der Ausdruck „Pädiatrie“ kam zuerst 1872 auf (Badinter, a.a.O. S. 57 ff.).

Kirchenväter machten, ausgehend von bestimmten Ideen der klassischen Gedankenwelt, Fortschritte in Richtung auf ein größeres Mitgefühl für Kinder, indem sie betonten, Kinder besäßen Seelen. Sie seien genau wie Erwachsene für Gott von Bedeutung, man könne sie unterrichten, man solle sie nicht töten, verstümmeln oder aussetzen. Durch sie wie durch Moralisten und Pädagogen wurde das Interesse an der Erziehung geweckt: Das Kind wurde von ihnen nicht mehr als amoralisch, für sittliche Unterscheidung unempfänglich und roh erachtet; es sei kein Gegenstand zum Hätscheln und Spaß haben, sondern unschuldig und verletzbar, des Schutzes und der Erziehung bedürftig – somit ein Gegenstand ernster Verantwortung. Die Kindheit wurde als Zeit der Formung des Menschen erkannt und diese Zeit durch systematische Disziplinierung des Willens und Schulung des Geistes zu nutzen gesucht.

Die Familie bekam dadurch eine neue Aufgabe. Sie wurde aus einer Institution für Vererbung von Gut, Stand und Namen zu einer moralischen Anstalt. In dieser Funktion wurde sie von der Kirche zunehmend anerkannt und gefördert. So sorgte die Kirche dafür, dass die Erstkommunion in zunehmendem Maße ab dem 17. Jahrhundert zum großen religiösen Fest der Kindheit wurde, was sie selbst heute dort noch ist, wo Kirchenbesuch nicht mehr regelmäßig praktiziert wird. Eine neue Einstellung zu diesem zerbrechlichen und bedrohten Wesen Kind entstand: Man begann, seine Einzigartigkeit zu entdecken, auch dass die Seele des Kindes unsterblich ist.

Die Tatsache, dass der Persönlichkeit des Kindes immer größeres Gewicht beigemessen wurde, hing zweifelsohne mit einer immer tiefer greifenden Christianisierung der Lebensformen zusammen. Das 17. und vor allem das 18. Jahrhundert – z. B. Comenius, Rousseau, Pestalozzi – lenkten die Aufmerksamkeit auf die Bedürfnisse der Kinder. Man erreichte, dass immer mehr Menschen zu der Überzeugung gelangten, dass die Kindheit der Beachtung wert sei. So wurde ein Interesse am Prozess des Aufwachsens geweckt und große diesbezügliche Umwälzungen zwischen Mittelalter und Neuzeit wurden möglich. Es entwickelte sich allmählich der Sinn für kindliche Besonderheiten, eine Ahnung von kindlicher Psychologie und einer ihr angemessenen Erziehungsmethode.

7. Zusammenfassung

Die Bedeutung der differenziert dargestellten Forderungen von Comenius an die Eltern des Kleinkindes erscheinen revolutionär, wenn man sie mit den tatsächlichen Alltagsbedingungen sehr vieler damals heranwachsender Kinder vergleicht. Erst mit der Beleuchtung der häufig alptraumhaften Aufwuchsbedingungen zu Beginn der Neuzeit erhalten viele – von uns heute vielleicht als „banal“ oder übertrieben genau erachteten – Einzelheiten in seiner „Mutterschul“ ihren angemessenen Stellenwert.

Sicher war auch dies eine Utopie, dass diese Schrift in die Hände eines breiteren Publikums gelangen könnte – zu verbreitet war das Analphabetentum. Vielleicht sah er sich selbst in der Rolle des Rufers in der Wüste. Dennoch waren Menschen wie er notwendig, um mühsam und ganz allmählich Veränderungen im Fühl-Denken zu bewirken, um Bedingungen des menschlichen Seins tiefer und differenzierter wahrzunehmen. Ohne diese „Vorarbeit“ wäre z. B. die geniale Entdeckung von Sigmund Freud (1856–1939) nicht möglich gewesen.

Das Umfeld von Comenius, die Eltern der beginnenden Neuzeit, waren Produkte vorausgegangener Generationen und sie gaben weiter, was sie selbst erlebt hatten. Lloyd deMause (a.a.O., S. 15) formulierte eine evolutionistisch-psychologische Theorie, die in umfangreichen Studien immer wieder diskutiert wurde: „Es bedarf spezifischer Kindheitserfahrungen, um spezifische Merkmale einer Kultur aufrechtzuerhalten; sobald die betreffenden Erfahrungen fehlen, verschwindet auch das entsprechende kulturelle Merkmal“; was bedeuten soll, dass psychische Strukturen von Generation zu Generation weitergegeben werden, womit aber auch immer wieder Grenzen der erreichbaren Veränderung gesehen werden müssen.[26]

Das Mutterschul-Programm von Comenius ist aus der heutigen Sicht ein immer noch anspruchsvoller Katalog von Beziehungs- und Erziehungsforderungen, die letztlich von niemandem in ihrer Notwendigkeit heute in Frage gestellt werden. Aus seiner Zeit heraus gesehen bedeuten jedoch gerade die vielen, scheinbar kleinen Einzelbestandteile existentielle Veränderungen in der Eltern- Kind-Beziehung.

Teil II. „Das Informatorium. Der Mutterschul" im Vergleich mit heutigen Erkenntnissen

1. Entwicklungsstufen nach Comenius[27] und das heutige Wissen um deren Bedeutung

Comenius erkannte, dass die menschliche Entwicklung in Phasen verläuft, die nacheinander durchlaufen werden müssen, dass keine übersprungen werden darf, da sonst wichtige Bausteine fehlen.

Er gliederte die Entwicklungsjahre des Heranwachsenden in 4 Stufen: Kindheit, Knabenalter, Jugendzeit und Mannbarkeit, wobei jeder Stufe 6 Jahre und eine eigene Schule zugewiesen wurden:

- der Kindheit der Mutterschoß, d. h. Beschulung durch die Mutter und die Familie
- dem Knabenalter die Elementar- oder Volksschule
- der Jugendzeit die Lateinschule oder das Gymnasium
- der Mannbarkeit die Akademie und die Reisen.

Die von ihm beobachtete Reifezeit umfasst somit etwa 24 Jahre, was heute in Bezug auf den körperlichen Aspekt in der Neurophysiologie seine Bestätigung findet. Die Myelinisierung der Nervenfasern ist bis zu diesem Zeitpunkt in den wesentlichen Bereichen ausgereift, wenngleich bis ins hohe Alter partiell weitere Reifung erfolgt (Spitzer 1996, S. 195 ff.).

---

26 Vgl. Bernfeld, S. 1967, S. 110: „Die soziale Funktion der Erziehung ist die Konservierung der bio-psychischen und der sozialökonomischen, mit ihr der kulturell-geistigen Struktur der Gesellschaft. Nichts als diese Konservierung, diese Fortpflanzung. (…) Sie ist demnach nicht allein Konservierung im Sinne der Reproduktion des Erreichten, sondern Konservierung im Sinne der Verhinderung eines Neuen."

27 Arnhardt/Reinert. 1996, Bd. II, S. 381–404.

Die psychische Entwicklung erreicht nach heutiger Differenzierung nach dem sukzessiven Durchschreiten verschiedener Stufen – das sind Säuglings- und Kleinkindzeit (bis 3 Jahre), frühe, mittlere und späte Kindheit (ca. 4–10 Jahre), Vorpubertät, Pubertät und Adoleszenz – das junge Erwachsenenalter. Durch die Beziehung zu wichtigen Menschen, das soziale Umfeld und den schulischen Bildungsprozess soll der Heranwachsende angemessen stabile und ihm entsprechende Persönlichkeitsstrukturen entwickeln, die Eigenständigkeit ermöglichen.

Obwohl sich jede der von Comenius beschriebenen Schulen stark von der anderen unterschied, hatten sie ein gemeinsames Ziel, d. h., den Menschen zum Menschen und zum Christen zu machen, jedoch je nach Lebensalter und den damit durchschrittenen Stufen in immer höherem Reifegrad. In den niederen Schulen sollte alles mehr allgemein und in Umrissen, in den höheren aber im besonderen und eingehender gelehrt werden.

Die Mutterschule diente vorzugsweise der Übung der äußeren Sinne, die Volksschule den inneren Sinnen nebst dem Handlungsvermögen, das Gymnasium der Verständnisfähigkeit und des Beurteilungsvermögens. Die Akademie stellte dann die Harmonie des Geistes und der Persönlichkeit her. Während die ersten beiden Schulen von der Jugend beiderlei Geschlechts besucht werden sollten, bilden die Lateinschule und die Akademie vor allem Jungen oder Männer aus.

Comenius lenkte die Aufmerksamkeit der Erzieher auf die bis dahin wenig beachtete körperliche Erziehung, die auch heute noch nicht überall den notwendigen Stellenwert hat. Er verhalf der Muttersprache zu ihrem Recht und drang auf eine naturgemäße Entwicklung des kindlichen Geistes, da er von der unbegrenzt formenden Kraft der Erziehung tief überzeugt war.

Hauptursache und Quelle für eine misslungene Entwicklung sah er in der Unachtsamkeit bei der Erziehung der Kinder. Entsprechend wertete er eine rechte und gelungene Erziehung als das größte menschliche Werk, was er in seiner Großen Unterrichtslehre (Kapitel 7) eindrucksvoll formulierte.

2. Erkenntnisse aus der Säuglings- und Bindungsforschung

Zu den wichtigsten Erkenntnissen und Entwicklungen innerhalb der Tiefenpsychologie im jetzt zu Ende gehenden 20. Jahrhundert gehört die wissenschaftlich immer mehr gesicherte Einsicht, dass die Art der elterlichen Zuwendung, die das Kind in den ersten Lebensjahren erfährt, von entscheidender Bedeutung für dessen späteren geistigen Gesundheitszustand ist. Prägungen und Erlebnisse in der allerfrühesten Zeit hinterlassen unauslöschliche Spuren. Der Säugling kann dieser Prägung und Bindung nicht entgehen, da er existentiell nach Anbindung sucht. Wie sehr „mütterliche Zuwendung und geistige Gesundheit“ in Zusammenhang stehen, hat eindrucksvoll 1951 J. Bowlby[28] beschrieben.

Welche pathologischen Auswirkungen die „Frühe Mutterentbehrung bei Mensch und Tier“ nach sich ziehen kann, wurde von E. Schmalohr 1968 in einer entwicklungspsychologischen Studie zur Psychohygiene der frühen Kindheit dargelegt.

Die Bindungstheorie, die aus dem Werk des englischen Psychoanalytikers und Kinderpsychiaters J. Bowlby hervorgegangen ist, ist mittlerweile aufgrund der Erkenntnisse aus der Säuglingsforschung eine der einflussreichsten Richtungen in der Entwicklungspsychologie geworden.

Eine der zentralen Aussagen ist, dass der menschliche Säugling die angeborene Neigung hat, die Nähe eines vertrauten Menschen zu suchen. Die interaktiven und kommunikativen Erfahrungen, die der Säugling mit diesen Menschen macht – sein Ziel ist sicheres und einfühlsames Aufgehobensein – führen unausweichlich zu entsprechenden intrapsychischen Repräsentanzen. In einem umfangreichen Werk legt D. Stern (1992) die „Lebenserfahrung des Säuglings“ dar, in welchem er das subjektive Erleben des Säuglings durch verschiedene Empfindungsstadien begleitet, die letztendlich immer in irgendeiner Form des „Zusammenseins“ mit einem (wichtigen) menschlichen-prägenden Gegenüber stattfinden.

Starke körperliche sowie seelische Belastungen und Verletzungen in der Kindheit sind oft die Ursachen für seelisch irritierte Entwicklungen. Das Spektrum fundierter Psychotherapien ermöglicht jedoch immer wieder die Auseinandersetzung und damit mögliche Rehabilitation, wenngleich die Realität auch Grenzen oder sogar Irreversibles aufzeigt.

Aus der Entwicklungspsychologie hat sich in den letzten Jahren die Säuglingsforschung als ein Zweig herauskristallisiert, der geradezu revolutionäre Umwälzungen mit sich brachte. Wurde der Säugling zuvor als ein Wesen angesehen, das seinen körperlichen Bedürfnissen passiv ausgeliefert war und die Welt und sich selbst nur unscharf wahrnahm, so ist heute abgesichert, dass seine Fähigkeiten weit unterschätzt wurden.

Erfahrungen in der Kindheit haben tiefen Einfluss auf die späteren Denk- und Fühlgewohnheiten. Nach Freuds grundlegenden Arbeiten haben sich die Akzente in letzter Zeit durch die neueren Forschungsergebnisse verlagert: Nicht mehr die psychosexuelle Entwicklung steht im Zentrum des Interesses, sondern die Schicksale von Aggression und Bindungsfähigkeit, die Bedeutung des Selbstempfindens

28 Bowlby, J.: Maternal Care and Mental Health, 1951. Enquete im Auftrag der WHO, München.

mit der daraus resultierenden Selbstentwicklung. Dornes (1993) diskutiert den „kompetenten Säugling“ anhand vieler Befunde durch Direktbeobachtung und die präverbale Entwicklung des Menschen: Die Fähigkeiten des Säuglings, seine Umwelt wahrzunehmen, das Kontaktgeschehen aktiv mitzugestalten, übersteigen alles bisher Gedachte und Rekonstruierte.

Dem Kapitel 7 der Didactica Magna stellt Comenius voran „Die Bildung des Menschen findet am besten im ersten Lebensalter statt, kann sogar nur zu dieser Zeit erfolgen.“ Und weiter in Abschnitt V/7: „Auf dieselbe Weise haften im Menschen die ersten Eindrücke so sehr, daß es einem Wunder gleicht, wenn sie umgestaltet werden könnten; es ist daher am geratensten, daß sie gleich im ersten Lebensalter nach der wahren Richtschnur zur Weisheit erfolgen.“ Comenius formulierte mit diesen weisen Sätzen grundlegende Wechselwirkungen, wie sie heute in vielen fundierten entwicklungspsychologischen Arbeiten beschrieben werden. (vgl. Brazelton/Cramer 1994, S. 13).[29]

Die erste Beziehung zwischen dem Baby und seinen Eltern, die frühesten Interaktionen, finden schon im Mutterleib statt. Alle Erfahrungen, die die Eltern bis zum Zeitpunkt der Empfängnis mit den eigenen Eltern und dem Leben hatten, fließen in dieses neue Erleben ein. Die individuelle Veranlagung des Kindes sowie die Reaktionen und Phantasien der Eltern stehen in ständiger Wechselwirkung miteinander, lassen günstige oder ungünstige Regelkreise entstehen (Brazelton/ Cramer 1994).

Es würde den Rahmen dieser Ausarbeitung sprengen, näher darauf einzugehen. Sehr viele differenzierte Arbeiten sind zu dem Thema, das Comenius vor über 350 Jahren angerissen hat, veröffentlicht worden. Sein Grundgedanke „…denn wie sie (gemeint die Mutter, E. R.) in solcher Zeit selbst ist, also wird hernach das Kind auch werden“, wurde schon von Leonardo da Vinci (1452–1591) treffend formuliert; als Leitmotiv für den gleichen Gedanken im Buch von Brazelton/Cramer)

29 In der Ausgabe 4/98 der Fachzeitschrift „Psyche“ beschäftigen sich M. Dornes, P. Fonagy und L. Köhler mit der Bindungstheorie. M. Dornes beschreibt die Feinfühligkeit der Hauptbezugsperson als Hauptdeterminante für die Bindungsqualität, untersucht deren Auswirkungen vom Säugling bis zum Erwachsenenalter. P. Fonagy geht dem Zusammenhang zwischen Sicher-gebunden-Sein und metakognitiven Fähigkeiten nach. L. Köhler diskutiert u. a. die Transmission von Traumata von einer Generation zur anderen. E. Fremmer-Bombik/K.E. Grossmann 1997, S. 83–110 zeigen Längsschnittstudien im Rahmen der Bindungsforschung auf und betonen dabei die gesetzmäßige Kontinuität früher Erfahrungen und belegen entsprechende Streßerfahrungen des Kleinkindes mit physiologischen Parametern (Cortisolspiegel).

ist Leonardos Formulierung vorangestellt: „Ein und dieselbe Seele regiert beide Körper …die Dinge, die die Mutter sich während der Zeit wünschte, in der sie mit dem Kinde schwanger ging, haben sich in seinen Gliedern häufig als Mal eingeprägt.“ (ebd. S. 13)

3. Schwerpunkte des Informatorium im Vergleich mit der analytischen Selbstpsychologie[30]

Folgende Themenbereiche haben für Comenius große Bedeutung:

- das Kind als wertvolles Gottesgeschenk, dem Achtung, Zuneigung und Verständnis entgegengebracht werden soll
- Elternschaft als freudvolle Aufgabe
- Gesundheitserziehung
- Erziehung der Sinne und des Handlungsvermögens
- Erziehung zur Gottesfurcht.

Kinder sind nach Comenius' Gottesverständnis die teuerste Gabe und das edelste Kleinod, das dem Menschen anvertraut ist. Da sie ein Geschenk des Herrn sind, werden sie als selig gepriesen, daher ist ihnen der höchste Stellenwert einzuräumen. Sie sollen im Jetzt als Ganzheit gesehen werden, um die Zukunft gut gestalten zu können. „Der Samen ist noch nicht Frucht.“ Der Seele und dem Gemüt sollten die größten Sorgen gelten, aber auch um den Körper, der die Wohnung der unsterblichen Seele ist. Die Ausrichtung ist Gott, die Bedeutung des Kindes liegt in dieser Gerichtetheit.

Die analytische Selbstpsychologie beschreibt den Säugling mit seinem Selbsterleben als ein Zentrum eigenen Seins, das als solches für seine Eltern etwas

---

30 Begründer Kohut, H. (1913–81), 1973, 1975, 1979, 1987, u.v.m.; Weiterführung durch Wolf, E. S., Ornstein, A. u. P., Lichtenberg, J., Goldberg, A., Barsch, M., u.a. 1977 formulierte H. Kohut die „Psychologie des Selbst“, mit der er sich von der klassischen Trieblehre Freuds entfernte; nicht mehr das Schicksal der Triebe steht im Mittelpunkt der Betrachtung, sondern das Selbst mit seinen alles bestimmenden Zuständen. Triebe sind Fragmentstücke eines brüchigen Selbst, das diese gut integrieren könnte, wenn es kohärent wäre. Keine andere gängige Tiefenpsychologie kann die wissenschaftlichen Erkenntnisse der heutigen Entwicklungspsychologie und der Neurowissenschaften so stimmig integrieren wie die analytische Selbstpsychologie. H. Kilian sagte in seiner Kohut Memorial Lecture 1993 bei der 16th Annual Conference on the Psychology of The Seif in Toronto: „Gäbe es die Selbstpsychologie nicht bereits, – hätte Heinz Kohut sie nicht vor etwas mehr als 30 Jahren erfunden –. dann würde und müßte sie auf jeden Fall erfunden werden.“

unaustauschbar Besonderes sein sollte, was den Grundstock zur im Leben so wichtigen Selbstachtung und Selbstliebe legt. Das Strahlen, der Stolz der Mutter, der Eltern, wenn sie ihr kleines, ganz besonderes Wesen sehen und empathisch widerspiegeln, ist Voraussetzung und Motor für eine gelungene Entwicklung. P. Fonagy, Nachfolger J. Sandlers auf dem Lehrstuhl am University College in London, schreibt dazu: „Das biologische Bedürfnis, sich verstanden zu fühlen, und sei es auch nur in der Phantasie, kann vor fast allen anderen Zielen Vorrang erhalten, gelegentlich sogar einschließlich des Motives zu überleben" (Fonagy/Target 1994, S. 34).

Auf der Jahrestagung der Deutschen Gesellschaft für Psychoanalyse und Psychotherapie 1982 in Berlin wurde im Rahmen der Neuen Säuglingsforschung folgende Filmsequenz gezeigt: Ein 6–7 Monate altes Kleinkind sitzt auf seinem Hochstühlchen und wird von der Mutter gefüttert. Es ist vereinbart, dass sie dies in der üblichen Art und Weise tut. Dem kleinen Jungen macht dieses Beziehungsgeschehen ungemein Freude, alle Facetten kindlichen Erlebens werden gezogen: Er lacht, er schimpft, er redet. Essen wird wieder ausgespuckt, dann wieder wird schnell nach dem nächsten Löffel verlangt. Die Mutter antwortet per Mimik und verbal der Lebendigkeit des Kindes entsprechend, so dass sichtbar ist, dass dieser Beziehungsaustausch für beide beglückend ist. Bei einer weiteren Fütterung wird die Mutter gebeten, sich relativ starr zu verhalten. Wieder versucht das Kind mit seiner ganzen Lebendigkeit, die Mutter in dieses Beziehungsspiel miteinzubeziehen, diese reagiert jedoch nicht. Weder mit Strahlen, noch mit Lachen, noch mit Wut und Geschimpfe ist sie zu einer Regung zu bewegen. Nach etwa 5–7 Minuten ist das kleine Kind über diese Starre derart betroffen, dass es resigniert in sich zusammensinkt und wie ein kleiner grauer Greis unlebendig und verloren auf seinem Stühlchen sitzt (Die Mutter erlebte diese Versuchssituation für sich als unerträglich, hielt ihre Starre kaum durch, so sehr fühlte sie sich selbst von ihrer Lebendigkeit und der des Kindes in diesen Momenten abgeschnitten.). Dieser Filmausschnitt sollte belegen, wie existentiell wichtig der mimische und verbale Austausch zwischen dem Kind und einer wichtigen Bezugsperson ist, wie zerstörerisch das Ausbleiben dieses sog. „Spiegelns" ist.

Zweifelsohne sind die Quellen für die Einschätzung eines Kindes bei Comenius und der modernen Psychologie völlig verschieden. Dies liegt zum einen im geschichtlichen Umfeld, am Stand der Forschung und in der Lebensgeschichte der jeweiligen Beobachter. Gemeinsam ist beiden das als notwendig erachtete Handeln, um schwere und/oder irreversible Folgezustände zu vermeiden.

Noch in der ersten Hälfte des 20. Jahrhunderts wurde vielerorts die Meinung vertreten, dass die frühe Kindheit nicht besonders wichtig sei, da sie im späteren Alter bewusst kaum erinnerbar ist. Auch heute ist es für viele Eltern immer noch verwunderlich, dass das Kleinstkind „alles mitkriegt, was um es herum geschieht" (häufige Äußerungen von Eltern in der Kinderpsychotherapiepraxis). Das Wissen ist zwar durch die Vielfalt der Publikationen bei vielen Menschen „im Kopf", im

Gefühl dennoch kaum fassbar und wird deshalb im Erziehungsgeschehen unzureichend wirksam.

Ein Elternpaar ist mit dem mittleren Kind von insgesamt 5 Knaben in Behandlung. Der fünfjährige Junge wurde auf Zuweisung des Kinderarztes vorgestellt, da er enorme Kontaktschwierigkeiten in der Gruppe der Gleichaltrigen hatte, in Auseinandersetzungen extrem wütend und chaotisch reagierte und nicht mehr zu steuern war; sehr viel Destruktivität kam zum Vorschein. Die Lebensgeschichte des Kindes ist außerordentlich problematisch, so dass sein schwieriges Verhalten auf diesem Boden verstehbar wurde. Im Rahmen dieser Kindertherapie kamen die Eltern zu einem Gespräch ohne den Patienten, brachten dazu jedoch ihren jüngsten Sohn, den sieben Monaten alten Jonas mit. Das Elternpaar geht introspektiv und gründlich mit der Eigenproblematik um, erfasst fühldenkend, wie sehr die eigenen Persönlichkeitsschwierigkeiten das Leben gerade des Problemkindes berühren. In diesem Zusammenhang kommt die Mutter im Laufe des Gespräches auf die Beziehung zu ihrer eigenen Mutter; sie ist voller echter und notwendiger Trauer über die hier erlittenen Verletzungen und weint bitterlich. Der kleine Jonas, der bis zu diesem Zeitpunkt friedlich, konzentriert und scheinbar selbstvergessen auf dem Boden sitzend vor sich hinspielte, realisiert den außerordentlich traurigen Zustand der Mutter, der ihm vermutlich Angst macht, da er in diesem Moment die Mutter als stützendes Objekt verliert. Er krabbelt zu ihren Knien, lässt seinen kindlichen Charme in allen Facetten spielen, erreicht auch tatsächlich, dass die Mutter sich derart über ihren Jüngsten freut, dass ihre Tränen versiegen und das Kind strahlend über die wieder „anwesende“ Mutter diesen Erfolg erlebt. Um den kleinen Mann zu entlasten, nimmt der Vater ihn auf den Schoß, wo Jonas mit einem Auto weiterspielt, jedoch hat er aus dem Seitenblickwinkel die Mutter ständig im Visier, um deren emotionalen Zustand zu erfassen. Sicher wird sich das Kind in seinem späteren Leben bewusst an diese Situation nicht mehr erinnern. Jedoch wird das Gefühl bleiben, in wichtigen Lebensmomenten wirksam und erfolgreich gewesen zu sein. Traumatisierend ist es, wenn Kinder diese Erfahrungen nicht machen dürfen, evtl. einer depressiven Mutter und der damit verbundenen Lebensstimmung über einen längeren Zeitraum ausgeliefert sind und sich diese bleierne Atmosphäre tief in ihr Selbsterleben eingräbt.

4. Elternschaft als verantwortungsvolle und freudvolle Funktion des Erwachsenenselbst

Elternschaft ist für Comenius die verdienstvollste Aufgabe des Menschen. Er spricht von *Eltern* und erachtet dies offenbar nicht nur als eine mütterliche Aufgabe, wenngleich die Mutter in der frühen Kindheit für ihn von tragender Bedeutung ist. Dennoch ist gleichermaßen das väterliche Prinzip bei ihm vertreten. Er betont, dass Erziehung nicht im „Nebenbei“ erfolgen kann, dass sie ein eigenes und gesondertes Gewicht hat. Diese Arbeit soll mit Freude geschehen und nicht als lästige Pflichtübung von den Betreuenden erlebt werden. Besonderen Einfluss hat die Vorbildfunktion des Elternpaares, da sich das kleine Kind von frühauf mit dem geliebten Erwachsenen identifiziert. Da das Kind Maß und Ordnung braucht, ist es gleichzeitig für die Eltern ein Grund zur Selbsterziehung, denn wenn Eltern selbst kein Maß wissen, wird das verwöhnte Kind zu einem „mutwilligen, wilden Pferd“ (s. S. 23).

Liebe muss sehr wohl von Verwöhnung unterschieden werden, die letztlich eine verkappte Selbstverwöhnung der Eltern ist und dem Kinde schadet. Geordnete Eltern verhelfen ihrem Kinde zum Erwerb von Sitten und Tugenden (modern ausgedrückt: adäquaten Persönlichkeitsstrukturen), die Achtung sowohl sich selbst als auch dem anderen gegenüber ermöglichen, was letztendlich nach Comenius alles von Gott gewollt ist. Die Eltern müssen in ihrer Haltung und in ihrem Verhalten eindeutig, geradlinig und. konsequent sein: „Wer ein verständig Kind haben will, der muss verständig mit ihm umgehen und nicht ernstlich aus ihm einen Narren machen, der nicht weiß, woran er ist.“[31] D.h., dass Comenius schon verstanden hatte, dass Kinderverhalten sowohl das Beziehungs- als auch das Erziehungsverhalten der Eltern und seiner anderen wichtigen Beziehungspersonen widerspiegelt.

Ein fünfjähriger Junge ist vom Kinderarzt zur Behandlung überwiesen, da er tags- als auch nachtsüber sowohl einkotet als auch einnässt und auch sonst sehr viel regressives Verhalten wie übermäßige Anhänglichkeit an die Mutter, starkes Daumenlutschen, unreifes Sprachverhalten, usw. zeigt. Die Mutter ist im Vorberuf Krankenschwester, übt gelegentlich stundenweise den Beruf aus, wenn der Vater, ein Lastwagenfahrer, zu Hause ist und dann den Patienten und den zwei Jahre jüngeren Bruder betreuen kann.

In den ersten Sitzungen, in denen die Mutter mit den beiden Kindern gemeinsam anwesend ist, zeigt sich bald der Beziehungsmodus: Die Mutter versucht mit mir zu reden, berichtet von ihren Erziehungsbemühungen, von den Nöten, vom Scheitern, ihrer Ohnmacht, ihrer Wut und dem häufig schlechten Gewissen, wenn sie die Kinder einzugrenzen versucht. Während dieser Zeit benutzen beide die Mutter regelrecht als Kletterbaum, der Jüngere versucht ständig, unter die Bluse an die Brust zu fassen, der Indexpatient spielt dauernd am Ohr der Mutter, um unter keinen Umständen den (Körper-) Kontakt zu ihr zu verlieren. Ein Gespräch ist unter diesen Umständen recht schwierig, was die Mutter zunächst so gar nicht erlebt und den Kindern keine entsprechenden deutlichen Verhaltensrichtlinien zeigt. Erst mit Fortdauer der Stunde wird ihr dieses Zerren und Drängen zu viel. Verbal versucht sie zu intervenieren, was nichts fruchtet und bei der Mutter allmählich zu einer depressiv getönten Stimmung führt. Sie ist weder in der Lage, klare Handlungen vorzunehmen noch eindeutige verbale Anweisungen zu geben, um so zu einer Grenzziehung zwischen sich und ihren beiden Jungen zu gelangen. Auf diese Beobachtungen angesprochen, kann die Mutter dann im Laufe der nächsten Stunden für sich realisieren, dass ihr diese Anhänglichkeit der Jungen („wenn ich gut drauf bin“) wohl tut, da sie sich gebraucht und wichtig fühlen kann. Wenn ihre Stimmung gereizter ist, kann es in der

31 Siehe Kapitel 6 der Mutterschule, S. 21.

Familie unter Ausschluss der Öffentlichkeit wohl schon auch zu heftigerem Reagieren kommen, häufiger jedoch ist depressiv-verbales Anklagen, worauf die Kinder (natürlich) nicht entsprechend reagieren. Das Beziehungsangebot ist für die Kinder widersprüchlich und strukturlos: Zum einen vermittelt die Mutter, dass sie diese Anhänglichkeit benötigt. Sie verführt damit zu regressivem Verhalten, was eine progressive Entwicklung erschwert und zu der o.b. Symptomatik führt, die dann jedoch wieder dem Kind zur Last gelegt wird. Der Mangel an Grenzziehung zwischen den Persönlichkeitssystemen und an Konsequenz ist für die Kinder zunächst der scheinbar weichere und bequemere Weg, der dann - andererseits -, wenn sie ihn im Übermaße ausnutzen, zu einem heftigen aggressiven Ausbruch der Mutter (oder des dazukommenden Vaters) führen kann, was in der Mutter dann wieder zu Schuldgefühlen und damit zu Nachgiebigkeit und Hilflosigkeit führt. Die Ambivalenz der Mutter mündete im familiären System in einen Regelkreis, der sich selbst unterhält und evtl. verstärkt.
Im Rahmen von Einfühlung durch die Therapeutin gelingt es dieser Mutter allmählich, größere Selbstachtung und damit verbunden eine gesündere Grenzziehung zu entwickeln, was dem Patienten den Weg zu einer progressiveren Entwicklung eröffnete.

Auch die heutige Kinderpsychologie weiß um die Wichtigkeit der Erziehungsarbeit der Eltern. Sie ist nicht zu trennen vom Beziehungsbemühen. So umfasst z. B. eine analytische Kinderpsychotherapie immer eine begleitende Therapie der Beziehungspersonen, je kleiner das Kind, um so frequenter.

Eltern können gut funktionierende erwachsene Menschen sein, doch können in ihrer Rolle als Eltern dennoch ansonsten unauffällige Defizite in ihrer Selbstentwicklung manifest werden. Die Fähigkeit des Erwachsenen, empathisch zu sein, hängt von seiner Fähigkeit ab, sich weiterhin als abgelöste Person zu erleben und die eigenen Bedürfnisse nicht mit denen des Kindes zu verwechseln. Da das Kind verschiedene Stufen der Entwicklung durchläuft, sind die Eltern auch immer wieder auf diesen verschiedenen Entwicklungsstufen gefordert. (Ornstein, A./ Ornstein, P. 1994)

Ein Elternpaar (der Vater Arzt, die Mutter Lehrerin) stellt die pubertierende Tochter wegen deren ständiger schlechter Stimmung, durchgängiger Unzufriedenheit mit heftigsten aggressiven Durchbrüchen und Weglauftendenzen, maßlosen Ansprüchen und unentwegter Anklage wegen prinzipiellem Zukurzkommen vor.
Die Pubertierende kommt natürlich zunächst unwillig, erkennt aber nach geraumer Zeit, welche Möglichkeiten eine Behandlung für sie bringt. In den begleitenden Elterngesprächen, in denen die Lebensgeschichte der Eltern thematisiert wird, kommen deren erhebliche Frustrationen im Laufe der eigenen Kindheit zur Sprache, die den intensiven Wunsch und das Bemühen nach sich zogen, bei der Gründung einer eigenen Familie alles ganz anders und besonders richtig zu machen. Die eigenen seelischen Wunden sollten unter keinen Umständen von den Kindern ähnlich erlebt werden müssen. Wohlwollen, Harmonie und Konfliktvermeidung wurden angestrebt. Damit wurden beide Eltern zum Spielball

der Patientin, die mit ihren Launen die Eltern manipulieren und handhaben konnte, aber auf Kosten der damit unterbleibenden Abnabelung, Verselbständigung und der Entwicklung einer angemessenen Frustrationstoleranz. Obwohl beide Elternteile in ihren Berufen erfolgreich arbeiten, dabei zu Klarheit, Selbstachtung und einer angemessenen Distanz ihren Schülern bzw. Patienten gegenüber in der Lage sind, versagen diese Ich-Funktionen im Kontakt mit dem eigenen Kind, das in den Eltern an viel tiefere Schichten rührt, als die Kontakte im außerfamiliären Umfeld.

Während der Schwerpunkt in den ersten Lebensjahren auf dem Aufbau der biologischen und seelischen Homöostase liegt, wozu die Signale nicht immer einfach zu entschlüsseln sind, verlangt das Kleinkind aktive Anerkennung und Bewunderung für seine Initiativen, die sich in deutlicher Weise von den Vorstellungen und Werten der Beziehungsperson unterscheiden können. Kinder im Alter von 2–5 Jahren erleben sich heute als Nabel der Welt, sie sind voller Vitalität und Tatendrang und alle um sie herum sollen dieses berauschende Gefühl teilen, sie anerkennen und die eigene Macht und Fähigkeit widerspiegeln. Dieses Gebaren ist für eine Umwelt bedrohlich, die Ängste hat, die Kontrolle und Steuerung über dieses entwicklungsbedingte überschwängliche Gefühl zu verlieren.

Der 5jährige David wurde auf Zuweisung des Kinderarztes wegen Kontaktschwierigkeiten in der Gruppe der Gleichaltrigen, ständig bockigem und wütendem Verhalten den Eltern gegenüber, sowie nächtlichem Einnässen vorgestellt. Das bemühte und im Berufsleben erfolgreiche Ehepaar (Vater Bankkaufmann, Mutter Krankenschwester) stand dem Verhalten des Jungen hilflos gegenüber, konnte in seinen eigenen Persönlichkeitsstrukturen keine stabilisierenden Faktoren finden, um dem Jungen gerecht zu werden. Während die Mutter im Laufe der Behandlung des Kindes durch die begleitenden Elterngespräche Zugang zu sich selbst findet und eigenes Leid zulassen kann, versucht der Vater Konfliktvermeidung und Selbstschonung, was jedoch dazu führt, dass er sich in viele wichtige Erlebensweisen seines Sohnes nicht einfühlen kann, da er die eigenen diesbezüglichen Traumatisierungen verdrängen muß. Dies führt dann zu bitteren Situationen. Ein Beispiel: Die Familie war zu einer Hochzeit eingeladen. Vater, Mutter, David und sein zwei Jahre jüngerer Bruder sind Menschen mit ausgesprochen ansprechendem Äußeren, gepflegt und schön gekleidet. David, bei dem zu Beginn der Behandlung zusätzlich psychomotorische Schwierigkeiten diagnostiziert wurden. war seither in krankengymnastischer Behandlung und erzielte dabei körperlichen Fortschritt, der zu echter Funktionslust des Kindes führte. Dies wollte er natürlich auch immer wieder demonstrieren und dafür bewundert werden. Kurz vor dieser Hochzeit war es ihm zum ersten Mal gelungen ein Rad zu schlagen. Der Vater wusste von dieser Errungenschaft noch nichts. Während auf das Brautpaar vor der Kirche gewartet wurde, entdeckte David eine Wiese, ging voller Freude darauf hin und schlug sein Rad. Die Mutter freute sich, bewunderte den Sohn. Dieser probierte es noch einmal, rutschte dabei etwas aus und fiel auf's Gras. Das Ergebnis waren grüne Flecken auf der weißen Hose! Dieses Kunststück hatte ganz alleine dem Vater gegolten, auch er sollte Freude und Stolz zeigen. Dieser erfasste das Gefühlshafte der Situation überhaupt nicht, sah nur die grünen Flecken auf der weißen Hose und die umstehenden Hochzeitsgäste, denen er eine propere Familie vorzeigen wollte. Außerordentlich wütend und vor den anderen Leuten ungemein beschämend beschimpfte er seinen Sohn, der sich daraufhin verbockt, verbittert, mürrisch und nun wirklich für alle Beteiligten unangenehm in Szene setzte. David hatte seinen Vater in diesem Moment in eine außerordentlich schwierige Situation gebracht: Er lebte gesunde Strebungen aus, die beim Vater in dessen Leben häufig ebenfalls zu kurz gekommen waren. Der Vater hatte den dadurch bedingten Schmerz verdrängen müssen. Der Junge rührte nun mit seinem exhibitionistischen Bedürfnis an diese alten Wunden. Gleichzeitig wollte der Vater gerade in diesem Moment auch etwas vorzeigen: Eine schöne, gut gekleidete Familie mit wohlerzogenen Kindern. Durch die beschmutzte Hose bekam dieses Vorzeigebild einen Fleck, was den Vater mit seiner Lebensgeschichte zutiefst beschämte, so dass er diese Beschämung prompt an den Sohn weitergab.

Eltern müssen sich auf die entwickelnden Fähigkeiten im sensomotorischen und affektiven Bereich einstellen. Der Entwicklungsprozess kann empfindlich verzögert sein oder sogar stagnieren, wenn es den Eltern nicht gelingt, dem Selbst des Kindes entsprechend zu reagieren. Reaktionen, die nicht im Einklang mit den momentanen Fähigkeiten und Talenten des Kindes stehen, haben keine positive strukturbildende Wirkung, da dieses Erleben mit dem Kernselbst des Kindes nicht übereinstimmt, eher Ausdruck der Erwartungen der Eltern als eine Bestätigung des Selbst' des Kindes ist.

Fehlende Empathie bei Eltern kann neben dem Fehlen eines geordneten und damit schützenden Rahmens als einer der Hauptfaktoren für eine ungesunde Entwicklung angesehen werden. Elterliche Empathie ist nicht nur ein vorübergehendes Eintauchen in die innere Welt des Kindes (Ornstein, A. 1977), sondern eine andauernde Fähigkeit, das Kind in seiner besonderen Art zu erkennen und es vor potentiell destruktiven Einwirkungen zu schützen. Elterliche Empathie kann nicht immer gleichmäßig sein, da sie den Belastungen des Alltags ausgesetzt ist. Normale Schwankungen sind jedoch verkraftbar. Wenn Einfühlungsfähigkeit über einen langen Zeitraum fehlt, deutet dies auf eine mangelnde Selbstentwicklung der Eltern hin und kann sich dann auch auf das Kind pathogen auswirken. Das offenkundigste Hindernis, das der elterlichen Einfühlung im Wege steht, ist die Angst der Eltern vor dem Wiedererleben eigener Probleme. Wenn das Gefühl der Hilflosigkeit des Kindes bei Eltern ähnliche Wirkungen auslöst, dann verteidigt sich der Erwachsene, indem er auf das Kind böse wird, weil dieses ihn diesen Gefühlen aussetzt.

Immer wieder ist beim Erstkontakt mit dem Patienten und seiner Familie folgendes Verhalten beobachtbar: Wenn es klingelt, gehe ich selbst an die Tür, öffne diese und begrüße die Eintretenden. Häufig besteht bei neuen Patienten Verlegenheit, da die Situation ungewohnt

und letztlich ungewiss ist. Viele haben noch kein psychotherapeutisches Gespräch erlebt, wissen also nicht, worauf sie sich einlassen, zumal trotz der etwas gelösteren Einstellung in den letzten zwanzig Jahren das Aufsuchen einer derartigen Praxis immer noch mehr Überwindung kostet als ein üblicher Arztbesuch. Aber gerade in dieser unsicheren Situation zeigen sich Familienbeziehungsstrukturen besonders deutlich. Nach dem Begrüßen und Ablegen gehe ich meist den langen winkeligen Flur zum Gesprächszimmer voraus, bitte die Familie mitzukommen. Und nun geschieht hier immer wieder dieses: Nicht die Eltern gehen voran und geben dem Kind in dieser neuen Situation Anleitung und ihren Schutz, sondern sie schieben das Kind quasi vor sich her, so dass dieses als erstes in das völlig ungewohnte Neue hineingehen muss. Läuft das Kind zögerlich, bekommt es evtl. sogar noch kritische Anmerkungen zu hören, „lauf schneller, da geht's doch lang", o.ä. Letztendlich bedeutet dies, dass die Eltern selbst zutiefst verunsichert sind, zum einen dem Kind ein Stückchen „Schuld" in die Schuhe schieben, dass man sich in diese unbehagliche Situation begeben muss, dann aber auch, dass man das Kind quasi zum Selbstschutz braucht – und nicht umgekehrt, wie es einer elterlichen „containment function" angemessen wäre. Die Rollen sind vertauscht (Parentifizierung), das Kind ist in einer für ein Kind sehr prekären Situation alleingelassen und die Erfahrung zeigt, dass sich dies nicht nur in dieser Mikroszene derart darstellt, sondern ein immer wiederkehrendes Beziehungsmuster ist.
Siehe auch die Vignette „David" weiter oben.

Heutige Eltern sind in einer schwierigeren Situation als je zuvor. Früher waren die Eltern Teil eines größeren Gesamt; Elternhaus, Schule und Kirche lehrten die gleichen Prinzipien, zogen am gleichen Strang, um den Nachwuchs auf der rechten Bahn zu halten; engten aber auch zweifelsohne ein. Dies trifft heute gewiss weit weniger zu (Lickona 1989). Stimulation und Angebote umgeben die Kinder schon in frühesten Zeiten, ständig sind die Eltern zu Entscheidungen gefordert und das Spektrum der gesehenen und erlaubten Möglichkeiten ist groß. Da es keine eindeutigen Regeln mehr gibt, werden von den Eltern intrapsychisch Strukturen verlangt, die diese häufig ebenfalls nicht stabil genug aufgebaut haben. Verunsicherungen von außen („alle anderen dürfen, alle anderen haben"), führen zu Verwirrung, häufig zu Inkonsequenz[32] und damit zu mangelndem Schutz für das Kind.

5. Pädagogische Grenzziehung und realistische Konsequenz als Schutzfunktion

Neben der empathischen Einstellung der Eltern haben das konsequente Nein, das Verzichten lernen, das Nein, das dann einsetzen sollte, wenn emotionale Bedürfnisse wirklich abgesättigt sind, eine große Bedeutung. Kindliche Maßlosigkeit

32 Als Beispiel mag im Frühjahr 1996 das Auftauchen des Tamagotchi-Ei's dienen: Die meisten Erwachsenen fanden es abartig und geschmacklos, dennoch hatte bald fast jedes Kind durch sein Drängen ein solches „Spielzeug".

würde jede Grenze weit überschreiten. Ohne ein Grenzen setzendes Nein gibt es einen unangemessenen Bemächtigungsrausch, wird das kleine Menschlein steuerungslos sich selbst ausgeliefert, was letztlich große Angst auslöst.

Vernünftiges Nein setzt Ordnung, gibt der Umwelt Umriss, vermittelt letztlich Sicherheit. Nur so entwickelt sich allmählich innerer Halt, was zu echter Verselbständigung führt. Das Nein weckt auch den Reiz zur Fortentwicklung, gibt Impulse zur Weiterentwicklung, um auf anderem Wege Befriedigung zu erreichen.

Das Beschriebene soll verdeutlichen, dass zwischen der alten vor-antiautoritären und der neuen nach-antiautoritären Erziehung, die auch deutliche Grenzziehung und Konsequenz verlangt, dennoch in der Grundlage wesentliche Unterschiede bestehen: Wo in früheren Zeiten übermäßige Autoritäten zu rigiden Gewissensstrukturen und Unterdrückung wesentlicher Selbstanteile führten, soll die gesunde Grenzziehung den Aufbau innerer Strukturen und Ich-Funktionen ermöglichen, die gerade zu einer gelungenen Selbstentfaltung notwendig sind. Dies ist eine Aufgabe, die die heutigen Eltern existentiell fordert und häufig auch überfordert.[33]

Ein Elternpaar ließ sich vor einigen Jahren scheiden, die heute 15jährige Tochter zog mit der Mutter in ein nahegelegenes Dorf, der jetzt zwölf jährige Sohn blieb im Heimatort beim Vater. Diese ungewöhnliche Entscheidung wurde nach gründlichen Überlegungen getroffen und zeigt sich im Nachhinein als außerordentlich entwicklungsbegünstigend.

---

33 F. v. Cube spricht im Zusammenhang der Erkenntnisse der Verhaltensökologie in der Erziehung von der „unentrinnbaren Anstrengung der Kindererziehung", 1997, S. 193. Vgl. auch Dreikurs, R. 1994, S. 103–122: Die demokratische Entwicklung im 20. Jahrhundert umfasste mit ihrem Streben nach Gleichwertigkeit und Gleichberechtigung auch die Kinder. D.h. dass alte tradierte Werte und Normen ihre Gültigkeit verloren und die alten Mittel der Kindererziehung nicht mehr passen. Es ist heute nicht mehr möglich, durch Druck von außen Achtung vor Autoritäten zu erzwingen. Nur wenn das Kind Achtung vor der elterlichen Festigkeit gewinnt, kann es die Notwendigkeit lernen, die Rechte anderer zu beachten. Für A. Adler (1870–1937), dem Begründer der Individualpsychologie, war das Thema Psychotherapie und Erziehung ein lebensbegleitendes (z.B. 1926, 1928, 1931, 1936, 1937). Um dem beginnenden Erziehungsnotstand in Schule und Elternhaus hilfreich entgegentreten zu können, entwickelte er mit seinen Mitarbeitern in den frühen zwanziger Jahren in Wien zunächst in Schulen eine Erziehungsberatung, die später in die Gemeinden verlegt wurden. Vgl. Titelthemen von SPIEGEL, 15/98, S. 126–141; ZEIT, 16/98, S. 1/4 - Gewalt unter Kindern. Fazit: Die Kinder werden orientierungslos groß, verfügen innerlich nicht über haltgebende Strukturen, da sie sie von den Eltern nicht vermittelt bekommen, die wiederum bei den eigenen Eltern diesbezüglich leer ausgingen.

Der Besuchskontakt zum jeweilig anderen Elternteil bleibt den Heranwachsenden offengestellt und wurde/wird regelmäßig und intensiv wahrgenommen. In emotionalen Nöten neigt der Sohn zum Mutterkontakt, da hier einerseits größere Einfühlung, aber auch deutlich mehr Nachgiebigkeit vorhanden ist. Das Elternpaar ist zur Introspektion fähig, trotz der Trennung bemüht, sich dem ehemaligen Ehepartner gegenüber als Elternteil loyal zu verhalten, was aufgrund der Schwierigkeiten, die zur Trennung geführt haben, nicht immer einfach ist.

In diesem Bemühen, den Bedürfnissen und Anforderungen der beiden Heranwachsenden gerecht zu werden, verliert dieses Elternpaar sich immer wieder in der eigenen Lebensgeschichte. Wo früher seelische Einsamkeit war, sollen die Kinder heute diesen Mangel nicht erleiden müssen, wo rigide Autorität war, soll eher partnerschaftliches Miteinanderumgehen gepflegt werden, wo starke materielle Einschränkung war, sollen es die beiden Kinder nun großzügiger erleben. Entsprechende Abstriche und Einschnitte würden bei Durchführung nicht nur die Kinder treffen, sondern wäre auch für die Eltern, quasi ein „Schnitt ins eigene Fleisch". Innerlich sind bei beiden Eltern keine ausreichend klaren und stabilen Persönlichkeitsstrukturen vorhanden, die Orientierung erfolgt eher am erlittenen eigenen Mangel, nicht an sinnvoller Realität der beiden Kinder. Daraus resultiert, dass sowohl der Sohn als auch die Tochter auf Ansprüche und Wünsche pochen, das gleichaltrige Umfeld als Beispiel heranführen, die Eltern, die ansonsten über einen recht gesunden Menschenverstand verfügen, damit immer wieder irritieren und an die eigene Orientierungslosigkeit führen. Geschickt spielen bei drohenden Einschränkungen die Pubertierenden auch die Beziehungsschwierigkeiten der beiden gegeneinander aus, so dass häufig altersnotwendige Konflikte nicht gesund durchgestanden, sondern eher vermieden und umgangen werden. Dies wiederum führt in den Kindern zum Mangel an Ich-Funktionen der Grenzziehung und Durchsetzung, was sich auch im außerfamiliären Leben zeigt und einen Mangel an Selbstbewusstsein nach sich zieht. D. h. dass die Weichheit, Nachgiebigkeit und das bemühte Harmoniestreben der Eltern nicht zu altersentsprechend starken Persönlichkeitsstrukturen, sondern eher zu Schwächen führt. Im außerfamiliären Umfeld findet dieses suchende ehemalige Ehepaar ebenfalls keine klare Orientierung, da auch viele anderen Eltern dieser Erziehungsnot ausgeliefert sind und dem vehementen Druck der Heranwachsenden nicht standhalten können. Im Therapiegespräch (Eltern, Kinder, Therapeutin) werden diese Alltagsprobleme tiefenpsychologisch beleuchtet, Verstehen für die jeweiligen Bedürfnisse gesucht, aber auch die Lebensrealität mit ihren Anforderungen aufgezeigt mit den dazu notwendigen Erziehungs- und Beziehungsstrukturen. Beide Elternteile können mit diesen Gesprächshilfen ihr Verhalten verstehen und nach einigen Versuchen ändern; sie bieten so den beiden Kindern stabilere und konsequentere Strukturen, die nicht mehr wahllos handhabbar sind.

Die beiden jungen Leute erleben ihr inzwischen stabileres Elternpaar als „unbequem", letztendlich fühlen sie sich aber geschützter und aufgehobener, selbst wenn die Auseinandersetzungen mit „negativen" Ergebnissen enden. Beide haben verstanden. dass „Nachgeben" viel leichter für Eltern ist, als sich dem Konflikt mit den Heranwachsenden zu stellen. Sie wissen, dass dies elterliche „Standhalten" echte elterliche Substanz kostet und sie spüren, dass dies letztendlich Liebe bedeutet, derer sie zum Aufbau eines eigenen Selbstentwurfes mit der entsprechenden Selbstachtung so dringlich bedürfen.

Die Verwirklichung potentiell größerer Befreiung von sozialen Zwängen sowie die materiellen Möglichkeiten setzen eine reife Subjektstruktur voraus, die notwendige Bedingung dafür wäre, innengeleitet selbst- und fremdverantwortlich zwischenmenschliche Beziehungen und den Alltag zu regeln. Diese Ressourcen sind aber kollektiv nicht verfügbar. Schwinden Orientierung, Beständigkeit und Überschaubarkeit gewährende äußere Strukturen, dann sind gerade jene Menschen in Gefahr, deren innere Regulationssysteme aufgrund der eigenen Entwicklungsbedingungen unzureichend entwickelt sind oder traumatisiert worden waren. Der Mangel an Ich-, Selbst-, Überich- und Idealichstrukturen führt zu einem Defizit an Frustrationsfähigkeit, die Angsttoleranzgrenze ist herabgesetzt. Die Desintegration des Selbst droht, was als Abwehr zu der derzeit erschreckenden Zunahme des Destruktionspotentials führen kann.[34]

Erziehung soll zu Achtung führen, zu Respekt: Achtung für sich selbst, Achtung für andere Menschen, Achtung gegenüber allen Formen des Lebens, gegenüber der Umwelt, die das Leben in Gang hält. Von diesem Grundgedanken war auch Comenius beseelt, da er Menschenunwürdiges in jeder Form erlebt hatte.

6. Die Versorgung des Säuglings

In erstaunlichem Maße erkannte Comenius die seelische und körperliche Gesundheit in der Schwangerschaft als eine der Voraussetzungen für ein gutes aufkeimendes Leben. Er stellte daher Forderungen auf, die auch bis in die Gegenwart Bestand haben und inzwischen in der medizinischen und psychologischen Forschung durch entsprechende Untersuchungen und Ergebnisse belegt sind.

Die im Kapitel 5 genannten Ansprüche können heute uneingeschränkt bestehen bleiben. Der Schwangeren wird dringlich angeraten, die Vorsorgeuntersuchungen wahrzunehmen, um so die eigene Gesundheit und damit die des Kindes nicht zu gefährden. Jeder Tropfen Alkohol und jede Zigarette beeinträchtigen den im Körper ablaufenden biologischen Reifeprozeß, seelische Belastungen führen zu Streßhormonen, die ebenfalls auf das Kind wirken (vgl. Krüll 1990). Das Kind bekommt im Mutterleib viele äußere Geschehnisse durch schon recht gut ausgestaltete Sinnesorgane mit. Z. B. wird der Gleichgewichtssinn durch die Bewegung der Mutter geschult, taktile Spiele an der Nabelschnur und am eigenen Daumen wurden beobachtet (Nilsson 1995, S. 134). Der Gehörsinn ist schon derart gut ausgeprägt, dass das Kind nach der Geburt sowohl die Stimme der Mutter als auch während der Schwangerschaft vorgelesene Geschichten problemlos wiedererkennt. D.h., dass schon zwischen dem Ungeborenen und seiner Umwelt eine Vermittlung stattfindet,

34 Vgl. Kohut, H. 1975, 1977; Finger-Trescher, U./Trescher, H.-G. 1995, S. 90–116.

die später die Grundlagen für den Spracherwerb, das Denken und den Zugang zur Welt sind (Tomatis 1977). Die in Frankreich bekannte Methode der Haptonomie[35] während der Schwangerschaft führt zwischen der Mutter, den Eltern und dem Kind schon zu einer intensiven vorgeburtlichen Bindung, die es möglich macht, bei einer möglichen Fehllage das Kind vor der Geburt so zur Mitarbeit zu bewegen, dass die gewünschte Geburtsausgangslage erzielt werden kann. Die derart betreuten Kinder nehmen kurz nach der Geburt viel wacheren Kontakt zu dem ihnen schon so vertrauten Umfeld auf. Auch die bei schweren Entwicklungsstörungen eingesetzte Tomatis-Methode greift auf die erste Kontaktmöglichkeit des Hörens im Mutterleib zurück, um durch die Möglichkeit dieser Regression eine progressive Entwicklung einzuleiten.

Dass das Stillen mit der Möglichkeit der tiefen Nähe zwischen Mutter und Kind sowohl somatisch als auch seelisch die ersten günstigen Lebensvoraussetzungen bedeuten, gilt als unbestritten. Die Möglichkeiten der Betreuung und Zusatzfütterung bei Nichtstillen sind jedoch im Gegensatz zu früher sehr ausgereift, so dass nicht unbedingt von Schädigung zu sprechen ist. Stillen bindet jedoch Mutter und Kind rhythmisch stark aneinander, was dem Aufbau grundlegender sicherheitsgebender Strukturen dient. Kein anderer kann diese Aufgabe übernehmen, was die Entstehung einer intensiven Anbindung ermöglicht. Der gesamte Sinnesapparat des Kindes wird stimuliert, das Baby in seiner Gesamtheit erfasst und über die Muttermilch erhält das Kind neben den wichtigen Nährstoffen alle Abwehrstoffe, die sein noch schwach entwickeltes Immunsystem stärken.

7. Schulung der Sinne und des Handlungsvermögens

Jan Amos Comenius hatte für die derzeit vorhandenen Forschungsergebnisse noch keine Beweise. Dennoch führten ihn seine Beobachtung, sein Einfühlungsvermögen und seine wache Intuition zu bewundernswerten Ergebnissen, an denen heute nur geringfügig Abstriche gemacht werden müssen.

Außerordentlich wichtig waren für Comenius die Schulung der Sinne, die Vermittlung eines altersentsprechenden Handlungsvermögens und einer Lebensorientierung, was nicht erst in der Schule geschehen sollte, sondern seine vorbereitende Phase in der Mutterschule hatte: Hier muß der Grundstein gelegt werden, worauf dann die weiterführenden Schulen aufbauen können. Neben dem Erwerb einer sozialen Kompetenz durch die Vorbildfunktion der Eltern sollen alle wichtigen

---

35 Wehling, A., Hebamme; mündliche Beschreibung dieser Methode bei der multidisziplinären Podiumsdiskussion: Frühe Beziehungen - wie sehen es die anderen (43. VAKJP-Jahrestagung,18.05.1996).

Sinnesbereiche Stimulation zu deren Expansion erhalten: Die Umwelt sollte so gestaltet werden, dass das Kind sie gefahrlos „begreifen" kann, sie sollte von den Eltern benannt und erklärt werden. Ebenso sollte das Zeitverständnis, die eigene kleine Geschichtlichkeit, Verwandtschaftsverhältnisse, Hierarchie innerhalb des Gemeinwesens sowie ein gewisses Zahlenverständnis von den Eltern an das Kind herangetragen werden. Eine altersentsprechende sprachliche Ausdrucksfähigkeit, einfache Formen des Musizierens und der Poesie standen auf seinem Programm. Einen außerordentlich wichtigen Raum gab er dem Spiel und der motorischen Geschicklichkeit.

Dennoch sollten die Kinder in den ersten sechs Jahren nicht fremderzogen werden, sondern Entwicklungsangebote im Rahmen der Familie erleben, wenngleich der Kinderkontakt außerhalb des vertrauten familiären Raumes zur Schulung der sozialen Kompetenz als wichtig erachtet wurde. Comenius sah diese Aufgabe als zu bedeutend an, als dass sie einem Lehrer, der gleichzeitig viele Kinder zu betreuen hatte, auferlegt werden sollte. Da Kinder sich unterschiedlich entwickeln, gab Comenius keinen genauen Zeitplan vor, wollte jedem Kind den nötigen Spielraum selbst überlassen.

Die Forderungen von Comenius halten den derzeit bestehenden Vorschulprogrammen stand. Selbst heute sind sicher nicht alle Eltern in der Lage, die notwendige Zeit und Geduld aufzubringen, die die Vermittlung der o.b. Fähigkeiten verlangt.

Die vor allem in den Großstädten gegebene Möglichkeit, Kinder schon in sehr frühem Alter in entsprechende erzieherische Einrichtungen zu geben, würde Comenius sicher als kindunwürdig erachten. Die moderne Entwicklungspsychologie ist zwar eindeutig der Meinung, dass mütterliche (quantitative) Anwesenheit nicht unbedingt zu seelischer Gesundheit führt, dass eher die Qualität der Beziehung die ausschlaggebende Rolle spielt, dennoch wird die Langzeitunterbringung in einer Krippen- oder Hortunterbringung als entwicklungsungünstig erachtet. Die Selbststrukturen der jungen Kinder sind noch zu unreif und zu zerbrechlich, als dass sie längere Zeiten ohne die wichtigsten Bezugspersonen schadlos überstehen können. Das Übergangsalter von drei Jahren für den Kindergarten ist nicht umsonst an diese Altersschwelle gelegt, da die seelische Konfiguration erst dann gewisse Eigenständigkeiten aufgebaut hat. Da ein Erzieher bzw. eine Erzieherin eine größere Anzahl von Kindern zu betreuen hat, kann die Aufmerksamkeit für ein einzelnes Kind nicht ungeteilt sein, was jedoch gerade in den ersten Lebensjahren wünschenswert wäre. Auch diese Tatsache benennt Comenius.[36]

---

36 Die funktionelle Selbständigkeit, d.h., Fähigkeiten des Kindes, ohne den Erwachsenen gewisse Alltagsaufgaben alleine bewältigen zu können, kann nicht mit echter

Die Forderung nach kindlichem Spiel und Ausgestaltung der Bewegungsfreudigkeit und -möglichkeit ist berechtigt, verkümmern doch im immer elektrischer und elektronischer werdenden Kinderzimmer diese Tagesanteile stark. Es wird wenig gelaufen, die Mütter dienen als Taxiunternehmen, der Buggy ist kein Notbehelf mehr, sondern ein unentbehrliches und schwer beladenes Gefährt.

Sehr viele Kinder sind heute in vereinsmäßigen sportlichen Aktivitäten untergebracht, sei es Tennis, Ballett, Turnen, Fechten, Minifußball/-handball, doch bleibt dabei allzu oft die kreative natürliche kindliche Bewegungsfreude auf der Strecke. Gerade hierin liegen stark fördernde Momente im Entwicklungsprozess. Das oft verhinderte körperliche Spiel hinterlässt eine schwächere Körperwahrnehmung und -sicherheit, was in seinen Auswirkungen bis in neurologische Reizverarbeitungsmöglichkeiten einfließt, was heißt, dass mangelndes Körpererleben durch Spiel und Bewegung letztlich auch zu kognitiven Schwächen führen kann.[37]

Unsere kognitive Fähigkeit ist demnach eingebettet in ein Körpergeschehen und kann sich daher optimal auch nur in einem kreativ-aktiven Körper entwickeln. Im Spiel unter den Kindern wird das Zusammenarbeiten der verschiedenen Wahrnehmungsbereiche geübt, da das Kind die Empfindungen seines Körpers und der Schwerkraft mit Wahrnehmung seitens der Augen und der Ohren verbindet. In spielerischer Anpassungsreaktion überwindet es Herausforderungen, lernt Neues hinzu. Ohne intensives Spielen, was den gesamten Körper beansprucht, verschafft sich das Kind also nicht das Ausmaß an Sinneswahrnehmung, was notwendig ist, um die reifenden Anlagen seines Gehirns in seiner Gesamtheit zu entwickeln (Ayres 1979).

---

innerer Autonomieentwicklung gleichgesetzt werden. Nach Beobachtungen ist letztere nicht von ausreichendem, emotional befriedigendem und zuverlässigem Beziehungsangebot in den ersten Lebensmonaten zu trennen. Untersuchungen zeigten, dass Kinder bei Trennungen, die nicht von ihnen ausgingen, viermal so viele Rückversicherungsblickkontakte suchten und um 60 % weniger spielten, als jene, die aktiv selbst die Trennung eingeleitet hatten. D.h. dass in die Unabhängigkeit gedrängte Kleinkinder unsicherer und unselbständiger bleiben als die, deren Bindungsbedürfnisse und Streben nach Eigenständigkeit zuverlässiger erfüllt wurden. Selbst im Grundschulalter sind solche Autonomieleistungen – sich mit Neugier, Interesse und innerer Sicherheit Nicht-Familiärem zuzuwenden – an ein Auftanken-Können im geborgenen Milieu gebunden. Leuzinger-Bohleber, M./Garlichs, A., a.a.O., S. 216–220.

37 Nach Piaget (1896–1980) wird auf der Ebene des konkreten Handelns und der Koordination von Wahrnehmungen und Handlungen die Basis des später verinnerlichten und generalisierten Koordinierens oder Vereinigens, Ordnens, Klassifizierens und Beziehungsbildens – also des logischen Denkens – gelegt; d.h. dass senso-motorische Strukturen die Grundlagen für spätere Denkmodelle darstellen. (Buggle, F. 1997, S. 51–53).

Im letzten Jahr vor seiner Einschulung wurde ein gut 5jähriger Junge vom Kinderarzt überwiesen, da sich der Patient in vielen Lebenssituationen außerordentlich störrisch, verweigernd und kontaktabwehrend verhielt. Die differenzierte Diagnostik ergab, dass der Junge primär in seinem Beziehungsvermögen noch unbeschädigt war, dass er aber im visuellen Wahrnehmungsbereich und in seiner Psychomotorik unter Schwächen litt, die ihm besonders im außerfamiliären Bereich das Bewältigen von komplexen und nicht sofort durchschaubaren Situationen (vor allem mit konkurrierenden Gleichaltrigen) schwer machte. Das Kind spürte diese Unzulänglichkeiten, die bis dahin weder vom Arzt noch von den Eltern benannt werden konnten, fühlte sich durch diese Schwächen beschämt und versuchte, entsprechenden fordernden Situationen durch Vermeidungsstrategien zu entgehen. Sein Sozialverhalten war damit sekundär schwierig, er erschien den meisten Menschen „verhaltensgestört". Ein Spießrutenlaufen war unter diesen Umständen die Mutter-Kind-Kur, die kurz vor Beginn der Psychotherapie „durchgestanden" wurde.
Die bei der Therapeutin durchgeführte Behandlung bestand im wesentlichen aus Gesprächen mit der Mutter, um ihr Einblick und Einfühlung in das innere Erleben ihres Sohnes zu vermitteln, so dass sie ihn besser verstehen, seine Nöte nachvollziehen und seine Reaktionen aus seiner Sicht als sinnvoll erleben konnte. Dies entlastete den kleinen Jungen in seiner Not enorm, er fand einen neuen außerordentlich liebevollen Zugang zu seiner Mutter. Gleichzeitig liefen ergotherapeutische und psychomotorische Fördermaßnahmen an, die, da bei allen Beteiligten die Motivation gut war, schnell deutliche Progression brachten. Der Patient fand durch die größer werdende Sicherheit besseren Zugang zur konkurrierenden Gruppe der Gleichaltrigen, hatte hier seine ersten Erfolge. Er lernte Fahrrad fahren, Schwimmen u.ä. Der Vater, der zunächst der psychotherapeutischen Behandlung und der dazu erfolgten Diagnostik recht skeptisch gegenüberstand, konnte diesen Prozess nun mittragen und mit Stolz die Entwicklung seines Sohnes begleiten.
Im Frühsommer des folgenden Jahres stand dann der Anmeldetermin in der Schule an, der vom Schulleiter vorgenommen und von diesem mit einigen kleinen Tests durchgezogen wurde. Problemlos bewältigte der Patient Wahrnehmungsaufgaben, fein- und grobmotorische Anforderungen, zeigte sich verbal aufgeschlossen. Zum Schluss äußerte der Schulleiter: „Du warst von allen bisher gesehenen Kindern nicht nur körperlich der Größte, sondern auch mit Abstand der Erfolgreichste." Die Mutter, die den Kuraufenthalt vor gut einem halben Jahr noch unmittelbar und mit tief sitzendem Schrecken im Gefühl hatte, erlebte diesen Zuwachs durch die entsprechende Unterstützung voller Dankbarkeit und Freude, was der Junge spürte; dies trug und trägt ihn in seinen Bemühungen weiter.

In der Pansophischen Schule schreibt Comenius, dass „nichts in den Verstand gelangt, das nicht zuvor zu den Sinnen gelangte." Und an anderer Stelle (Die Ordnung der Dinge): „Das sinnlich Wahrnehmbare ist eher als die Vorstellungen, denn es gelangt nichts in die Vorstellung, das nicht zuvor in den Sinnen war."

Auch Aristoteles (384–322 v. Chr.) wies darauf hin, dass nichts im Bewusstsein existiert, was nicht zuerst in den Sinnen existiert hat. Er meinte, dass alles, was wir in uns an Gedanken und Ideen haben, durch das, was wir gesehen und gehört haben, in unser Bewusstsein gekommen ist (Kropp, G. o.J.).

Da Comenius sich mit Aristoteles beschäftigt hatte, wird ihm dessen Auffassung bekannt gewesen sein, so dass er seine Beobachtungen als bestätigt erleben konnte.

Diese Sätze sind heute Grundlagenprogramm jeder Ergo- und Beschäftigungstherapie, in welcher die sensomotorische Integration geschult werden soll, wenn neurobiologische Defizite das Erfassen, Begreifen der Welt erschweren und die Menschen dadurch in ihren kognitiven Funktionen beeinträchtigt sind. Auch Maria Montessori (1870–1952) entwickelte nach dem Erkennen dieser existentiellen Zusammenhänge ihre „metodo“ (1909)[38].

Während bei den heutigen Kindern durch den meist viel zu exzessiven Fernsehgenuss der visuelle Bereich völlig überstrapaziert wird, kommt die Schulung der auditiven und sprachlichen Ausgestaltung gerade durch den vorher genannten übermäßigen Konsum zu kurz. Viele Mahlzeiten innerhalb einer Familie finden gemeinsam mit dem Fernsehangebot statt, was zudem die sprachliche Kommunikation erschwert. Es ist hier der Erwachsene, der undiszipliniert ist und das Kind in diese passive Berieselung mit hineinzieht und es daran gewöhnt. Es ist kaum auszudenken, was Comenius zu diesem heute so verbreiteten Phänomen geäußert hätte. Als er seinen „Orbis pictus“ schuf – den Urahn unserer Bilderbücher –, konnte er eine derartige visuelle Überstimulierung nicht ahnen.

8. Schwellensituation Einschulung

Comenius versuchte schon damals, den Eltern klarzumachen, dass sie ihr Kind auf den Schulbesuch freudig einstimmen sollten. Nicht Mühsal, Last und ungeliebte Arbeit habe das Kind zu erwarten, sondern ein Spiel mit Büchern und Federn „süßer als Zucker“. Der Lehrer sollte als wohlmeinende Autorität dargestellt werden, der nicht Angst, sondern Achtung auslöst.

Dieser Übergang wird heute unterschiedlich gehandhabt. Sicher gibt es Erwachsene, die dem Kind klarzumachen versuchen, dass mit der Schule „der Ernst des Lebens“ beginnt, wo Freiraum und kindliche Unordnung ihr Ende finden sollten. Der unmittelbare Übergang wird zwar meist mit dem Inhalt der Schultüte „versüßt“, letztlich aber doch, um dem anstehenden Ernst seinen Schrecken zu nehmen.

---

38 Die italienische Ärztin M. Montessori ging zunächst von ihrer Arbeit mit schwachsinnigen Kindern aus, erprobte dort Fördermethoden, die sie dann auf normale Klein- und Schulkinder übertrug. Die Übungen, mit dem speziell von ihr entwickelten Material, waren auf die Stimulierung der Sinnesorgane und der Muskeln abgestellt, um so den natürlichen physiologischen und psychischen Entwicklungsspuren zu folgen. Die Einheit von optischer und taktiler Wahrnehmung bzw. motorischem Ablauf sollte aufgebaut werden. Vgl. auch Heiland, H. 1996; Reble, A. a.a.O., S. 285.

Mancherorts treten im letzten Kindergartenjahr Kooperationslehrer in Erscheinung, die den Übergang in den neuen Lebensbereich behutsam vorbereiten, dem Kind damit das Neue schon streckenweise vertraut machen, so dass es eher ein fließender Übergang anstelle einer krassen Schwellensituation ist. Gerade für das insgesamt schwächere Kind ist diese behutsame Überleitung wichtig und ermöglicht einen freudvolleren Start. Auch eine regelrechte Vorschule, wie sie in einigen Bundesländern angeboten wird, oder zumindest ein Vorschulprogramm im Kindergarten sind als Vorbereitung begrüßenswert. Wichtig ist aber auch, dass es den Eltern schon während der Kindergartenzeit gelingt, dem Kind Alltagsstrukturen zu vermitteln, d. h., ein gewisses Maß an Ordnung, Pünktlichkeit und Verhaltenskonsequenz. Ohne diese vorher erfahrenen Strukturen sind Kinder mit den dann einsetzenden unumgänglichen Grenzen überfordert.

9. Die Hinführung zu und das Aufgehobensein in Gott

Abschließend muss erwähnt werden, dass für Comenius die Ausarbeitung und Pflege eines altersentsprechenden Gottesverständnisses von außerordentlicher Wichtigkeit war. Alles war letztlich auf Gott ausgerichtet und intensive Religiosität das Grundlegende. Die Eltern sollten hier, wie in anderen Lebensbereichen, dem Kind entsprechend vorangehen und sein Gefühl für Andacht, Gebet, Schweigen und Gottesfurcht entwickeln.

Dieser Aspekt spielt heute in sehr vielen Familien kaum noch eine derart wichtige Rolle, wenngleich das abendliche Kindergebet im Rahmen des Einschlafzeremoniells immer noch Bedeutung hat. Dies soll dem sich – meist mit Unbehagen – von der Welt ab- und dem Schlaf zuwendenden Kind das Getragensein in einem größeren Ganzen vermitteln, was jedoch meist nur punktuell in dieser Situation und kaum über den weiteren Alltag verteilt geschieht. Dass der moderne Mensch durch Veränderung dieser religiösen Lebenseinstellung menschliche Einsamkeit krasser und ängstigender erlebt als der, der sich von einem Gott getragen fühlt, ist die für die meisten schwer zu ertragende daraus folgende Realität.

10. Ein Nicht-Erwähnen: Das Kind als „Spielzeug“

Die Literatur[39], die sich mit der Psychohistorie der Kindheit zur beginnenden Neuzeit beschäftigt, erwähnt, dass die körperliche Intimität des Kindes nicht besonders beachtet wurde und auch hier keine Grenzziehung zu den Erwachsenen stattfand. Es kam sowohl häufig zu genereller Vernachlässigung, als auch zu dem

39 deMause. L. 1977; Badinter. E. 1996; Aries; P. 1996; Shahar, S. 1993.

den Erwachsenen amüsierenden „Verhätscheln“[40], z. B. stimulierendes Spielen an den kindlichen Genitalien – eine weit verbreitete Sitte – bis hin zu groben sexuellen Übergriffen. Die sexuelle Zwanglosigkeit vor den Augen der Kinder oder am kindlichen Körper selbst zeigen, dass man diesem ganzen Geschehen in Bezug auf das Kind keine Bedeutung beimaß. Von der Antike bis zur Renaissance ist der sexuelle Gebrauch von Kindern bekannt. Erst später änderte sich diese Einstellung, doch gibt es auch heute genügend Belege für Kindesmissbrauch (unter den Augen der Eltern). Es erstaunt, dass Comenius diesen Bereich des Kinderlebens überhaupt nicht erwähnt, nachdem er sonst detailliert Anregungen, Gebote oder Verbote formulierte. Es ist anzunehmen, dass in seiner Zeit und erst recht im Zuge der Wirren des 30jährigen Krieges gehäuft solche brutalen Geschehnisse vorkamen. Achtung, Schutz und Pflege des kindlichen Körpers als „Wohnung der Seele“ waren ihm dringliche Anliegen, so dass das Auslassen dieses Themas erstaunlich ist.

11. Zusammenfassung

Viele Aspekte der 1633 für die Eltern aufgesetzten Informationsschrift zum Beziehungs- und Erziehungsgeschehen könnten auch heute aus der Feder eines pädagogischen Psychologen fließen. Am erstaunlichsten ist die Erkenntnis, dass die frühen Bemühungen um das Kind in den späteren Jahren ihre positiven Auswirkungen zeigen, dass aber auch umgekehrt bei Vernachlässigung die Folgen katastrophal sein können, im schlimmsten Fall nicht mehr wieder gutzumachen sind. Selbst wenn das ererbte Anlagenpotential ein erhebliches Gewicht hat, so können doch die psychosozialen Bedingungen in der frühen Kindheit nicht außer acht gelassen werden. Comenius schuf mit seiner „Mutterschul“ ein psychagogisches und seelsorgerisches Instrument, dem in der pädagogischen Öffentlichkeit nicht die Würdigung zukommt, die angemessen wäre.

Das offenbar schon lang vorhandene Wissen, das heute durch Forschungsergebnisse untermauert ist, hat nicht zu *den* Konsequenzen geführt, die der Wichtigkeit angemessen wären. Es ist im Grunde betrüblich, dass schon vor über 350 Jahren ein außerordentlich sinnvolles und dem Kind entsprechendes Beziehungs- und Erziehungs- sowie Vorschulprogramm aufgestellt wurde, was zwar von einigen wissenden und bemühten Eltern durchgeführt wurde, dass aber eine große Zahl von Eltern immer noch bis zur Einschulung wartet, um das Kind zielgerichtet zu entwickeln.

---

40 Aufschlussreich ist hier das Tagebuch über die Entwicklung Ludwigs XIII von seinem Kinderarzt Heroard, der das Leben des Dauphin von Geburt an begleitete; dargestellt in: deMause, L., a.a.O., S. 41–44.

Das Kind erlebt heute durch die Reisen mit den Eltern, die technischen Informationsmöglichkeiten und das große Spielwarenangebot eine erhebliche Stimulation, was jedoch nicht automatisch bedeutet, dass die Kinder altersentsprechende emotionale, soziale und intellektuelle Fähigkeiten als sicherheitsgebende Persönlichkeitsstrukturen aufbauen.

Zweifelsohne gilt heute immer noch der Satz von Comenius, dass es nichts Wertvolleres und Größeres gibt als das Aufziehen eines Kindes. Häufig höre ich in meiner Praxis als Kinder- und Jugendlichen-Psychotherapeutin von Eltern den Satz, „das hätte ich schon alles vorher wissen müssen“, was heißen soll, dass z. B. vieles in der Schule vermittelt und gelehrt wird, jedoch nicht dieser Bereich, mit dem fast alle Menschen im Laufe ihres Lebens in Berührung kommen. Es bleibt den Eltern überlassen, sich aus eigener Initiative zu informieren und zu bereichern, sei es über Literatur, Volkshochschule oder Programme, die von den Wohlfahrtsverbänden angeboten werden – auch zur Vor- und Nachsorge im Zusammenhang mit Schwangerschaft und Geburt. Je nach betreuendem Geburtshelfer oder später dem Kinderarzt und dessen Ausbildung finden Eltern wirklich Rat, wenn sie sich mit Sorgen an diese wenden. Während der körperliche Aspekt sowohl während der Schwangerschaft, der Geburt und in den Kinderjahren durch entsprechende – und häufig wahrgenommene – Untersuchungen von weiten Bereichen der Bevölkerung beachtet wird, sind die Eltern mit den Gesetzmäßigkeiten der seelischen Entwicklung wenig vertraut.

Immer wieder ist in der Praxis festzustellen, dass sich Eltern Erziehung, vor allem bei mehr als einem Kind, viel „einfacher“ vorgestellt haben, dass sie zunächst glaubten, mit Liebe und Bemühen problemlos den Nachwuchs großzuziehen. Der notwendige Krafteinsatz, sowie die erforderliche eigene seelische Substanz werden noch nicht einmal erahnt. Die Desillusionierung, die Enttäuschung wird dann bitter – und ungerechterweise – dem Kind gegenüber formuliert:

„Wenn ich das gewusst hätte, hätte ich keine Kinder bekommen.“ Das wieder belastet dessen Selbstbild und Selbsterleben. Eine breitere Elternbeschulung wäre daher sicher überlegenswert. Dass die Übernahme der Aufzucht durch „Vater Staat“ keine glücklicheren Menschen hervorzubringen vermag, zeigen die Erfahrungen in den sozialistischen Staaten, was nach der Wende von 1989 vielerorts deutlich wurde.

Die Vorstellungen von Comenius in seinem „Informatorium der Mutterschul“ warten demnach teilweise immer noch auf Realisierung.

Schlußbemerkung

Die vorausgegangenen Ausführungen versuchten deutlich zu machen, dass Comenius’ Schrift „Informatorium. Der Mutter-Schul“ zur Erziehung des Kleinkindes zum einen zu seiner Lebenszeit eine grundlegende veränderte Betrachtungsweise und Wertung der frühen Entwicklungsjahre bedeutete und dass er diese Zeit als Ausgangspunkt und als tragendes Fundament für die spätere Lebensgestaltung erkannte. Auf dem Hintergrund der harten und häufig qualvollen Realität der damaligen Kindheit müssen seine Reflexionen und sein detailliert ausgearbeitetes Programm als ein ungemein revolutionärer und evolutionärer Schritt bewertet werden. Dafür gebührt ihm höchste Anerkennung.

Zum anderen verdient Comenius ungeteilte Achtung und Bewunderung, dass er einen Entwurf lieferte, der mit wenigen Abstrichen in der heutigen Zeit mit viel fundierter psychologischer Forschung übernommen werden kann. Solche Vorausschau gelingt nicht vielen.

Er wies der Kindheit Raum und Zeit zu, erkannte die Notwendigkeit von Grenzziehung zwischen den Generationen, was für den Heranwachsenden Schutz und Sicherheit bedeutet. Das abgestillte Kind trat zu seiner Zeit in ein Lehrlingsverhältnis ein, wurde aber nicht erzogen. Dieser Mangel an Erziehung darf nicht mit Freiheit verwechselt werden. Erziehung kostet Kraft des Erziehenden, hier kann sich u. a. Liebe dem Zögling gegenüber beweisen. Dieser kann in diesem Schutz eigene Strukturen aufbauen, die Selbstverwirklichung ermöglichen.

Wir sind wieder in einer Zeit, wo die Grenzen zwischen Eltern und Kindern zu verschwimmen drohen; sicher mit ganz anderen Vorzeichen. Die damit verbundene Schutzlosigkeit erzeugt Angst und Unsicherheit, was zur Abwehr Aggression, die zuweilen bedrohlich ausufert, auslösen kann. Damit sind wir mitten in der heutigen Realität, die z. T. darauf zurückführt, daß Anforderungen, die Comenius bereits vor 350 Jahren aufgestellt hat, nicht erfüllt worden sind.

Leibnitz (1646–1716) hatte offenbar eine hoffnungsvollere Vision, in der er Comenius' Saat zu einem üppigen Erntesegen heranwachsen sah. Auch er hatte damit eine Utopie als Ziel, dachte, durch bildende Erziehung den der Seele des Menschen innenwohnenden Kräften eine Reifung ermöglichen zu können. Im großen Zusammenhang gesehen ist das Ergebnis der Comenianischen Wirkung jedoch bescheiden, wenngleich individuelle Expansion und struktureller Zuwachs heute häufiger auftreten als früher – wogende Felder anstelle einzelner Halme liegen aber noch weit in der Zukunft – vielleicht schon wieder eine Utopie.

Die frühe Kindheit – die grundlegende Weichenstellung in der Entwicklung

Eva Rass

Erst im 19. Jahrhundert entwickelte sich in unserem Lebensraum eine breitere Sensibilisierung für die Entwicklungsbedürfnisse von Säuglingen und Kindern. Insbesondere die frühe Kindheit wurde als ein vulnerabler Lebensabschnitt erkannt, der eines speziellen Schutzes bedarf. Eine systematische Erforschung der Auswirkungen früh einwirkender Belastungsfaktoren begann jedoch erst in der zweiten Hälfte des 20. Jahrhunderts mit der von Bowlby (1951) im Auftrag der WHO erstellten Monografie. Diese kam zu dem Ergebnis, dass eine längere Deprivation von mütterlicher Zuwendung in früher Kindheit ernste und weitreichende Folgen für die Persönlichkeitsentwicklung und damit für das ganze Leben eines Menschen haben kann. Ende der 1960er Jahre machten sich zehn weitere Autoren unterstützt von der Association for Applied Psychoanalysis an das große Forschungsprojekt zur Psychohistorie der Eltern-Kind-Beziehung in der westlichen Welt. Trotz des psychoanalytischen Ansatzes dieser Arbeit arbeiteten die Autoren in erster Linie als Historiker und sahen ihre Hauptaufgabe darin, die Quellen objektiv daraufhin zu überprüfen, ob sie etwas über die Beziehung zwischen Eltern und Kindern in verschiedenen Zeiten und Ländern aussagen konnten. Es ergab sich umfassend, dass die Geschichte der Kindheit ein Alptraum ist, aus dem wir gerade erst erwachen. Je weiter wir in die Geschichte zurückgehen, desto unzureichender wird die Pflege der Kinder sowie die Fürsorge für sie und desto größer die Wahrscheinlichkeit, dass Kinder getötet, ausgesetzt, geschlagen, gequält und sexuell missbraucht werden. Und weil die psychische Struktur von Generation zu Generation durch den Engpass der Kindheit weitergegeben wird – quasi eine Weichenstellung –, sind die Praktiken der Kindererziehung in einer Gesellschaft mehr als nur ein beliebiges kulturelles Merkmal neben anderen (de Mause 1974, S. 15). Diese Formulierung aus dem Buch Hört Ihr die Kinder weinen? (deMause 1974) entspricht den modernen Erkenntnissen der Bindungstheorie – das heißt die transgenerationale Weitergabe von Bindungsstilen.

Und so kam es zu einer systematischen Erforschung der Langzeitauswirkungen von Kindheitsbelastungsfaktoren auf die psychische und körperliche Gesundheit im Erwachsenenalter. Wesentliche Beiträge hierzu kamen aus der von Bowlby selbst maßgeblich vorangetriebenen Erforschung des Bindungsverhaltens vor dem Hintergrund früher Bindungserfahrungen sowie einer Reihe prospektiver Langzeitstudien mit Geburt-Jahrgangs-Kohorten (vgl. Felitti 2002, 2003; Egle et al. 2002). Diese erbrachten einen deutlichen Zusammenhang zwischen einem kumulativen Einwirken von biologischen und psychosozialen Faktoren in der Kindheit einerseits und psychosozialen Auffälligkeiten im Erwachsenenalter andererseits.

Hinzu kommt in den letzten 30 Jahren der außerordentliche Fortschritt in den entwicklungsorientierten Neurowissenschaften, wo gerade in den letzten beiden Jahrzehnten mehr als deutlich wurde, dass sowohl die Erfahrungen im Mutterleib als auch die unmittelbaren postnatalen Umgebungsfaktoren und die dyadischen Bindungsbeziehungen zwischen dem Kind und seinen Fürsorgepersonen unmittelbare und andauernde Auswirkungen auf die Entwicklung des Gehirns und das Verhalten des Kindes haben (Schore 1994, 2003, 2012; Bauer, J. 2002; Eisenberg 1995; Hüther 2006). Die Entdeckung der dauerhaften Auswirkungen der frühen mütterlichen Fürsorge und die damit einhergehenden epigenetischen Veränderungen des Genoms während wichtiger Phasen der frühen Gehirnentwicklung, sowie die Ausrichtung für spätere Gesundheit oder auch Krankheit sind für alle Arbeitsfelder im Bereich der Fürsorge der Heranwachsenden von größter Bedeutung. Es besteht wissenschaftliche Übereinkunft darüber, dass die Ursprünge von Krankheit im Erwachsenenalter oft in entwicklungsbedingten und biologischen Schädigungen zu finden sind, die sich in den ersten Lebensjahren ereignen. Daher sollten die neuen Ansätze, die Neurowissenschaft und Entwicklungspsychologie zusammenführen, verstärkt auf eine Verminderung von nennenswerten Stressoren und Härten in der frühen Kindheit zielen. Von größter Bedeutung ist daher die Integration aktualisierter Konzepte zur frühen Entwicklung, der Erkenntnisse der entwicklungsorientierten Neurowissenschaft, der Entwicklungspsychologie, der entwicklungsorientierten Biologie, der entfaltungsorientierten Psychoanalyse sowie der Kinderpsychiatrie in sozialpsychologische und selbst politische Bereiche, da die entwicklungsorientierten Wissenschaften Hinweise für normale und abnorme Funktionen der Seele und des Körpers bei dem sich entwickelnden Kind liefern können. Das psychobiologische System des Säuglings und Kleinkindes ist anfällig für psychopathologische Kräfte, die sein sich entwickelndes Gehirn-Psyche-Körper-System bedrohen. Diese Stressoren führen zu adaptiven und maladaptiven Veränderungen in den sich entwickelnden psychobiologischen Anpassungsmechanismen des unreifen Organismus' (vgl. Schore 2003).

Die aktuelle Neurowissenschaft ist stark am Wachstumsschub des Gehirns interessiert – vom letzten Trimester der Schwangerschaft bis hinein ins zweite Lebensjahr. Die frühe Entwicklung der rechten Hirnhälfte ist in dieser entscheidenden Periode von besonderer Bedeutung. Nach Jahrzehnten der Vorherrschaft der kognitiven Ansätze sind die motivationalen und emotionalen Verarbeitungsprozesse deutlicher in den Blick der Forschung geschoben worden. Der evolutionäre Mechanismus der Herstellung einer Bindungsbeziehung, die in die sozial-emotionale

Kommunikation eingebettet ist, ermöglicht die Reifung der Affekte, und der Erwerb von Anpassungsfähigkeit für die Selbstregulation von Affekten stellt das Schlüsselereignis in der Säuglings- und Kleinkindzeit dar. Dies ist umso bedeutsamer, da der Mensch als extrauterine Frühgeburt außerhalb des Mutterleibes fertig ausgebrütet werden muss und er extrauterin darauf angewiesen ist, dass ihn die Umwelt mit jenem geschützten Raum versorgt, den er verfrüht verlassen musste (Portmann 1951). Weiter stellt der Entwicklungsprozess der Selbstregulation einen Ablauf von Phasen dar, in denen sich entwickelnde adaptive selbstregulatorische Strukturen und Funktionen qualitativ neue und umfassende Interaktionen zwischen dem Menschen und seiner sozialen Umgebung möglich machen (vgl. Schore 2003; Fonagy/Target 2004).

Aus der Perspektive der Affektregulationstheorie (vgl. Schore 1994, 2003, 2012) ist die Entwicklung der Selbstregulation ein zentraler Bestandteil der sozioemotionalen, mentalen und psychischen Gesundheit des Säuglings und Kleinkindes. Dabei entfaltet sich ein komplexes und dynamisches Geschehen von evolutionär-konservierten genetischen Programmen, die die Gehirnentwicklung steuern. Die intrauterine und postnatale frühe zwischenmenschliche Umgebung prägt und formt alles Lebendige. Pränatale und postnatale epigenetische Faktoren in der sozialen Umgebung wirken in das Gen hinein – beeinflusst durch die Mutter-Säugling-Bindungsbeziehung (vgl. Gervai 2008). Es besteht weitgehend Übereinstimmung darüber, dass das Gehirn ein sich selbst organisierendes System ist; doch findet die Selbstorganisation des sich entwickelnden Gehirns im Kontext von Beziehungen mit einem anderen Selbst statt (Schore 1996). Forscher sprechen von der „sozialen Konstruktion des menschlichen Gehirns“ (Eisenberg 1995). Das akzelerierte Wachstum der Gehirnstruktur tritt während kritischer Reifungsperioden in der Säuglingszeit auf; es ist erfahrungsabhängig und wird von sozialen Kräften beeinflusst. Von Geburt an ist der Säugling von einer Welt mit anderen Menschen umgeben, in der während der Wachzeit des Säuglings Gespräche, Gesten und Gesichter allgegenwärtig sind. Der Austausch von sozialen Informationen ist dabei dynamisch, multimodal und wechselseitig. In diesem Zusammenhang sind die Befunde der Forschungsvorhaben zur Reifung der Hirnstruktur wichtig, die belegen, dass die rechte Hemisphäre eine frühe Reifung zeigt (vgl. McGilchrist 2009). Die rechte Hirnhälfte ist während der Säuglingszeit für die Verarbeitung der visuellen und akustischen Kommunikation dominant, was für das nonverbale Kind von Bedeutung ist. Die Befunde verweisen darauf, dass die rechte Hirnhälfte stark in das soziale und biologische Funktionieren im emotionalen Bindungsdialog zwischen Säugling und Fürsorgeperson involviert ist. Die rechte Hemisphäre ist eng mit dem Gefühl und dem Körper und dadurch mit den älteren Regionen des ZNS verbunden (vgl. Schore 2005). Die Hirnforschung kann belegen, dass

Beziehungs- und Erfahrungsprozesse die strukturelle Ausformung der Nervenzellen innerhalb des genetisch vorgegebenen Gestaltungsraumes prägen und dass später, wenn das Gehirn schon weiter ausgereift ist, grundlegende Änderungen der Architektur nur noch schwer möglich sind – und dass frühe Prägungen das Gehirn dabei fast genauso nachhaltig wie genetische Faktoren programmieren. Prägungen im Mandelkern, der als phylogenetisches Erbe bei der Geburt schon ausgereift ist, sind unauslöschlich und Perry et al. formulierten: How „states" become „traits" (1995).

Schon Winnicott (1960) betonte, das sich die Kommunikation zwischen Mutter und Kind im Wesentlichen im Anatomischen und Physiologischen der lebendigen Körper abspielt. Um die rechte Hemisphäre des Kindes zu regulieren, muss das Auf und Ab der mütterlichen affektiven Zustände in Resonanz mit ähnlichen Schwingungen des Säuglings und den inneren Zuständen von positiver und negativer Erregung stehen. Die dyadische Interaktion zwischen dem Säugling und seiner Mutter steuert und moduliert fortwährend das Ausgesetzt-Sein des Säuglings an äußere Stimuli und dient daher als Regulator der individuellen inneren Homöostase. Diese regulatorische Funktion der Interaktion von Fürsorgeperson und Kind ist der wesentliche Promotor, um die normale Entwicklung und die Aufrechterhaltung der synaptischen Verbindungen während des Aufbaus der funktionalen Schaltkreise sicherzustellen (vgl. Schore 1996, 2003). Schon Daniel Stern formulierte 1977 – lange vor der Dekade des Gehirns: „Die Mutter ist in einem natürlichen Prozess mit ihrem Baby verbunden, in einem Prozess, der sich in faszinierender Komplexität entfaltet und auf den sie und ihr Baby durch eine Jahrtausend alte Entwicklung gut vorbereitet sind".

In den ersten beiden Lebensjahren erfolgt ein starkes Wachstum des menschlichen Gehirns. Die Bindung beeinflusst dabei die Struktur der sich entwickelnden rechten Hemisphäre, die bei den wichtigsten Bedürfnissen von Mutter und Säugling eine große Rolle spielt. Die frühe Reifung der rechten Hemisphäre wird sowohl von anatomischen als auch von bildgebenden Befunden unterstützt. Tief im Körper verankerte Bindungstransaktionen prägen die rechte Hemisphäre, die mit dem emotionsverarbeitenden limbischen System und dem ANS verbunden ist. Die funktionale Reifung der limbischen Kreisläufe wird stark von frühen sozioemotionalen Erfahrungen beeinflusst. Sogar die hypothalamisch-hypophysäre-adrenokortikale (HPA-)Achse des Säuglings und Kleinkindes wird innerhalb der Bindungsbeziehung durch die mütterliche Fürsorge geformt (Schore 2012). Die rechte Hemisphäre reguliert die HPA und steuert die menschliche Stressreaktion. Die rechte Hemisphäre ist zentral in die Steuerung der vitalen Funktionen eingebunden, die das Überleben unterstützen und es dem Organismus ermöglichen, mit Stress und Herausforderungen umzugehen.

Erfahrungen werden somit in der Gehirnarchitektur gespeichert, was zum Beispiel bei traumatischen Erlebnissen dazu führen kann, dass sich eine Art Vorstruktur bildet, in die alle künftig erlebten Ängste und Ereignisse eingepasst und dadurch verstärkt werden (Elbert 2005; Ermann 2009). Das Furchtzentrum wird dabei überaktiviert, währenddessen die ordnende und regulierende Kraft einer anderen Hirnstruktur, des Hypokampus, abnimmt. Forschungsbefunde ergeben somit vermehrt, dass frühe Erfahrungen eine lebenslange Basis für neuronale und hormonelle Reaktionen legen können. Übermäßige Belastungsfaktoren können unter anderem die Aktivität eines Gens, das für die Produktion eines Faktors, der dazu beiträgt, das Stresshormon Kortisol zu neutralisieren, um dadurch die Stressreaktion zu begrenzen, dauerhaft bremsen. Auch die Immunabwehr, die der Körper in der Kindheit erst ausbilden muss, kann durch traumatisierenden Stress negativ beeinträchtigt werden, sodass angenommen werden muss, dass emotionale Erfahrungen in der Kindheit umfassende Auswirkungen auf die Gesundheit haben (vgl. Egle et al. 2002). Zum Beispiel wird ein vermeidender Bindungsstil mit herabgesetzter ‚Natural Killer Zell Zytotoxizität' assoziiert (Schore 2012). Dies ist hoch bedeutsam für die psychosomatische Forschung, die die Last der frühen Jahre untersucht und dabei prägende Faktoren entdeckt, die im späteren Leben für Stress anfälliger machen. So gibt es vermehrt Hinweise dafür, dass sogar vermeintlich rein organische Leiden, wie Diabetes, Verkalkung der Herzkranzgefäße, Übergewicht, Bluthochdruck und viele weitere Erkrankungen häufiger auftreten, wenn die frühe Entwicklung belastend war (Felitti 2002, 2003; Egle et al. 2002). Intensive Fürsorge beeinflusst die Biochemie der Zelle, sodass sich in der Folge, je nach Bindungserfahrung, mehr oder weniger Rezeptoren bilden, um die im Körper anflutenden Stresshormone abfangen zu können (Bartens 2008). Die frühen sozioemotionalen Erfahrungen werden in die biologische Struktur eingeprägt, die während des frühen Wachstumsschubs reift und weisen daher langfristige Effekte auf.

Entwicklungsforscher, die den wechselseitigen Mutter-Kind-Blickkontakt beobachteten, haben festgestellt, dass Face-to-Face-Interaktionen kurze, aber hoch affektiv geladene und erregende interpersonale Ereignisse darstellen, die dem Säugling ein hohes Niveau an kognitiver und sozialer Information bieten. Um die intensive positive Erregung zu modulieren, synchronisieren Mutter und Kind die Intensität ihres affektiven Verhaltens im Bruchteil von Sekunden. Neurobiologische Untersuchungen haben gezeigt, dass das Erfassen und die komplexe Verarbeitung selbst kleinster Veränderungen im menschlichen Gesicht sich innerhalb von hundert Millisekunden abspielen, und dass diese Zustandsveränderungen gespiegelt und synchron durch die rechte Hemisphäre des Beobachters innerhalb von 300 bis 400 Millisekunden angepasst werden – alles auf Ebenen weit unter der bewussten Wahrnehmung (vgl. Schore 2003, S. 16). Bedeutsam sind in diesem Zusammenhang die Untersuchungen von Mark Dadds von der University of New South Wales in Sydney, der Untersuchungsreihen mit kalt-unemotional diagnostizierten Jungen durchführte. Dem waren Forschungsvorhaben zur dissozialen Persönlichkeitsstruktur von Serienmördern vorausgegangen, denen jegliches Mitgefühl für andere fehlt, die zu extremen Grausamkeiten in der Lage waren, die als unbehandelbar galten – jedoch gab es Hinweise, dass diese Persönlichkeitszüge selbst schon beim recht jungen Kind erkennbar waren. Die Versuchsreihe sah dann so aus, dass er die Väter und Mütter dieser Kinder aufforderte, sich in regelmäßigen 10-minütigen Sitzungen gezielt in die Augen zu blicken und mit warmer Stimme zu sagen: „Ich hab Dich lieb!" Wichtig war, dass die Kinder dabei den Blick ihrer Eltern erwiderten. Die schlichte Intervention zeigte verblüffende Wirkung: nach sechsmonatigem Training waren die betroffenen Kinder erstmals in der Lage, Emotionen im Gesicht ihres Gegenübers zu erkennen (Dadds et al. 2011).

Die Neuropsychologen konnten feststellen, dass die Amygdala, jenes Zentrum, in dem die Hirnforscher das Mitgefühl verorten, bei Psychopathen auffällig zurückgebildet ist. Dadds vermutet, dass spätere Psychopathen im Babyalter keinen Augenkontakt zu ihren Bezugspersonen herstellen können. Wichtige emotionale Botschaften, die über Blick und Mimik vermittelt werden, gehen mit fatalen Folgen an den Kleinen vorbei, da es zu einer Kaskade von Fehlern bei der Entwicklung von Mitgefühl und Gewissen führt. Den selbstpsychologisch informierten Psychoanalytiker dürfte dies nicht überraschen: Schon Kohut betonte, wie wichtig der visuelle Austausch zwischen dem Kind und seiner Fürsorgeperson ist und der so wichtige „Glanz im Auge der Mutter" im Konzept der Spiegelung. Vermutlich dürften die zuvor angeführten Psychopathen den vitalen kindlichen Ruf „Mama, Papa, guck" nicht von sich gegeben haben.

Dyadische Erfahrungen der Affektsynchronizität treten in frühen Formen des positiv getönten sozialen Spiels auf, was Trevarthen (1993) als primäre Intersubjektivität bezeichnete und durch das Muster „Kind-führt-Mutter/Vater-folgt" strukturiert sind. In dieser kommunikativen Matrix gleichen sich die psychobiologischen Zustände beider Partner an und stellen ihre soziale Aufmerksamkeit, ihre Stimulation und die sich steigernde Erregung auf die Antwort des anderen ein. Bindung kann somit als die Regulation biologischer Synchronisation zwischen Organismen definiert werden (Schore 1994, 2003). Die sensitive primäre Bindungsperson erleichtert durch Anpassung der Art, der Menge, der Variabilität und der zeitlichen Abstimmung der Stimulation an die aktuellen integrativen Kapazitäten die Informationsverarbeitung des Säuglings. Diese aufeinander abgestimmten synchronisierten Interaktionen sind grundlegend für die gesunde affektive Entwicklung des Säuglings. Das Baby entwickelt eine sichere Bindung zu der psychobiologisch sensitiven primären Bezugsperson, die nicht nur negative

Affekte minimiert, sondern auch Gelegenheiten für positive Affekte maximiert. Affektregulation ist somit nicht nur die Dämpfung negativer Emotionen. Sie involviert ebenfalls eine Verstärkung und Intensivierung positiver Gefühle, eine Bedingung, die für eine komplexere Selbstorganisation notwendig ist. Regulierte affektive Interaktionen mit einer vertrauten, vorhersagbaren und primären Bezugsperson schaffen nicht nur das Gefühl von Sicherheit, sondern auch eine positiv aufgeladene Neugier, die es dem entstehenden Selbst ermöglicht, neue sozioemotionale und physikalische Umwelten zu explorieren, was zur positiv verstandenen Gesundheit gehört.

Spezifische emotionale Erfahrungen sind in die affektregulierende Bindungsbeziehung zwischen dem Säugling und seiner Pflegeperson eingebettet. Diese sind Überbringer sozialer Informationen und die daraus resultierende Dynamik ist multimodal und wechselseitig. Diese Wechselseitigkeit führt in jener frühen Zeit zu der Erfahrung, wie man sich aufeinander bezieht. Im günstigen Fall repräsentiert eine sichere Bindungsbeziehung eine entwicklungsfördernde Umwelt für die erfahrungsabhängige Reifung komplexerer regulatorischer Kapazitäten, die den Übergang von externer zu interner Regulation ermöglichen. Erfahrungen und Emotionen werden zunächst durch andere reguliert. Im Verlauf der Entwicklung werden sie als Ergebnis neurophysiologischer Entwicklungsprozesse jedoch selbst reguliert (vgl. Kohut 1977). In der frühen Kindheit werden somit nicht Kognitionen, sondern Bindungserfahrungen kommuniziert, die von starken Gefühlen und Emotionen begleitet sind. Es ereignet sich im Kontext von Mimik, Haltung, Prosodie und physiologischen Veränderungen, von Geschwindigkeit in der Bewegung und von auftauchenden Handlungen. Der Ton und das Volumen der Stimme, die Muster und die Geschwindigkeit der verbalen Kommunikation sowie des Blickkontaktes sind wesentliche Elemente dieser subliminalen Kommunikation und es sind diese Botschaften, die die Natur der Interaktion bestimmen (vgl. Schore 2003; Bebee/Lachman 1988, 1994). Die Spannbreite der individuellen Affekttoleranz ist somit in großem Ausmaß das Resultat des frühen unauslöschlich eingeprägten emotionsgeladenen Bindungsdialogs und es sind diese ursprünglichen interaktiven Erfahrungen, die die Entstehung des tiefsten Persönlichkeitskerns ausmachen. Den frühen realen Interaktionserfahrungen kommt somit als Wegbereiter der späteren Entwicklung ein wesentliches Gewicht zu. Dies bedeutet aber auch, dass der affektive Zustand der Betreuungsperson für das Kleinkind eine Realität darstellt, der es nicht entfliehen kann. Damit finden sich Erklärungen für die transgenerationale Weitergabe von Affektverarbeitungsmustern, die prägenden Einfluss haben (vgl. Slade/Cohen 2002). Der Säugling ist in Erregungszuständen jeder Art auf die zustandsmodulierenden Interventionen der Pflegeperson angewiesen, um die psychobiologische Homöostase wiederherzustellen. Er ist ausgeliefert an ein Milieu, das ihm im günstigsten Fall Erfahrungen liefert, die ihn mit einem stabilen psychobiologischen Fundament ausstatten. Im ungünstigen Fall hinterlassen sie aber eine Vulnerabilität, und dieses Fundament ist dann eher ein brüchiges, was wenig Ressourcen zum progressiven und positiven Meistern anstehender Lebenskrisen besitzt (vgl. Kohut 1977). Die entwicklungsgeschichtlichen Errungenschaften eines wirksamen Selbst, das in der Lage ist, verschiedene erregungs- und psychobiologische Zustände zu regulieren, kann sich nur in einer stützenden emotionalen Umgebung entwickeln. Diese regulierenden Momente fördern die Erweiterung der Anpassungsfähigkeit des Kindes und diese Sicherheit der Bindungsbeziehung ist der größte Schutz gegen eine durch Trauma herbeigeführte Psychopathologie. Wenn während der Kindheit voraussagbar und verlässlich immer wieder eine Spannungsregulierung erlebt wird, bleibt dieses Erleben während des ganzen Lebens als eine Säule psychischer Gesundheit bestehen (Kohut 1977, 1984). Affektive Überflutungen hingegen, die keine Regulierung erfahren, bilden den Kern primärer Ängste, die in das implizite Gedächtnis eingehen. In jene Gedächtnisstrukturen graben sich aber nicht nur die Erfahrungen ein, sondern auch der psychobiologische Prozess, mit dem in der frühen Zeit dieser sehr negativ belastete Zustand bewältigt wurde. Diese Strategien sind jedoch im späteren Leben keine flexiblen und vitalen strukturellen Errungenschaften, sondern vielmehr starre Bewältigungsstrategien bei auftauchenden primären agonalen Ängsten (Blawat 2009).

Früh einwirkende Kindheitsbelastungsfaktoren, wie frühe Bindungsstörungen und andere Auswirkungen fehlender Feinfühligkeit für die Bedürfnisse des Kindes seiner primären Bezugspersonen sowie Misshandlung und Vernachlässigung führen demnach zu einer erhöhten Stressvulnerabilität; dies gilt auch für die Vulnerabilität hinsichtlich späterer somatischer Störungen (vgl. Blawat 2009; Braun 2002).

Auf der Verhaltensebene kommt es in der Folge früher Stressbelastungen zu emotionalen und kognitiven Beeinträchtigungen. Die Unfähigkeit, Emotionen zu modulieren, trägt zu einer Reihe von Verhaltensweisen bei, die als Versuche der Selbstregulation verstanden werden können. Dazu gehören unter anderem Verhaltensstörungen (vgl. u.a. Julius 2009), selbstdestruktives Verhalten, gestörtes Essverhalten und Fremdaggression, Neigung zu Suchtverhalten – zum Beispiel auch Mediensucht. Traumatisierten Kindern fehlt oft die Fähigkeit, spezifische Affekte differenziert auszudrücken. Da die Flexibilität ihrer Reaktionsmöglichkeit eingeschränkt ist, werden Affekte häufig ausagiert. Dass die Reife der individuell zur Verfügung stehenden Konfliktbewältigungsmechanismen die Vulnerabilität für psychische wie körperliche Erkrankungen beeinflusst, gilt als gesichert (vgl. Egle et al. 2002). Auch zu diesem Punkt hat sich Genius Winnicott (1965) dahingehend geäußert, dass ab einem bestimmten Grad an psychischer Unreife von einer pathologischen Entwicklung gesprochen werden muss. Unreife Konflikt- und

Krankheitsbewältigungsstrategien erhöhen die ohnehin schon gesteigerte Stressvulnerabilität bei der Bewältigung psychosozialer Belastungs- und innerer Konfliktsituationen im Erwachsenenalter noch weiter (Rass 2011).

Die primäre Bezugsperson ist aber nicht immer sensitiv; Forschungsergebnisse haben gezeigt, dass es häufige Momente von Nicht-Abgestimmtheit sowie Brüche in der Bindungsbeziehung einer Dyade gibt. Obwohl kurzfristige Dysregulationen nicht problematisch sind, sind doch längerfristige negative Zustände toxisch für den Säugling. Die elterliche Unterstützung in der Zustandsregulierung ist entscheidend dafür, ob das Kind lernen kann, wie aus negativen Affektzuständen eines übererregenden Protestes (Angst) oder übererregender Verzweiflung (Depression) wieder ein positiver Affektzustand hergestellt werden kann: Der Schlüssel für das Gelingen dieser Prozesse ist die Fähigkeit der Pflegeperson, ihren eigenen Affekt, besonders ihren negativen Affekt, zu beobachten und zu regulieren. Durch dieses Muster der „Unterbrechung und Wiederherstellung" (Beebe/Lachmann 1994) und „Interactiv Repair" (Tronick et al. 1989) gelingt der ausreichend guten Pflegeperson, die durch fehlende Synchronizität eine Stressreaktion herbeigeführt hat, zur rechten Zeit eine Abgestimmtheit, und somit eine Regulation des negativ geladenen affektiven Zustandes des Kindes. Derzeitige Entwicklungsbefunde stimmen dem zu, wobei die interdisziplinäre Forschung betont, dass nicht allein optimale Frustrationen, sondern auch Wiedergutmachung wesentlich für die Internalisierung eines Struktursystems, das stressvolle negative Affekte regulieren kann, notwendig sind.

Ich habe betont, dass die entwicklungsgeschichtlichen Errungenschaften eines wirksamen Selbstsystems, das verschiedene erregungs- und psychobiologische Zustände regulieren kann – das heißt Affekte, Kognitionen und Verhalten – sich nur in einer fördernden emotionalen Umgebung, die von Kontinuität geprägt ist, entwickeln kann. Die ausreichend gute Bezugsperson eines sicher gebundenen Kindes kann dem Kind nach der Trennung (d.h. Interruption) wieder Zugang zu sich gewähren und kann zugeneigt, angemessen und schnell auf dessen emotionalen Ausdruck antworten. Im Gegensatz dazu induziert eine uneinfühlsame, beziehungs-missbrauchende oder gefühlsarme Bezugsperson lange andauernde traumatische Zustände durch negative Affekte. Da ihr Bindungsangebot unzureichend ist, kann sie wenig Schutz gegen andere mögliche Schädigungen anbieten. Die affektive Kommunikation, das Zentrum der Bindungsdynamik, ist in einer von Uneinfühlsamkeit, Beziehungsmissbrauch, Gewalt und Vernachlässigung geprägten Pflegeperson-Kind-Beziehung gestört. Diese Fürsorgepersonen sind unerreichbar und reagieren auf den Gefühlsausdruck und den Stress des Kindes unangemessen und/oder zurückweisend und zeigen daher nur minimale oder nicht voraussagbare Teilnahme an den verschiedenen Formen der erregungsregulierenden Prozesse.

Statt Modulation induzieren sie extreme Zustände von Stimulation und Erregung (vgl. Schore 2012).

Ein weiterer Meilenstein in der kindlichen Entwicklung ist die Übungs- und Wiederannäherungsphase (Mahler 1975), wo das kleine Kind mit dem Rauschgefühl eines Welteroberers auf wackligen Füßen auf das Leben zumarschiert und auf eine Welt stößt, die nicht alle Eroberungszüge mit strahlender Freude erlebt. Zur gleichen Zeit entdeckt das kleine Kind sein Geschlecht und diese beiden Strebungen – die sinnliche Freude am eigenen Körper und der machtvolle Drang nach Selbstbehauptung – treffen hoffentlich auf empathische Fürsorgepersonen, die zum Einen das Kind in seinem Liebesverhältnis mit der Welt spiegeln und zum Anderen durch regulierende Interaktionen und ohne Scham zu erzeugen, die Notwendigkeiten der Realität angemessen aufrechterhalten. Nach selbstpsychologischer Ansicht ist das Auftreten ödipaler Störungen – das heißt das unmittelbare Auftreten des sexuellen und aggressiven Triebes – unter anderem ein „Zerfallsprodukt" aus dieser frühen Zeit, wo es den wichtigen Fürsorgepersonen durch affektive regulierende Spiegelung nicht gelang, das Erleben von Sinnlichkeit, Grandiosität und Selbstbehauptung sowie die Krise der Wiederannäherung einfühlsam zu begleiten, um dadurch dem beginnenden Selbst eine Kohäsion zu verleihen. Wenn Triebe Erfahrungsprimat erlangen, haben wir es mit einem Zerfallsprodukt zu tun (Kohut 2001, S. 159). Das heißt, dass das Selbst vom Trieb überwältigt ist. Triebe treten somit dann auf, wenn das Gefühl eines kohäsiven und in sich stimmigen Selbst zerfällt. Neben Kohut formuliert auch Schore aus affektregulatorischer und bindungsgeleiteter Sicht, dass das zweite Lebensjahr eine ganz wichtige Schaltstelle für den weiteren Entwicklungsweg des Menschen darstellt.

Frühe Gesundheitsförderung beginnt demnach in gelingender alltäglicher Eltern-Kind-Interaktion. Hier werden wichtige Entwicklungskompetenzen von Kindern zugrunde gelegt, das heißt wie der Umgang mit Belastungen zu bewältigen ist und wie belastende Veränderungen in der Umgebung einzuschätzen sind. Dazu gehört auch die Fähigkeit, sich zunehmend flexibler an eine rasch wechselnde Umwelt anzupassen, die Fähigkeit, physiologische und emotionale Erregungszustände sowie Verhalten zu regulieren, oder die Fähigkeit zur aktiven oder passiven Bewältigung von Stress. Dies setzt voraus, dass sich vor allem in den ersten beiden Jahren dem Kind bei der Bewältigung seiner Entwicklungsaufgaben angepasst wurde und dies ist wiederum die Voraussetzung, um sich der Umwelt offen zuwenden zu können (vgl. Rass 2011). Diese Kompetenzen entwickeln sich im Kontext einer wechselseitigen positiven und unterstützenden Beziehung mit kontinuierlichen Bindungspersonen, für die man persönliche Wichtigkeit und Bedeutung hat. Durch eine solche sichere Bindungsbeziehung unterstützen die Eltern die physiologische, emotionale und Verhaltensregulation ihrer Säuglinge und Kleinkinder und sie sind ihnen eine externe Regulationshilfe, das heißt, sie zeigen feinfühliges Verhalten.

Schlussfolgerung

Viele Fragen finden mit diesen wissenschaftlichen Erkenntnissen, die „implizit" schon lange gewusst und in der Weisheit der Sprache verankert sind – Gedächtnisspuren, eingefahren, die Vergangenheit holt einen ein und Ähnliches – erklärende Antworten; viele neue Fragen tauchen aber auch auf. Selma Fraibergs Gespenster im Kinderzimmer (1980), das heißt die transgenerationale Weitergabe von Beziehungs- und Affektregulationsmustern, können uns nachweislich vor Augen führen, was beklemmende Gefühle auslöst.

Diejenigen unter uns, die mit Kindern und Jugendlichen arbeiten, sind in einer vergleichsweise günstigen Position; unsere Patienten sind meist noch junge Menschen in Entwicklung und im Umbruch, und die Folgeerscheinungen ungünstiger Regelkreise sind häufig noch nicht irreversibel chronifiziert. Dennoch wird uns die Macht der transgenerationalen Regulationsmuster, das heißt der Einfluss des Beziehungsgeschehens mit den nahen Bezugspersonen, schonungslos vor Augen geführt.

Je kleiner das Kind ist, je mehr es die biologisch angelegte Bindung an die Eltern sucht, desto intensiver müssen Beratung oder Psychotherapie mit den Beziehungspersonen sein. Das heißt, dass Veränderungen im traditionellen Behandlungskonzept mit Kindern vorgenommen werden müssen; in diesem Zusammenhang gewinnt das Konzept von Anna Ornstein – Child Centered Family Treatment (2007) – an Bedeutung, wo es darum geht, das Verhalten des Indexpatienten zu verstehen – „making sense of it" –; auch die Eltern müssen sensitiv in ihrer Affektregulation dort abgeholt werden, wo sie selbst stehen, um ihnen durch eine entsprechende Unterstützung zu einem reiferen Umgang mit den eigenen Affekten und denen des Kindes zu verhelfen. Reife Elternschaft geht untrennbar mit einer reifen Affektregulation, das heißt mit einem kohärenten Selbst einher (Ornstein/Ornstein 1994). Es ist eine Illusion, in einer ein- bis dreijährigen Behandlung mit einer oder zwei Wochenstunden dauerhaft gegen den mit der Geburt beginnenden und fortwährenden familiären Prägungsprozess und eventuell unsicheren oder dysregulierenden Bindungsstil anzukommen (Ornstein, A. 1999). Anlehnend an Winnicott, der Mutter und Kind als ein System beschreibt, sind unsere Patienten in erster Linie die Kinder ihrer Eltern und es muss vorrangiges Behandlungsziel sein, den Eltern zu einer größeren Elternkompetenz zu verhelfen, da sie über große Zeiträume und durch ihren Bindungsstil die Psyche und auch die Gehirnstruktur ihrer Kinder prägen. Unsere eigene Therapie- oder Lehranalyseerfahrung kann nicht unmittelbar auf eine Kinder- oder frühe Jugendlichenpsychotherapie übertragen werden.

Eltern bleiben bis weit in die Adoleszenz die primären Liebesobjekte, bei denen Sicherheit, Empathie und Entwicklungsförderung gesucht wird. Bestehende Mängel können wir nur bedingt ausgleichen; wir brauchen Eltern, die sich mit dem Leid ihres Kindes identifizieren können, um um das Kind ein therapeutisches Milieu zu kreieren. Dies verweist auf die große Bedeutung der Säugling-/Kleinkind-Eltern-Therapie, wo quasi gleich zu Beginn des entgleisenden Beziehungsdialoges interveniert werden kann, um dadurch unglückliche Regelkreise zu vermeiden.

Weichenstellungen sind – wie die Hirnforschung zeigt – über das ganze Leben hinweg möglich. Dennoch werden die Umschaltungen, um wieder auf einen gelungenen Lebensweg zurück zu gelangen, mit fortschreitendem Alter immer schwieriger und komplizierter. Je länger die Fehlentwicklung andauert, desto langwieriger und schwieriger ist die psychische und damit auch neurobiologische Reorganisation und Überformung. Die affektverarbeitende rechte Hemisphäre kann immer dann in einen Reifungsschub gelangen, wenn im Leben emotional hoch besetzte Prozesse laufen und die Fenster quasi für neue emotionale Erfahrungen offen sind. Immer wenn sich der Mensch in einer Schwellensituation und damit häufig in einer normativen Krise befindet, bestehen derartige Möglichkeiten der Umstellung der Weichen: in der frühen Kindheit mit den vielfältig zu bewältigenden Entwicklungsaufgaben, aber auch im späteren Leben, werden hoch besetzte neue Erfahrungen gemacht: Liebe, Geburt eines Kindes, Krankheiten, Verluste und Ähnliches. Auch der Erstbesuch beim Therapeuten – der meist aus einer Notlage heraus erfolgt – ist eine solche große Chance (Winnicott sprach von „heiligen Momenten“, 1973, S. 6), deren wir uns bewusst sein sollten. Die Not im Umgang mit dem Kind und die Bereitschaft, Hilfe zu suchen, aktivieren rechtshemisphärische Entwicklungspotenziale. Alle Eltern wollen im Grunde gute Eltern sein und eigene blockierte Entwicklungswege sind in solchen Augenblicken durchlässiger. Dies ermöglicht ein echtes Arbeitsbündnis mit dem Therapeuten, der sich somit von Anfang an in einer Triade befindet: Eltern – Kind – Therapeut. Gelingt es, die Eltern als Bündnispartner zu gewinnen, kann auch mit jenen psychodynamisch gearbeitet werden, die zunächst bei der Anmeldung in der Praxis noch gar keinen bewussten Änderungswunsch für sich selbst hatten.

In diesem Zusammenhang kommt dem Kinderarzt eine große Bedeutung zu, da er schon sehr früh die Interaktion der Fürsorgeperson mit dem Kind in seiner Praxis zu sehen bekommt und – mit affektregulatorischem und bindungstheoretischem Wissen ausgestattet – die Funktion haben könnte, Fürsorger-Kind-Dyaden zu erkennen, die sich ungünstig entwickeln, um diese Dyaden daraufhin entsprechenden Interventionsprogrammen zuzuführen. Durch die regelmäßigen Vorsorgeuntersuchungen hat er – wie kein anderer – regelmäßige Einblicke in das Eltern-Kind-System, zumal unter Stress alle Schwachstellen aktiviert werden.

Häufig ist er auch der erste, an den sich verstörte Eltern wenden; beim schreienden Baby, beim Trotzkind, beim scheinbar hyperaktiven Jungen im Kindergarten, bei Geschwisterstreitereien, bei Schulproblemen. Gesundheitspolitisch ist daher besonders seine Rolle zu stärken, da frühe Hilfestellungen später sehr teure Behandlungen zweifelsohne zu reduzieren vermögen.

Frühe Interventionen können dazu beitragen, die Entwicklung der mentalen Gesundheit voranzutreiben. Die meisten psychischen Erkrankungen beginnen weitaus früher als gedacht. Schwerwiegend sind daher die psychosozialen und somatischen Konsequenzen von frühen Störungen. Sie werden nachweisbar zu einem biologischen Substrat und sind tief im Körperlichen verankert. Die Integration des Konzeptes von Bindung und Affektregulation sowohl in die Kinderheilkunde als auch in den psychotherapeutisch-psychodynamischen Prozess kann gesundheits- und gesellschaftspolitisch gar nicht hoch genug eingeschätzt werden, da frühe Weichenstellungen in Form von professionellen Hilfen, die Entwicklungs- und Lebensqualität der Beteiligten positiv zu beeinflussen vermögen. Winnicott (1965) sprach davon, dass sich der Psychotherapeut speziell mit dem Reifungsprozess des Kindes und mit der Beseitigung von Entwicklungshindernissen beschäftigt, um den Weg wieder freizumachen, damit die anstehenden Entwicklungsaufgaben in Angriff genommen werden können. Im Falle einer Störung benötigen uns die Eltern und das Kind, um diese Entwicklungshindernisse zur Seite zu räumen, und dann haben wir die Funktion des früheren Berufes eines Stellwerkers. Unsere Aufgabe ist es, die nahen Bezugspersonen in ihrem Persönlichkeitsgefüge dergestalt zu stützen, dass sie die nachrückende Generation nicht als überfordernd, ängstigend und die eigenen Ambitionen einengend, sondern als Erweiterung des eigenen Selbst, das wiederum in den Fluss der Generationen eingebettet ist, erleben. Kohut nannte diese tiefste Form des Erlebens „kosmischen Narzissmus“ (1975, S. 163), der nicht ohne Beimischung von leiser Trauer, durch Verzicht auf von der Erwachsenenwelt geprägten Vorstellungen und Größenideen erreicht werden kann.

Die psychodynamischen Wissenschaften beschäftigen sich mit der Erforschung der komplexen und bedeutsamen Tiefendimensionen des Lebens. Das Wissen zur Evolution des menschlichen Bewusstseins, zur Bedeutung des Bindungsgeschehens, zu Empathie und zu den Hintergründen von Krankheitsverursachungen ist immens und inzwischen durch die Beiträge von Neurobiologie und affektiver Neurowissenschaft mit harten Daten belegbar. Dieses Wissen ist ein ernstzunehmender Kulturfaktor, den wir als psychodynamische/psychoanalytische Therapeuten, als Kinderärzte, als Lehrende an Institutionen – mit Mut – zu vertreten haben, in der Hoffnung, die Weichen für die nachkommende Generation in Richtung seelische Gesundheit zu stellen.

Identitätsentwicklung bei Schwächen in der Wahrnehmungsorganisation: Aufwachsen unter erschwerten Bedingungen mit besonderer Berücksichtigung der Affektregulations- und Bindungstheorie

Eva Rass

Der Prozess des Heranwachsens ist in ein komplexes psychosoziales Geschehen eingebettet. Neben den psychobiologischen, den psychologischen und emotionalen Bedingungen beeinflussen basale neuropsychologische Vorgegebenheiten das Interaktionsgeschehen. Es sind sowohl Anlagen als auch Umgebungsfaktoren, die das jeweilige Endresultat und somit auch das Identitätserleben bestimmen. Von besonderer Bedeutung ist dabei die Wahrnehmungsorganisation (vgl. Rass 2002, 2008, 2014).

> Anhand eines Beispiels soll verdeutlicht werden, was intra- und interpersonell unter „Wahrnehmungsorganisation" zu verstehen ist. Man führe sich ein mit Vehemenz durchgeführtes Völkerball-Spiel vor Augen: der Ball wird schnell unter den Mitspielern hin- und hergeworfen, um dann letztendlich mit großer Wucht einen Spieler „abzuschlagen". Das individuelle Mitschwingen im Spielverlauf erfordert ein schnelles visuelles und visuomotorisches Differenzieren der Spielzüge, der eigene Körper muss sich in Raum und Zeit auf dieses fortwährende interpersonelle Geschehen zeitlich passend einstimmen und Visuelles muss mit Motorik synchronisiert werden, um zur richten Zeit am richtigen Ort zu sein. Der Bewegungsfluss der anderen muss „gelesen werden", zumal auch Tricks und Täuschungsmanöver zum Spiel gehören. Der mit Macht geworfene Ball sollte auf einen Körper treffen, der über ein gutes Gleichgewichtssystem verfügt, um nicht aus der Balance zu geraten. Die Arme haben sich dem anfliegenden Ball im richtigen Moment geöffnet zu nähern und der Händegriff muss fest genug sein, damit der Ball nicht zu Boden fällt. Bei dem Gesamt der Abläufe braucht nur *ein einziger* Aspekt nicht stimmig zu laufen, und schon gelingt das *Gesamt* der ganzen Handlung nicht. (Schon 1982 sprach der herausragende Kinderpsychiater Reinhart Lempp in diesem Zusammenhang von einer „Kette", die so stabil ist wie ihr schwächstes Glied.)

Ein Mensch, dessen Wahrnehmungsorganisation langsamer und/oder ungenau arbeitet, wird bei einer derartigen Aktivität Unsicherheit, Beschämung und keine Freude erleben und sich – wenn möglich – herausnehmen.

Die Welt trifft über den Gleichgewichtssinn, den Hautsinn, den Stellungs- und Spannungssinn, den Gesichts-, den Gehör-, den Geruch- und den Geschmackssinn auf das Verarbeitungssystem des Menschen; erst danach ist die Schwelle von außen und innen überschritten. Diese Aufnahme über die Sinnesorgane kann sehr unterschiedlich erfolgen und das jeweilige Outcome beeinflusst ganz maßgeblich unser psychologisches Erleben. Dazu Ratey von der Harvard-University: „Wenn ein Therapeut die Ausrüstung erforscht, mit der ein Mensch das Leben wahrnimmt, dann beginnt er gewissermaßen am Ursprung … Störungen in der Wahrnehmung … können den Patienten in trostloses Elend stürzen." (Ratey 2001, S. 14). Das frühere Leben verlief im Vergleich mit dem heutigen bei weitem nicht so schnell und ohne Reizüberflutung. Zudem war der Mensch von früh bis spät auf den Beinen und das Leben war von Motorik geprägt, was die Sinne – auch die schwächeren – schulte und aufpolierte. Auf der Harvard-Spring-Conference 2013 in Boston „The Therapeutic Action of Psychodynamic Psychotherapy: Current Concepts of Cure" – eine alljährliche psychotherapeutisch-psychoanalytische Veranstaltung vom Feinsten – wurde von den beiden Veranstaltungstagen ein halber Tag der Körper lichkeit gewidmet, da ein regelmäßiges aktives Körperprogramm ungeheure Auswirkungen auf den hirnorganischen Stoffwechsel und die synaptischen Vernetzungen hat, was psychische Prozesse beeinflusst und prägt. Regelmäßige körperliche Aktivität beeinflusst die Chemie des Gehirns, dient der Regulation der Emotionen und optimiert das intellektuelle Funktionieren. Das heutige Leben bietet einem Menschen mit körperlichen Unzulänglichkeiten enorme Versuchungen zur Passivität, und so ist es nicht einfach, gerade einen Heranwachsenden mit sensorischen Unzulänglichkeiten zum Erwerb dieser „Körperfremdsprache" zu verführen. Wird sich nicht bewegt, nimmt nicht nur die Entwicklung der sensorischen Integration Schaden, sondern entwickelt sich in der Folge auch eine andere hirnorganische Chemie und ein damit einhergehendes Netzwerk (Ratey 2008). Sinnvoll aktiviert, wird man zweifelsohne kein rhythmisch-flexbiler Sportler, jedoch kommt es nachweislich zu einer hirnorganischen synaptischen Verdichtung, die koordinierteres Funktionieren erleichtert. Die Weisheit des Spruches „Wer rastet, der rostet" findet sich im hirnorganischen Prinzip: „use it or loose it" wieder.

Die Wahrnehmungsorganisation ist *das* Schlüsselloch, das die von außen eintreffenden Reize passieren müssen. Und diese Verarbeitung bestimmt wesentlich das erst danach mögliche reaktive Verhalten. Diese Erkenntnis ist nicht neu. Schon 1633 formulierte der große Pädagoge Comenius: „Es gelangt nichts in den Verstand, was nicht zuvor in den Sinnen war." Nur mit der Erforschung dieser Ausrüstung, mit der der Mensch das Leben in sich aufnimmt, holt man ihn gewissermaßen dort ab, wo er steht. Unausweichlich prägt somit die individuelle sensorische Verarbeitung den Prozess der Identitätsfindung.

Der Mensch versucht die Welt mit seinem Körper und den darin eingebetteten beschriebenen Sinnesorganen zu fassen. Je genauer, je differenzierter, je schmeidiger und zeitangemessener diese Verarbeitung ist, umso schneller und sicherer kann man auf die von außen eintreffenden Stimuli antworten – d.h. sich zeitnah darauf einstellen um mitschwingen. Gelingt dies nicht, hat der Mensch schlechte Karten, da er die jeweiligen Abläufe „nicht schnell genug blickt“ „mal wieder nicht hinhört“ oder in Bezug auf sein Bewegungs- und Gleichgewichtssystem nicht „hieb- und stichfest“ ist. Wer Probleme in der Feinmotorik hat, hat scheinbar „zwei linke Hände“ und „es geht alles kaputt, was dieser Mensch in die Finger bekommt“. Die Liste derartiger *entwertender* Beschreibungen könnte fortgesetzt werden und es ist vermutlich just jene damit einhergehende Beschämung, was die Annäherung an dieses Thema so problematisch macht.

Wie geht es aber einem Menschen, der vieles nicht schnell genug „blickt“, der häufig immer wieder „auf dem „Schlauch“ oder wie der berühmte „Ochs vorm Berg“ steht? Wie geht es einem Menschen, wenn er die ihn umgebende Geräusch- und Sprachkulisse nicht zügig genug zu differenzieren vermag und vieles einem Brei ähnlich an ihm viel zu schnell vorbeirauscht – ähnlich der Erfahrung, wenn man in einem fremden Land die Sprache nicht versteht, die Menschen aber fortwährend darauf drängen, dass man zeitnah reagiert. Wie geht es einem Kind, das nicht „hieb und stichfest“ ist, das am Klettergerüst einer Rutsche steht, gerne hinaufsteigen würde, aber andere robuste und körperlich vital sichere Kinder drängeln und schubsen? Wie positiv kann unter diesen Umständen eine Selbstbesetzung aussehen, wie die Bausteine einer sich-selbst-bejahenden Identität?

Wenn man den Bewegungsablauf des angeführten Spiels auf die allgemein menschliche Kommunikationsgeschehen überträgt, wo Bewegungen, Sätze, Worte, Wortfetzen im Verbund mit Blicken hin und her geworfen werden, kann man mit etwaigen Unzulänglichkeiten in diesem Geschehen nicht oder nur mit großer Mühe und Anspannung mithalten.

Die zuvor angeführte Weisheit des großen Comenius zeichnet sich auch in der deutschen Sprache nach, wo mit dem anfänglichen „Begreifen“ – die Welt mit den Händen erfassen – sich allmählich mit der Reifung der mentale „Begriff“ bis hin zum „Wort“ und Schriftbild entwickelt. Wenn im primären Be-Greifen im Kontakt der Hände des krabbelnden Säuglings mit den Gegenständen das Erfasste in seiner Eigentümlichkeit taktil nur wenig, unsicher und eventuell sogar mit Unbehagen erspürt wird, wird nachvollziehbar, dass die lineare Entwicklung ganz anders verläuft wie bei einem Krabbelkind, das sich mit feinstem sensiblen und lustvollen Erspüren eine Vorstellung von der Welt erarbeitet. Ist die basale Sinnesverarbeitung von neuropsychologischen Unzulänglichkeiten geprägt, spricht man von primären Wahrnehmungsschwächen (vgl. Warnke 2000, S. 197 ff.). Diese konstitutionelle Schwäche darf nicht mit einer Wahrnehmungsschwierigkeit, die aus einer durch eine Veränderung des Gemütszustandes beeinflussten Wahrnehmung, aus Empathieverzerrungen oder aus einer psychologischen Dissoziation herrührt, verwechselt werden.

Schon 1985 beschrieb Daniel Stern in seinem zukunftsweisenden Buch „Die Lebenserfahrung des Säuglings“ differenziert die konstitutionellen Unterschiede: „Die Fähigkeiten, die es dem Säugling ermöglichen, seine vielfältigen sozialen Erfahrungen miteinander zu verbinden, sind zu einem sehr großen Teil konstitutionell – und das heißt genetisch – determiniert. Entweder sind sie von Anfang an vorhanden, oder sie entfalten sich unter der Voraussetzung, dass das Zentralnervensystem ebenso wie die Umwelt intakt ist, nach einem angeborenen Zeitplan. Für die nahe Zukunft könnte sich die Untersuchung der individuellen Unterschiede dieser Fähigkeiten im Hinblick auf *psychopathologische* (Hervorhebung E. R.) Entwicklungen sehr kleiner Kinder als das *fruchtbarste* (Hervorhebung E. R.) klinische Forschungsfeld erweisen. (…) Man hofft, dass die frühesten Abweichungen in den sozialen und intellektuellen Funktionen sich auf Anomalitäten dieser Fähigkeiten zurückführen lassen. (…) Sehen wir uns kurz die klinischen Konsequenzen an, die Defizite dieser Fähigkeiten zur Folge haben können. Die Fähigkeit, Informationen aus einer Sinnesmodalität in eine andere zu übertragen, ist für die Integration des Wahrnehmungserlebens von so zentraler Bedeutung, dass die Probleme, die aus einem Defizit dieser Fähigkeit erwachsen können, fast unbegrenzt sind. Lernschwierigkeiten sind eines der ersten Probleme, an die man sogleich denkt, da das Lernen zu einem so großen Teil auf der Informationsübertragung von einem Sinnesmodus in einen anderen, vor allem auf Übertragung zwischen Gesichtssinn und Gehör, angewiesen ist. (…) Auch in sozialer und emotionaler Hinsicht *könnten* (Hervorhebung E. R.) Kinder durch solche Defizite beeinträchtigt werden; ein reibungsloser intermodaler Informationsfluss trägt in hohem Maße dazu bei, das Sozialverhalten anderer Menschen sowie die integrierten Handlungen, Empfindungen, Affekte usw. des eigenen Selbst *richtig zu erfassen* (Hervorhebung E. R.). Diese Ergebnisse sind einstweilen noch zu neu, als dass man sich von den Grenzen ihrer psychopathologischen Relevanz schon eine Vorstellung machen könnte“ (dtsch. 1992, S. 265f).

Das Leben des heutigen Menschen und natürlich auch das des Kindes ist von einem hohen Anpassungsdruck geprägt, der vom Zeitgeist diktiert wird. Alles hat flexibel, im Team und kommunikativ zu geschehen – so als ob alle Menschen diesbezüglich gleich ausgestattet seien. Kaum eine Zeitschrift oder Fachzeitschrift beschäftigt sich seit geraumer Zeit nicht mit dem Phänomen des „Burnout“ und der „Depression“. Nicht wenige Menschen sind mit einer nicht optimalen Wahrnehmungsorganisation ausgestattet: in einer Studie des Gesundheitsministeriums Baden-Württemberg wurden im Juni 2001 600 unausgelesene Kinder bei einer Einschulungsuntersuchung (d.h. keine *ausführliche* testpsychologische Untersuchung) auf Wahrnehmungsstörungen überprüft und die Ergebnisse zeigten, dass 23 %

der Kinder in diesem sehr guten Kurzverfahren unter optisch-graphomotorischen, aktustisch-phonematischen und kinästhetisch-artikulatorischen Verarbeitungs- und Wahrnehmungsstörungen litten (Deutsches Ärzteblatt 6/2001). Es ist m. E. nicht auszuschließen, dass ein Zusammenhang mit den später auftretenden Erschöpfungszuständen besteht, da das Leben der Erwachsenen eine hohe Anforderung an die individuelle Flexibilität und Mobilität stellt.

Die Basiskompetenz der Rhythmuserkennung (Jäncke 2008, S. 144; Sacks 2008) scheint für die Reizverarbeitung eine Grundlagenfähigkeit darzustellen. Die meisten Abläufe im Leben stehen damit in Zusammenhang. Einen Rhythmus zu erkennen ermöglicht, ihn biomechanisch und neurophysiologisch nachzuempfinden, was notwendig ist, um sich mit den von außen eintreffenden Reizen zu synchronisieren. Jedes menschliche Zusammensein erfordert dieses Mitschwingen, sei es in der Bewegung, in der Sprache oder im Miteinander-Handeln. Sprachliche geschmeidige Kommunikation ist nur möglich, wenn sich die Sprachrhythmen der Partner zeitnah begegnen. Gemeinsames motorisches Miteinander verlangt auf der sensomotorischen Ebene einen ähnlichen Synchronisationsprozess, und so ist es nicht verwunderlich, dass in allen Kulturen wichtige Ereignisse, wo es gilt, die Menschen miteinander abzustimmen, von Musik und rhythmischen Ritualen begleitet sind. Es handelt sich um eine elementare Kommunikationsebene, die Einfluss auf Emotion, Motorik und kognitive Funktionen nimmt. Rhythmischer Gleichschritt ermöglicht ein Wir-Gefühl, das es wiederum ermöglicht, aus der Einsamkeit auszusteigen. Synchrones Handeln ist die Voraussetzung für prosoziales Verhalten, was das Gefühl von Zusammengehörigkeit unterstützt. Jaffe/Beebe et al. erforschten 2001 die „Rhythms of Dialogue in Infancy“ und arbeiteten die Notwendigkeit der zeitlich-rhythmischen Abstimmung im frühen körperlichen Mutter-Kind-Dialog heraus. Erwähnenswert sind in diesem Zusammenhang die Untersuchungen von Condon/Sander (1974) und Condon (1975), wo gesunde Neugeborene in den ersten zwei Wochen ihres Lebens beobachtet und ihnen Tonbandkassetten mit amerikanischer und chinesischer Sprache, vereinzelte Vokale und Schlaggeräusche angeboten wurden. Die Babys bewegten sich völlig synchron (Augen, Kopf, Schulter, Augenbrauen, Ellbogen, Füße) mit der vom Erwachsenen vorgegebenen Sprachstruktur. Sie waren somit von Anfang an intensive Teilnehmer an diesem Prozess und bewegten sich im Rhythmus der Sprache. Ein einziges Baby – ein Risikokind – bewegte sich nicht synchron, was damals als Einzelfall klinisch aber noch keine Bewertung erfuhr.

Das Wissen, wie stark Rhythmik die Entwicklung beeinflusst und auch fördert, scheint in allen Kulturen im Umgang mit Säuglingen und Kleinkindern implizit vorhanden zu sein: das Kind wird zur Beruhigung auf den Armen oder in der Wiege geschaukelt; die ihm vorgesungenen Lieder bestehen aus einfachen sich wiederholenden Rhythmen und Reimen und rhythmische Gebärden werden benutzt (Hoppe Hoppe Reiter …), was je nach Einsatz und Ausdruck belebt, beruhigt und vereint. Wenn die rhythmische Verarbeitung erschwert ist, machen später rhythmische Tätigkeiten wie z.B. Laufen und Schwimmen wenig Freude und müssen wie eine Fremdsprache erlernt werden – was, wie bei der Sprache, in der Kindheit leichter fällt. Dieser Sachverhalt erklärt, warum in dieser Hinsicht „unbegabte“ Kinder (später auch die Erwachsenen) diese Tätigkeiten eher vermeiden. Dies wiederum hat zur Folge, dass der Körper nur bedingt oder gar nicht in den Zustand des „Runner's High“ gelangen kann, der dann auftritt, wenn der Körper regelmäßig zumindest zwanzig Minuten kontinuierlich rhythmisch bewegt wird. Durch dieses Training wird der hirnorganische Stoffwechsel wie durch ein antidepressiv wirkendes Medikament angekurbelt, und so kann selbstwirksam eine bessere Stimmung herbeigeführt werden. Daneben wird aber auch noch die Neubildung von Nervenzellen angeregt, die bei chronischem Stress und Depression eingeschränkt ist (Rüegg 2009).

Der Rhythmus des Gehens, Tanzens, Joggens, Schwimmens, Reitens u.a. stabilisiert aber nicht nur das Gehirn in Bezug auf eine bessere Stimmung. Die Nervenzellen erzeugen ihre elektrischen Impulse im Gleichtakt, was sich positiv auf die Wahrnehmung, auf die Erinnerungs- und die Denkleistung auswirkt. Im Ergebnis der Studie der Universitätsklinik Ulm formulierte der Direktor der Klinik für Psychiatrie: „Sport macht das Gehirn effektiver“. Intensives Lauftraining führt zu deutlichen Verbesserungen im visuell-räumlichen Gedächtnis und in der Konzentration. Rhythmisches Training macht somit nicht nur „schlau“, sondern sorgt auch für „gute Laune“ (In: Rhein-Neckar-Zeitung 19./20.04.2008, S. 17; Frankfurter Rundschau – WISSEN & BILDUNG 31.10.2006, S. 28).

Diese Erkenntnisfortschritte belegen, wie weitreichend die Auswirkungen körperlich-rhythmischer Aktivitäten und daraus resultierenden Kompetenzen sind. Bei primärem sensomotorischem Mangel – der früher durch den bewegungsgeprägten Alltag ausgeglichen wurde – können diese Kompetenzen mit viel Selbstüberwindung und Ausdauer in gewissem Umfang erarbeitet werden – wozu ein erhebliches Maß an Motivation, Fleiß und Disziplin vorhanden sein muss. Tief beeindruckende Sätze zu „Rhythmus“ und dessen archaischer Auswirkung und Bedeutung sind im Film „Rhythm is it“ zu hören, wo sich Sir Simon Rattle, der Dirigent der Berliner Philharmoniker, in ergreifender Form dazu äußert (2005).

Wenden wir uns nun der Wahrnehmungswelt des Kindes zu:

> Eine intakte sensorische Verarbeitung ist keine Angelegenheit von Entweder-Oder. Man hat nicht eine optimale Wahrnehmungsorganisation oder gar keine. Die Übergänge zum Normalen sind fließend. Nach statistischer Wahrscheinlichkeit muss angenommen

werden, dass die sensorischen Reaktionsmöglichkeiten bei einer großen Zahl von Menschen zwischen guter und manifest schlechter sensorischer Integration streuen (vgl. Lempp 1970/1975/1982). Eltern von Kindern und später deren Partner, die von derartigen Unzulänglichkeiten nichts wissen, können sich nur unzureichend auf die Bedürfnisse ihres diesbezüglich beeinträchtigten Mitmenschen einstellen.

Die Folgen derartiger Schwächen werden in der frühen Kindheit in einem überschaubaren, kleineren menschlichen Interaktionsrahmen oft kaum spürbar, da sich in der Zweier- oder Dreier-Situation die Menschen leichter aufeinander abstimmen können und das Gesamt der interaktionellen Stimuli überschaubar und beantwortbar ist. Dies gilt auch später z.B. im Zweierkontakt der Lehrer-Schüler-Interaktion und im therapeutischen Einzel-Setting, wo diese Probleme meist kaum spürbar sind. In einem komplexeren Geschehen kommt es aber zu schnellen, zu rivalisierenden und vielschichtigen Interaktionen, deren Bewältigung für einen sensorisch schwächer ausgestattete Menschen sehr schwierig ist. Dass das daraus resultierende Erleben *in der Folge* zu psychischen Beeinträchtigungen führen kann, ergibt sich von selbst, doch darf dieses Outcome nicht als das Primäre erachtet werden. „Setzt die Therapie bei seinem (des Menschen, Anm. E. R.) Unglücklich sein an, führt das zu nichts. Unsere heutige Welt ist voll von Menschen mit ...Wahrnehmungsstörungen, die sich fragen, warum all die Antidepressiva und Analysen nichts gefruchtet haben“ (Ratey 2001, S. 14). Größte Aufmerksamkeit sollte daher dem sensomotorischen interpersonellen Geschehen zukommen, da sich im Lebensalltag durch die entsprechenden Unzulänglichkeiten mehr oder weniger gravierende Misserfolge einstellen, die *in der Folge* zu psychologischen Belastungen werden können.

Grob skizziert sollen im weiteren Verlauf die Unzulänglichkeiten in der taktil-kinästhetischen, auditiven und visuellen Wahrnehmungsverarbeitung beschrieben werden:

Von Lebensbeginn an spielt die taktil-kinästhetische Wahrnehmung, d.h. die Verarbeitung der Informationen aus dem Tastsinn und den Lagerezeptoren, eine herausragende Rolle (Ayres 1979), da alle weiteren Verarbeitungsschemen davon beeinflusst sind. Der Fötus erlebt die Bewegungen der Mutter, er berührt die Nabelschnur, er lutscht am Daumen und mit dem Größerwerden erspürt er den eigenen Körper durch die Enge im Mutterleib immer deutlicher. In der Außenwelt angekommen, versucht die Mutter ihr Baby über ihren Körper, d.h. durch Wiegen, Streicheln, zärtliche Berührungen und Körperwärme in seiner Reizverarbeitung zu unterstützen. Das Berührt-Werden und das beruhigende Sich-Selbst-Berühren (self-touch) ermöglichen ein Nachlassen von Spannung. Vielleicht werden diese mütterlichen Bemühungen, um dem Kind das Gefühl von Sicherheit und Bindung zu geben, von einem diesbezüglich konstitutionell schwächer ausgestatteten Baby abgewehrt, da es nicht in der Lage ist, durch die wiegende rhythmische Bewegung der Mutter und durch ihr Streicheln körperliche Zentrierung, Ruhe und affektive Regulierung seiner Spannung zu erfahren. Vielleicht erlebt es die Bewegung als ängstigend und die zärtliche Berührung eher als unbehaglich und reagiert aversiv, weil es sie als übererregend oder ungenau empfindet. Dieser misslingende Dialog zwischen Mutter und Kind prägt den affektiven Zustand beider und damit auch die künftige Entwicklung der Beziehung (vgl. Rass 2002/2008). Das taktil-kinästhetisch schwächere Kind erlebt die Welt quasi „wie mit Boxhandschuhen“ und es hat für manches wenig Gespür oder es reagiert hypersensibel. Die Koordination seiner Bewegungen und sein sicherheitsgebendes Gleichgewichtssystem, mit dem es den Raum um sich herum erfährt, sind ebenfalls wenig sicherheitsgebend ausgeprägt. Wenn „Raum“ nicht mit körperlicher Sicherheit erlebt wird, was nur mit einer sicheren taktil-kinästhetisch-vestibulären Körperwahrnehmung gelingt, leiden darunter alle spontanen und freudvollen Bewegungen (vgl. Ayres 1979). Spielerischer Kontakt unter Kindern ist meist körperlich. Wenn ein Kind nicht in der Lage ist, dieses Rivalisieren und den Wettbewerb mit Freude zu erleben, reagiert es verstört. Diese Verstörung beeinträchtigt in der Folge sein Streben nach Unabhängigkeit, denn Sicherheit und Exploration liegen auf einem Kontinuum. Wenn ein Kind unter Kindern mit derartigen Beeinträchtigungen zu kämpfen hat, nützt ihm in diesem Augenblick auch die beste Beziehung zu den Eltern nichts (vgl. ebd.). Es wird vorsichtig und skeptisch und versucht, diese an sich gesunde Rivalität zu vermeiden. Dies wiederum bedeutet eine schwere Verletzung des aufkeimenden kindlichen Selbstwerterlebens. Ein nächster fataler Schritt in dieser unseligen Entwicklung ist das Auftauchen von Scham. Zuweilen wird ein derartiges Kind als ängstlich oder schüchtern beschrieben, was aber nur den psychischen Aspekt erfasst, während die körperlichen Unsicherheiten, die zu diesen Reaktionen führen, meist unbemerkt bleiben. Allzu oft nehmen Eltern, Ärzte, Lehrer und Therapeuten das Ausmaß der Unzulänglichkeit nicht wahr (Rass 2000/2008). Während das Kind in der ruhigen vertrauten Zweierbeziehung im Erwachsenenkontakt unauffällig erscheint, bereiten ihm Gruppenspiele, feinmotorische Anforderungen unter Zeitdruck und später schulisches Lernen keine Freude, vielmehr ermüdet die große Anstrengung. Oft wird das Nachlassen der Spannkraft mit „Konzentrationsschwäche“ beschrieben. In der Schule verlangen Denkprozesse, Rechnen und Aufsätze-Schreiben die Vorstellung eines sicheren mentalen Raumes, der sich nur entwickeln konnte, wenn der Körper des Kindes in der Lage war, den tatsächlichen Raum, in dem es lebt, mit adäquater Sicherheit zu erobern. Selbstorganisation – ein machtvolles Wort unseres Zeitgeistes – ist schwer, wenn es einem aus der Sensomotorik heraus nicht gelingt, etwas alleine „auf die Reihe zu bekommen“. Der rote Faden einer sinnvollen Handlung taucht nicht auf, der seriale Ablauf wird nicht erkannt und das Kind „zäumt das Pferd vom Schwanze auf". Statt Hilfe erfolgen von außen meist eher Ermahnung und Kritik.

Ein weiterer Wahrnehmungsbereich ist der der auditiven Wahrnehmungsorganisation: Akustische Informationen werden großteils – in weit stärkerem Maße als bei anderen Sinnesorganen – lange bevor wir uns ihrer bewusst werden, verarbeitet. Auf der Zwischenstation entlang der Hörbahn vom Ohr bis an die Stelle, wo sie in Bewusstsein vordringt, werden die Lautsignale differenziert und fein angestimmt (Ratey 2001, S. 112). Im Hirnstamm werden die Geräusche in ihrer Tonqualität unterschieden und entsprechend ihren Klangeigenschaften in Einheiten zerlegt. Ähnlich wie die rhythmische und taktil-kinästhetische Wahrnehmung ist auch die auditive Wahrnehmung ein sehr komplexes Geschehen. Sie besteht u.a. aus Aufnahme, Selektion, Differenzierung, Analyse, Synthese, Ergänzung, Integration und Raum- Lagedifferenzierung und Speicherung (vgl. Rosenkötter 2003). Der Weg vom akustischen Signal bis zur phonologischen Bewusstheit ist somit ein sehr komplexer, der nur zeitnah und differenziert benutzt werden kann, wenn die verschiedenen Aspekte integrativ miteinander arbeiten (Ptok et al. 2000). Am besten können ältere Erwachsene, die in jüngeren Jahren sehr gut hören konnten und nun auf ein Hörgerät angewiesen sind, nachvollziehen – da sie den Vergleich kennen –, welch komplexes Phänomen die Sprachverarbeitung ist, und wie schwierig die Programmierung selbst des sensibelsten Hightech-Computers des Hörgerätes ist, der fortwährend auf die unterschiedlichen Umgebungsfaktoren (z.B. Nähe, Ferne, glatte oder raue Umgebungsgegebenheiten, räumliche Akustik) programmiert werden muss. All diese Leistungen – und natürlich noch viel viel besser – übernimmt ein funktionstüchtiges auditives Verarbeitungssystem. Um einen Menschen mit einer intakten auditiven Wahrnehmungsorganisation an das Erleben einer unzulänglichen auditiven Wahrnehmungsverarbeitung heranzuführen, ist anzuraten, dass er sich vorstellen soll, in einem Land zu sein, wo er die ihn umgebende Sprache nicht voll beherrscht und das Umfeld keine Rücksicht auf die ungenaue, langsamere und mühsamere Verarbeitung nimmt und ein schnelles Reagieren verlangt – was noch schwerer ist, wenn trotz intensivsten Bemühens auch noch Störgeräusche auftreten, wie z.B. Papierrascheln, Hüsteln, Straßenlärm, Radiomusik, usw. Dem Sprachfluss eines anderen Menschen zeitangemessen und flexibel zu folgen, wird unter diesen Umständen zu einer Schwerstarbeit. Während der schwerhörig gewordene Erwachsene im Alter eventuell genervt, unwirsch und schnell missgelaunt ist, ist das Kind in seiner Entwicklung eher unsicher, irritiert und – da sein Hörorgan vom Arzt ja als intakt bezeichnet wird – häufig in der Kritik. In der Schule taucht in diesem Zusammenhang meist das Wort „Konzentrationsschwäche" bis hin eventuell zur Diagnostik einer „ADHS" auf. Natürlich sind solche Verarbeitungsschwierigkeiten auch dazu prädestiniert, den

Lese-Rechtschreiberwerb zu erschweren (vgl. Firnhaber 2005). Bei nur *einem* Gegenüber ist es weniger problematisch, einzelne akustische Aspekte heraus zu filtern. In einer ruhigen Situation – z.B. in einer Kindertherapiestunde – tauchen diese Probleme daher häufig auch nicht auf, zumal sich im Zweierbezug die Partner leichter auf den jeweiligen Verarbeitungsrhythmus und die Verarbeitungsgeschwindigkeit des anderen einstellen.

Ähnlich wie bei den beiden vorausgegangenen Wahrnehmungsbereichen ist auch die visuelle Verarbeitung ein komplexes Geschehen. Nach der visuellen Aufnahme müssen die unterschiedlichsten Differenzierungen vorgenommen werden, wobei dem Wahrnehmungs*raum*, den es motorisch zu erfassen gilt, noch zusätzliches Gewicht beigemessen wird. Neben den Feinheiten des „Durchschauens“ spielen Aspekte des Vorder- und des Hintergrunds, der Raum-Lage-Qualität, aber auch der Zeitaspekt eine herausragende Rolle. Ein gelungenes „Durchschauen“ einer Situation und ein schnelles Bedeutung-Beimessen erlauben ein ganz anderes Sicherheitsgefühl, als wenn der „Film des Lebens“ in Windeseile vorbeirauscht und die Einzelheiten nicht differenziert werden können. Unter solchen Umständen erzeugen neue und unvertraute Situationen eine hohe Anspannung und Angst und die Interaktion mit anderen Menschen ist dadurch erschwert. Da die anderen, insbesondere im Gruppengeschehen – das sich fortwährend ändert – nicht darauf warten, bis der davon Betroffene die Situation mit ihren jeweils wichtigen Details zeitnah differenziert und realisiert hat, ist die subjektive Erfahrung meist folgende: „Keiner mag mich, keiner will mich dabei haben“ – ohne dass für das Scheitern subjektiv ein Grund gefunden werden kann. Natürlich erschwert dies mit der Zeit auch die Entwicklung eines stabilen Selbstwertgefühls. Auch hier bedeutet Gruppenarbeit in der Schule, jedes Team im Berufsleben, jeder Mannschaftssport, wo es fortwährend gilt, den Ablauf schnell und strukturiert zu durchschauen, um sich zeitnah mit den anderen zu koordinieren und zu synchronisieren, Schwerstarbeit. Schwächen in der visuellen Wahrnehmungsorganisation beeinträchtigen somit viele Lebenssituationen, denn dieses „Durchschauen“ ist in jeder menschlichen Gruppierung beim Bewältigen komplexer Situationen notwendig (vgl. Rass 2002, 2008, 2014).

Das bisher Beschriebene macht nachvollziehbar, wie wichtig der Umgang der Umwelt mit einem davon betroffenen Menschen – insbesondere mit einem Heranwachsenden – ist. Im familiären Rahmen der frühen Kindheit tauchen in der vertrauten Umgebung diese Schwierigkeiten zunächst meist nicht auf, zumal wenn die Eltern intuitiv dem Kind komplementär und abgestimmt helfen. Sie schmiegen sich somit in die defizitäre Verarbeitung ein und ermöglichen dadurch einen kontinuierlichen Begegnungsfluss (Palombo 2006, 2011). Mit diesen Erfahrungen ziehen es Kinder häufig vor, mit Erwachsenen zusammen zu sein, z.B. in der Nähe der Erzieherin, mit der zudem körperliches Rivalisieren keine wichtige

Rolle spielt. Problematisch wird es in der frühen Kindheit, wenn die Eltern die Unzulänglichkeiten intuitiv nicht erspüren und sich nicht mit ihrem Kind komplementär abstimmen können, sodass der für das Kind so notwendige synchronisierte affektive und somit beruhigende Dialog entgleist. Ein hektischer und unruhiger Bewegungsfluss, eine eigene hohe innere Anspannung der Eltern, eine nicht auf das Kind abgestimmte Prosodie werden von einem intersensorisch schwächeren Kind nicht nur als Empathiefehler, sondern als ein Scheitern im basalen Kommunikationsgeschehen erlebt. Das Problem der Anpassungsstörungen bei Säuglingen sollte auch unter dieser Perspektive betrachtet werden, da – wie uns die Säugling/Kleinkind-Eltern-Therapie zeigt – wir als Behandler den Eltern helfen sollen, ihr Kind „zu lesen". Immer wieder sind dabei auch Kinder, die s.g. high-need-babies, die viel schwieriger „zu lesen" sind, was in der Fürsorgeperson hohe innere Anspannung aufkommen lässt, was es ihr erst recht erschwert, sich auf dieses Kind abgestimmt einzulassen. Komplementarität ist somit wesentlich für die Aufrechterhaltung eines integrierten Selbstgefühls beim Kind (Palombo 2011).

Wenn dem noch sehr kleinen Kind die reaktive Rhythmik der nonverbalen Kommunikation – das ist der Austausch von Mimik, Gestik, Prosodie – nicht gelingt, es z.B. das veräußerte Verhalten der Eltern falsch „liest" und wenn die kontinuierliche Fürsorgeperson das kleine Kind nicht komplementär dort abholt, wo es in seiner Verarbeitungsmöglichkeit steht, dann ist vorhersagbar, dass der affektive Dialog von Nicht-Abgestimmtheit und Dissonanzen geprägt ist. Problematisch und entwicklungsbeeinträchtigend ist vor allem, dass das allgemeine basale Stressniveau des Kindes dadurch sehr hoch ist und jeder hinzukommende Alltags- und Entwicklungsstress auf ein hohes Anspannungsniveau trifft und jenes Kind/jener Mensch völlig anders reagiert als jemand mit einer inneren Gemütsruhe.

Die Muster und die Geschwindigkeit, d.h. die Rhythmik der verbalen Kommunikation sowie des Blickkontaktes und des Bewegungsflusses, sind wesentliche Elemente dieser subliminalen Kommunikation und es sind diese drei Botschaften, die die Natur der Interaktion bestimmen. Nur eine abgestimmte psychobiologische Kommunikation mit der Fürsorgeperson vermittelt dem Kind Sicherheit. Störungen und Fehlanpassungen der intuitiven Kompetenz auf Seiten der Betreuungsperson entstehen jedoch häufig, wenn das individuelle Kind in seinen Auslöse- und Rückkoppelungssignalen schwer verständlich ist. Die kindliche Responsivität kann sowohl auf motorischer Seite als auch auf Seiten der Wahrnehmung soweit eingeschränkt sein, dass die elterlichen Bemühungen um einen dialogischen Austausch allmählich erlöschen oder in einen direktiven zudringlichen Interaktionsstil einmünden (Papousek et al. 1994). Es fällt Eltern unglaublich schwer, sich – wenn sie über eine geschmeidige und flinke Wahrnehmungsorganisation verfügen – in die langsamere und zähere ihres Kindes einzufühlen. Je abgestimmter die Fürsorgepersonen ihr Aktivitätsniveau an das des Kindes während Perioden des sozialen Miteinanders anpassen können, desto synchronisierter sind ihre Interaktionen. Sensitive Eltern erleichtern somit die Informationsverarbeitung ihres Kindes. Diese „high-need"-Kinder verlangen meist von ihren Eltern mehr als „good enough parents" zu leisten vermögen. Auch im Zusammenhang mit der Entwicklung des *Erscheinungsbildes* von ADHS ist zu bedenken, dass für die Herausbildung synaptischer Angebote zu Stabilisierung komplexer Verschaltungsmuster im frühen Kortex ungünstige Bedingungen wie Irritationen, Stress und psychische Belastung während der frühen Phase der Hirnentwicklung von Bedeutung sind (Hüther et al. 1996). Deswegen treffen wir bei unruhigen Kindern häufig auf solche mit Wahrnehmungsstörungen, da ungünstige Bedingungen in notwendigen Phasen der Hirnentwicklung den Aufbau und die Stabilisierung entsprechender Muster verhindern.

Da Störungen in der sensorischen Integration sich nicht auswachsen, erschweren sie den gesamten Prozess des Heranwachsens, und die Entwicklung kann in ein davon sehr belastetes Erwachsenenselbst münden, womit sich der Kreis zum Beginn meiner Ausführungen – wo es auch um gestresste und erschöpfte Erwachsene ging – schließen kann. Auch der Ablösungs- und Individuationsprozess in der Adoleszenz kann durch diese Problematik stark beeinträchtigt sein, zumal sich der Jugendliche gerade in dieser Zeit ständig mit den Gleichaltrigen vergleicht und bei entsprechend negativem Ergebnis in hohem Grad in seiner Selbstachtung und in seinem Selbstwertgefühl verletzt ist, was depressiven Rückzug, narzisstische Wut und/oder psychosomatische Beschwerden nach sich ziehen kann. Der ohnehin bestehende enorme Sog der medialen Welt wird unter diesen Umständen noch mächtiger.

Ein Kind, dessen verschiedene Sinnesmodalitäten anders arbeiten als die der „Norm", das deswegen „aneckt", macht es seiner betreuenden Umgebung schwer, es richtig einzuschätzen. „Good enough parents" reichen – wie schon erwähnt – bei einem solchen Kind nicht. Seine Bedürfnisse werden häufig nicht richtig und rechtzeitig erkannt und falsch gedeutet, was die Herstellung der inneren Homöostase und eines mutuellen Anpassungssystems mit der Pflegeperson erschwert. Selbst- und Fremdregulation sind hohen Belastungen ausgesetzt, was allzu oft zu malignen Regelkreisen führt. Säuglinge mit Regulationsschwierigkeiten und Anpassungsproblemen an die Rhythmen des Lebens erschöpfen häufig das Responsivitätsvermögen der erwachsenen Beziehungspartner. Den Eltern muss daher das Erleben ihrer Kinder nahe gebracht werden und das anders geartete Verhalten und Erleben muss ihnen „übersetzt" werden, um auf diese Art und Weise den Eltern zu einem besseren Kontakt mit der inneren Welt ihres Kindes (Ornstein, A. 1977) zu verhelfen. Die Motivationsforschung zeigt, dass sich ein Kind schon ab dem

3. Lebensjahr mit den anderen vergleichen kann (Heckhausen 1971; Rheinberg 1997; Oerter 1995). Das Scheitern, das keinen Namen hat, beeinflusst aufgrund der Unzulänglichkeiten die sich entwickelnde Persönlichkeit und die Leistungserwartung, sodass die Selbsteinschätzung in Bezug auf „erfolgreich“ oder „nicht erfolgreich“ schon stark das kindliche Selbstwerterleben prägen – also lange bevor die Schule beginnt. Wie zuvor beschrieben, ist der Prozentsatz der Kinder, die nicht zeitnah und rhythmisch mitschwingen können, nicht gering, und die Vorverlegung des Eintritts in die institutionelle Erziehung bedeutet gerade für diese Kinder eine noch problematischere Schwellensituation.

Da das Leben eines Kindes unter diesen Voraussetzungen häufig auch mit schweren Schamgefühlen einhergeht – „was ist nur falsch an mir?“ – gilt es auch diesem Erleben unter dieser Perspektive Aufmerksamkeit zu schenken. Die Bindungs- und Kleinkindforschung belegt, dass das sich entwickelnde Selbst des Säuglings von Anfang an sozial bezogen ist, und dass die Erfahrung des auftauchenden Selbst nur im Umgang mit anderen möglich ist. Somit spielen Affekte im Austausch mit sich selbst und den anderen eine soziale Rolle. Schwierigkeiten bei der Abstimmung von Affekten und im mangelhaften Zusammenspiel mit den wichtigsten Pflegepersonen rufen beim Kind erhebliche Irritationen hervor, wenn seine Aktionen nicht angemessen begleitet werden. Da sich bis zum 2. Lebensjahr das Selbstkonzept zu entwickeln begonnen hat, gibt es auch schon ein Schamerleben, das durch schmerzliche Erkenntnisse des – vermeintlich – eigenen Versagens ausgelöst wird.

Emotionaler und sozialer Rückzug sind oft die Folge dieser Wahrnehmungsdefizite, was wiederum zu einem Mangel an Lebenserfahrung führt, der insbesondere heute, wo Teamwork und Flexibilität angesagt ist, von höchster Wichtigkeit ist. Schon 1991 belegten die Untersuchungen der Universität Mannheim zu umschriebenen Entwicklungsstörungen, dass die Gruppe der beeinträchtigten Heranwachsenden, die meist in der Schule und in ihren Ausbildungen erhebliche Probleme hatten, in der Gruppe der Delinquenten, Suchtkranken oder seelisch kranken Erwachsenen, die am Leben scheiterten, signifikant stark vertreten waren. Als Kinder wurden sie nicht dort abgeholt, wo sie in ihrer Entwicklung wirklich standen.

Und genau hier liegt ein wichtiger Ansatz der psychoedukativen und/oder psychodynamischen Behandlung. Ähnlich wie bei der Säugling/Kleinkind-Mutter/Eltern-Therapie liegt es am Behandler, das Kind mit in seinem Verhalten einzuordnen – sei es durch geschulte Beobachtung oder auch mit Hilfe von Testverfahren – um dann aus der Perspektive des Kindes einen stimmigeren Beziehungsdialog mit den Eltern einzuleiten. Differenziert müssen die sensorischen von den sozioemotionalen Defiziten diagnostiziert werden, um nicht zu der alltäglichen Kumulation von Minimaltraumen durch Ängste und Scheitern, weitere hinzuzufügen. Angelehnt an Winnicott (1974), der eine Kinderbehandlung primär aus der Betrachtung der Entwicklung konzeptualisierte, müssen wir die beeinträchtigenden Hindernisse verstehen und sie zur Seite räumen, um progressives Wachstum einzuleiten. Das von den Eltern unter dem Einfluss des Therapeuten Verstandene muss von den Eltern umgesetzt werden, da sie in der unmittelbaren sozialen Umgebung die wesentlichen Verantwortlichen sind. Schon Winnicott maß der „sozialen Situation" große Bedeutung bei, und gerade ein dergestalt belastetes Kind muss von einem „therapeutischen Milieu" umgeben sein, in das auch die professionellen Erzieher mit eingebunden sein sollten. Wenn wir bedenken, dass durch den frühen Krippen- und den zeitlich intensiven Kita-Besuch die Kinder mit diesen Schwächen schon sehr früh in Gruppen integriert werden sollen und die Erzieher von sensorischen Integrationsproblemen meist nichts wissen, ergibt sich hier ein großes Belastungsfeld für den sich entwickelnden Menschen. Ein sicherheitsgebender Umgang mit dem kleinen aber auch dem größeren Kind sollte sowohl in der familiären als auch in der professionellen Erziehung gewährleistet sein, um die sich entwickelnden Repräsentanzen und Identitätsbausteinen durch die beschriebenen Unzulänglichkeiten nicht negativ zu tönen. Jugendliche, deren Selbstbild ohnehin in der Adoleszenz einer Baustelle gleichkommt, können sich einer derartigen Diagnostik nicht oder nur mit großen Schmerzen stellen – und auch hier spielt die unterstützende Einstellung der Eltern eine maßgebliche Rolle. Daher sollte der Früherfassung größte Aufmerksamkeit zukommen, um zum einen die notwendige Förderung einzuleiten und gleichzeitig eine Integration dieses Persönlichkeitsanteiles zu leisten. Wenn elterliches und professionelles Beziehungsgeschehen auf individuelle Besonderheiten abgestimmt und der passende Schlüssel gefunden ist, müssen diese neuropsychologischen Besonderheiten das Entwicklungspotenzial eines Kindes nicht zwangsläufig eingrenzen oder determinieren. Der Radarschirm der therapeutischen Aufmerksamkeit sollte breit ausgefaltet sein, damit diese Heranwachsenden – in einer Gesellschaft, die keine Unzulänglichkeiten duldet – dennoch ihren Platz finden. Einer meiner früheren männlichen Patienten, der sowohl unter auditiven als auch unter kinästhetisch-propriozeptiven Problemen leidet, die den Sprachkontakt erschweren und den Bewegungsfluss etwas langsamer gestalten, der aber im Laufe der Schulzeit (Förderbereich) durch vielfältige Förderung zu guten Ergebnissen gelangte, was die basale Problematik überdeckte, geriet durch eine falsche berufliche Einschätzung und in der Folge in eine berufliche Überforderung. Seine Angst war sehr stark und er wurde mir als junger Erwachsener mit einer „Panikstörung" (Händezittern u. ä.) erneut zugewiesen. Bald konnten wir im vertrauten Gespräch das Dilemma erkennen. Und so kam er zu folgendem Schluss: „Ich weiß es schon immer: Ich möchte Gärtner werden; die Pflanzen reden nicht und außerdem wachsen sie langsam".

Erziehung zur Liebe

Gerd-Bodo v. Carlsburg/Helmut Wehr

Der solidarische Umgang mit dem Anderen und sich selbst

Dass das Thema ***Liebe*** Gegenstand psychoanalytischer Reflexion werden könnte, war vor 40 Jahren, als Erich Fromm sein Buch „Die Kunst des Liebens“ (Fromm 1956a/GA IX) veröffentlicht hat, noch kaum vorstellbar. Tatsächlich war dieses Buch, das erste Buch eines Psychoanalytikers zur ‚*ars amandi*‘ – sieht man einmal von Sándor Ferenczis Beitrag zur *Liebe in der Psychoanalyse*, Michael Balints Arbeiten über *primäre Liebe* und Riemanns *Fähigkeit zu lieben* ab.

Diese soziale (Schlüssel-)Kompetenz jedoch wird angesichts von zunehmenden Kommunikations- und Bindungsproblemen auch Thema von Massenpublikationsmitteln wie Spiegel Spezial (1999) 5, Themenabend bei Arte am 2. Mai 1999, PZ (Zeitschrift der Bundeszentrale für politische Bildung) Nr. 104 vom Dezember 2000, Geo 12/2002 und wissenschaftlicher Untersuchungen, wie der Frage von Beck/Beck-Gernsheim (1990) nach dem „normalen Chaos der Liebe“ in der individualisierten Risikogesellschaft, oder den Reflexionen von Hantel-Quitmann/Kastner (2004) angesichts der *Liebe* in einer globalisierten Welt.

Schon der Vorspann des 1956 erschienenen Buches „Die Kunst des Liebens“ machte dem Leser deutlich, dass Fromm kein Rezept, keine „Technik“, auch keine ‚ars amandi‘ vermitteln wollte. Vielmehr wies Fromm darauf hin, dass alle Künste Ziel-Normen aufstellen. So ist in allen „Künsten“ ein System gültiger Normen die theoretische Grundlage für die Praxis.

„Die Praxis der Kunst gründet auf der Annahme, dass künstlerisches Tun ethisch wünschenswert sei.“ (Fromm 1947a/GA, S. 16f.)

Demzufolge sind die ethisch-humanistischen Postulate Fromms als Ziele einer „Kunst des Liebens“ zu betrachten. Schon hier wird erkennbar, dass für Fromm „Liebe“ eine Fähigkeit, eine Charakterhaltung darstellt, die nicht primär an dem „Objekt der Liebe“, interessiert scheint, sondern am sich liebend-zuwendenden Subjekt orientiert ist. (ebd. 1950a/GA VI, S. 275f.)

Die Natur des Menschen und die Bedeutung der Liebe

„Jede Theorie der Liebe muß mit einer Theorie des Menschen, der menschlichen Existenz beginnen ... Der Mensch ist mit Vernunft ausgestattet; er ist Leben, das sich seiner selbst bewußt ist. Er besitzt ein Bewußtsein seiner selbst, seiner Mitmenschen, seiner Vergangenheit und der Möglichkeiten seiner Zukunft. Dieses Bewußtsein seiner selbst als einer eigenständigen Größe, das Gewahrwerden dessen, daß er eine kurze Lebensspanne vor sich hat, daß er ohne seinen Willen geboren wurde und gegen seinen Willen sterben wird, daß er vor denen, die er liebt, sterben wird (oder sie vor ihm), daß er allein und abgesondert und den Kräften der Natur und der Gesellschaft hilflos ausgeliefert ist all das macht seine abgesonderte, einsame Existenz zu einem unerträglichen Gefängnis. Er würde dem Wahnsinn verfallen, wenn er sich nicht aus diesem Gefängnis befreien könnte - wenn er nicht in irgendeiner Form seine Hände nach anderen Menschen ausstrecken und sich mit der Welt außerhalb seiner selbst vereinigen könnte. ... *Das Bewußtsein der menschlichen Getrenntheit ohne die Wiedervereinigung durch die Liebe ist die Quelle der Scham ... und Angst.*“ (1956a/GA IX, S. 445f.)

Hieraus entstehen für Fromm die Bedürfnisse nach *Bezogenheit, Orientierung, Hingabe, Transzendenz des Ego, Identität und Wirkmächtigkeit* je nach den gesellschaftlichen Bedingungen rational oder irrational ausgeprägt werden. Vernunft, produktives Arbeiten und Liebe sind für ihn die primären, der menschlichen Natur entsprechenden Charakterhaltungen. Liebesfähigkeit und menschliche Solidarität entstehen jedoch nur aus der Erfahrung der Einheit mit allen Menschen, gewissermaßen als Bezogenheit aus der Mitte menschlicher Existenz. Die Auffassung, dass es einen Kernbereich der menschlichen Identität gibt, der allen Menschen gemeinsam ist, bildet die Basis eines humanen Solidaritätsbewusstseins. Vorstellungen vom Menschen, die ihn als Wolf unter Wölfen (homo homini lupi, Hobbes) oder selbstgenügsame Monade (homo oeconomicus, homo sexualis, Freud) begreifen, ignorieren diese Erfahrung der Einheit des Gattungswesens Mensch. Die Bezogenheit auf jene Mitte humaner Existenz oszilliert zwischen dem Bemühen, das Wesen des anderen Selbst zu verstehen, und der eigenen Selbsterkenntnis. Nur unter der Voraussetzung, dass ein Gefühl des Lebendig-Seins so bestätigt und wechselseitig gesteigert wird, ist das Erleben produktiver Einheit möglich. In die liebende Bezogenheit auf andere Menschen eingeschrieben ist eine Symmetrie der Beziehung, die darauf beruht, dass der Andere auch in der Differenz als gleich-artiges und gleich-wertiges Wesen anerkannt wird, selbst im Falle momentaner Hilflosigkeit. Gleichberechtigung, die nicht mit Gleichmacherei verwechselt werden sollte, ist konstitutives Element einer authentischen Beziehung.

Liebe, die aus der Fülle und *Stärke der Persönlichkeit* sich ergießt, ist hauptsächlich durch vier Merkmale gekennzeichnet: „Fürsorge, Verantwortungsgefühl, Achtung vor dem Anderen, Erkenntnis“. (1950a/GA VI, S. 275f; 1956a/GA, S. 455f.)

Fürsorge begreift Fromm als „die tätige Sorge für das Leben und Wachstum dessen, was wir lieben.“ (ebd.)

Verantwortungsgefühl ist die freiwillige Antwort auf die ausgesprochenen und unausgesprochenen Bedürfnisse eines anderen menschlichen Wesens.

Achtung vor dem Anderen will das Gegenüber so sehen, wie es unverzerrt durch Illusionen, Hoffnungen und Verdrängungen ist. Die einzigartige und unverwechselbare Individualität des Anderen um seiner selbst willen wahrzunehmen, ist geknüpft an das echte Interesse an Entfaltung. Rücksicht ist die Vorbedingung dafür, dass es gelingen kann, eigene (egoistische und narzisstische) Interessen zu transzendieren. Denn Liebe ist nur möglich, wenn sich zwei Menschen aus der Mitte ihrer Existenz heraus miteinander verbinden, „wenn sich jeder aus der Mitte seiner Existenz heraus erlebt. „Miteinander – Sein und Selber – Sein“ gehören unauflösbar zusammen. Dies stellt für die eigene Lebendigkeit eine ständige Herausforderung dar.

Erkenntnis dringt bis in die Tiefe der Existenz des anderen Selbst vor. Sie hat das Ziel, das Geheimnis des Selbst der anderen Personen zu lüften. Mag dies letztendlich auch nicht möglich sein, so ist doch der Versuch Zweck an sich und als solcher eine Artikulation eigener Liebesfähigkeit. Man kann einen anderen Menschen jedoch nur dann wirklich kennen und verstehen, wenn man das „gleiche erfahren hat“ und sagen kann: „Ich finde alles in mir“, womit die Totalität menschlicher Erfahrungspraxis als ‚Mörder‘ und ‚Heiliger‘ gemeint ist. (vgl. 1991a/NL 5, S. 114f.)

„Furcht vor der Freiheit“ – Unfähigkeit zu lieben (Fromm 1941a, GA I, S. 213–392)

Dass die „*Kunst des Liebens*“ an gesellschaftlichen Hindernissen scheitern kann und größtenteils auch ins Leere fällt, liegt an der (neuen) „Furcht vor der Freiheit“, denn Liebe ist ein „Kind der Freiheit“, wie Fromm poetisch formuliert. (1941a/GA I, S. 217ff.; vgl. auch Fritzsche 1998) Selbstverantwortung und aufrechter Gang sind in der Zweiten Moderne mit Angst besetzt. Aus der „Furcht vor der Freiheit“ folgt zwangsläufig die Furcht vor der Liebe, denn beide entstammen gleichen Wurzeln. Die (scheinbare) Freiheit des globalisierten Marktes erzwingt, dass „(j)eder … selbständig [sein muss], frei für die Erfordernisse des Marktes …, um seine ökonomische Existenz zu sichern“; damit ist die auf dem ‚Markt‘ isolierte Monade „Urbild der *durchgesetzten* Arbeitsmarktgesellschaft“ (Beck 1986, S. 191, 200) und damit die Negation sozialer Beziehung und ‚Liebe‘. Indiz hierfür ist auch die Zunahme von Singles (Beck/Beck-Gernsheim 1990, S. 191f.) und von Wochenend-Beziehungen Berufstätiger (DINKS-Double Income no Kids).

Dass diese Arbeitsmarktstruktur das einzelne Individuum ohnmächtig macht, verunsichert, kann nicht verwundern, vor allem, wenn wir die gesellschaftliche

Entwicklung in Richtung einer Zweidrittel-Gesellschaft mit ihrem enormen Konformitätsdruck bedenkt. Ja, dieser Prozess selbst ist charakterisiert durch chaotische „Unübersichtlichkeit" (vgl. Habermas, 1985, S. 141ff.): „Wir wollen uns lieben, wissen aber nicht wie." (Beck/Beck-Gernsheim 1990, S. 120) Feiräume, das wird deutlich, sind riskante Freiräume. Um sich dem allgemeinen Lebens-, Konsum-, Mode-Standard anpassen zu können, müssen erhöhte Konformitätszwänge in Kauf genommen werden. Damit bedingen sich gegenseitig ein beschleunigter Modernisierungs- und Individualisierungsschub und gegenläufig Standardisierung und tendenzielle Entsubjektivierung. (vgl. Beck 1986, S. 237f, 210f.) Sprechen Beck/Beck-Gernsheim (1990, 1994) doch im Zusammenhang mit der Individualisierung von der „postfamilialen Familie", die die Desorientierungsgefahr weiter erhöht.

„Es ist nicht mehr klar, ob man heiratet, wann man heiratet, ob man zusammenlebt und nicht heiratet, heiratet und nicht zusammenlebt, ob man das Kind innerhalb oder außerhalb der Familie empfängt oder aufzieht, mit dem, mit dem man zusammenlebt, oder mit dem, den man liebt, der aber mit einer anderen zusammenlebt, vor oder nach der Karriere oder mitten drin.(…) Alle derartige Planungen sind prinzipiell aufkündbar und damit in den mehr oder weniger ungleichen Belastungen, die in ihnen enthalten sind, legitimationsabhängig. Dies läßt sich als Entkoppelung und Ausdifferenzierung der (ehemals) in Familie und Ehe zusamengefaßten Lebens- und Verhaltenselemente verstehen." (Beck 1986, S. 163f.)

Damit wird Beziehungsarbeit zum Dauerdialog, Reden ersetzt allzu leicht das ‚Lieben', und Beziehungsarbeit wird zur Sisyphusarbeit. Im „Chaos der Liebe" wird diese wichtiger denn je und gleichzeitig schwieriger. Angesichts der Ausweitung von „Vertragsmentalität" in „Liebesbeziehungen", steht das ‚Ich' stärker im Fokus der Aufmerksamkeit als das ‚Wir' und damit die Alternativfrage: „Freiheit[1] oder Liebe"? (vgl. Beck/Beck-Gernsheim 1990, S. 120ff.)

---

1 Das bekannteste Symbol dieser ‚Freiheit in der Begegnung' und Beziehung ist das amerikanische „Gestaltgebet", das Beziehungsgedicht des Schöpfers der Gestalttherapie:
„Ich tu, was ich tu; und du tust, was du tust.
Ich bin nicht auf dieser Welt, um nach deinen Erwartungen zu leben,
Und du bist nicht auf dieser Welt, um nach den meinen zu leben.
Du bist du, und ich bin ich,
Und wenn wir uns zufällig finden, – wunderbar.
Wenn nicht, kann man auch nichts machen." (Perls 1974, S. 13).

Für Jugendliche der Risiko- oder Stressgesellschaft, die diese als „Packeis", als Kälte in der Gesellschaft erfahren, die sich von Zuwendung durch neue Spielsachen, Kleidung und andere Luxusgegenstände freikauft, bietet weder ihren Sonnenkindern, und schon gar nicht ihren ‚Sorgenkindern der Freiheit' glaubwürdigen Vorbilder, sondern Helden des gehobenen Wohlergehens und obendrein werden permanent Leistungsaufforderungen und Gratifikationen versprochen, hier muss Liebe zwangsläufig eine Randerscheinung sein. Hier kann Liebe nur als Fehler, als ein „Zuviel-Geben" empfunden werden. Da Liebe auch Geben einschließt, ein sich Verschenken beinhaltet, ist Liebe davon abhängig, angenommen zu werden. Wer aber die Erfahrung des Beschenktwerdens nicht realisieren kann, ist nicht liebesfähig. Wie sollte er?

Dieser gesellschaftliche Trend zur Ausgrenzung ineffektiver, nichtfunktionaler Elemente schafft im Subjekt den Drang, sich aus Furcht vor sozialer Isolation anzupassen. Dass diese Anpassung nicht nur die individuelle Oberfläche betrifft, sondern bis in die Tiefendimension psychischen, ja sogar physiologischen Geschehens reicht, zeigen die ungeheuren Arbeits- und Konsumanstrengungen, die die Mitglieder der Industriegesellschaften zu leisten bereit sind. Die zunehmende Rationalisierung der ‚Zweiten Moderne' (s. Kap. 2 in diesem Band) verstärkt die geistig-psychische Beanspruchung: Individualisierung, Enttraditionalisierung und Desorientierung. Die rasante Wirtschaftsentwicklung wird durch Bedürfnismanipulation und eine Abnahme der individuellen Eigenkräfte erkauft. Gesellschaftlich-ökonomisch-technische Veränderungen manifestieren sich in Charakterstrukturen, im ‚Gesellschafts-Charakter'.

„Der Gesellschafts-Charakter enthält die ‚Matrix' oder den ‚Kern' der Charakterstruktur der meisten Mitglieder einer gesellschaftlichen Gruppe. Er bildet sich als das Ergebnis der grundlegenden Erfahrungen und der Lebensweise, die eben dieser Gruppe gemeinsam sind. Von einer sozio-biologischen Warte aus hat der Gesellschafts-Charakter die Funktion, menschliche Energie derart umzugestalten, daß sie als ‚Rohmaterial' für die Zwecke der besonderen Struktur einer gegebenen Gesellschaft benützt werden kann…" (Fromm 1990a/NL 3, S. 22f.)

Unter den gegebenen Bedingungen der Risikogesellschaft schält sich der Markt-Charakter heraus.

„Das oberste Ziel des Marketing-Charakters ist die vollständige Anpassung, um unter allen Bedingungen des Persönlichkeitsmarktes begehrenswert zu sein. Der Mensch dieses Typus hat nicht einmal ein Ich …, an dem er festhalten könnte, das ihm gehört, das sich nicht wandelt…Das Ziel des Marketing-Charakters, optimales Funktionieren unter den jeweiligen Umständen, bewirkt, daß er auf die Welt vorwiegend rein verstandesmäßig (cerebral) reagiert." (Fromm 1976a, GA II, S. 372ff.)

Wo das Markt- und Tauschgeschehen das Innere Selbst, die physiologischen und psychischen Bedürfnisse mutiert, werden aktiv liebende Bezogenheitsformen selten, da das Geliebtwerden, das „*Haben von Liebe*" (Fromm 1991b/NL6, S. 86f.) und damit ‚Gleichgültigkeit' dem individuellem Gegenüber in den Vordergrund rückt.

Um liebenswert zu sein, entwickelt das Individuum ‚angenehme Manieren', legt sich Strategien zu, um *Freunde zu gewinnen*, und bemüht sich, Konflikte durch oberflächliche Kontakte zu entschärfen. Geschlechtsspezifische Durchsetzungsstrategien sind modeabhängig. So wechselt der Erfolgreiche vom Macho-Gehabe zum sportlichen Image oder umgekehrt. Die Intellektuelle wird hingegen zur Feministin oder zur Alternativen. Sex-Appeal wiederum lässt sich durch Mode und Body-Styling steigern. Intellektuelle, psychische, physische oder ökonomische Potenz und Attraktivität lassen sich durch die Zurschaustellung durchgestylter Aspersoirs demonstrieren. Dieser durchs gesellschaftliche Unbewusste hindurch greifende Kolonialisierungsdruck zwingt den Mann oder die Frau, sich jeweils als *Bündel netter Eigenschaften* zu präsentieren, in der Hoffnung, dass dieses Eigenschaftspaket gerade nachgefragt wird. Soziale Beziehungen geraten auf dem Personenmarkt in den Bann des Tauschverhältnisses. Der Einzelne wird zum Käufer und Verkäufer psychischer Ware, zum Richter und Verurteilten. Die Angst vor Erfolglosigkeit ist der ständige Begleiter dieses Prozesses der Selbst - Instrumentalisierung.

Notwendig wurde dieser Prozess zur Funktionalisierung der Subjekte durch eine Effizienz maximierende Arbeitsorganisation, Konsumsteuerung und ideologische Legitimationsangebote, die z.B. die heutige Computerisierung der Wirtschaft als Ausdruck von Expansion und Rationalisierung. Bürokratisierung erhält die Machtstrukturen und lässt das Individuum zum gut motivierten Arbeitnehmer, glücklichen Konsumenten und formal angepassten Demokraten werden. Neue Chefs vernebeln spielend Machtstrukturen, indem sie die von Experten getroffenen Entscheidungen als Sachzwänge darstellen. (Fromm 1956a/GA, S. 482f.; Maccoby 1979, S. 82f., 103f.)

Der in diesen sozioökonomischen Strukturen entstandene Marketing-Charakter kann Liebe nur als fairen Austausch persönlicher Vorzüge zur gegenseitigen Bedürfnisbefriedigung empfinden. Die Partnerbeziehung gerät unter dem Eindruck der massenhaft produzierten Angestelltenmentalität zur Vorstellung vom „reibungslos funktionierendem Team", „Liebe" gerät zur „Geschäftsbeziehung". (Maaz 2007, S. 178f.) Äußere berufliche Aggressivität, die als Durchsetzungsfähigkeit und Ehrgeiz sozial anerkannt wird, soll im Innenbereich des Teams durch Toleranz und Verständnis ihre Kompensation finden. Die Paarbeziehung soll zum Hafen werden, der vor der gesellschaftlich verordneten Einsamkeit schützt. Der Bund beider Teamgefährten gegen die feindliche Außenwelt basiert auf dem „égoïsme á deux“, dem Geben, um zu erhalten.

„Wie können zwei Menschen, die gleich und frei sind oder werden wollen, die Gemeinsamkeit der Liebe finden und bewahren? In den Ruinen falsch gewordener Lebensformen bedeutet Freiheit: Aufbruch, Neu-Entwerfen, der eigenen Melodie folgen, die aus dem Gleichschritt führt. Vielleicht treffen sich zwei Parallelen im Unendlichen.“ (Beck/Beck-Gernsheim 1990, S. 23).

Sexualisierung von Liebesbeziehungen

Mit dieser Funktionalisierung sozialer Beziehungen geht die Überbetonung der sexuellen Freiheit einher, in der Illusion, dass die ‚richtige‘ sexuelle Technik, die ‚richtige‘ Liebesbeziehung fördere. Dieser repressive, konsumptiven Freigabe des Sexuellen entspricht jedoch eher reale Genussunfähigkeit, was mit der Entmischung psychischer und physiologischer Bedürfnisse oder der Instrumentalisierung des sexuellen zu sexualfremden Zwecken zu tun haben mag. Die Unfähigkeit, gemeinsame erotische Lust zu teilen, zerreißt den Zusammenhang von Lust und Liebe, von Fürsorge und Erkenntnis, von Verantwortung und Achtung. Latente Feindseligkeit wird durch sexuelle Stimuli verdeckt, die jeder für sich selbst haben will. (Fromm 1976a/GA, S. 276f.) Die hierin zum Ausdruck kommende Fremdheit gegenüber dem anderen wird im Falle der Verliebtheit kurzfristig aufgehoben. Sentimentale Gefühle werden auf ein attraktives, erschwingliches Tausch-Objekt projiziert. (ebd. 1956a/GA, S. 441f.) Bald jedoch erfolgen die Ernüchterung oder der neue Liebesfall, eine neue Sensation. In der „Großen Liebe“ wird das Liebesobjekt „vergöttert“, so dass sich der Projizierende selbst in der Idolbildung verlieren kann.[2] Sentimentale Liebe (ebd., S. 499) ist hingegen ein Stück Ersatzbefriedigung durch den voyeuristischen Konsum anderer Liebesbeziehungen. „Liebe aus zweiter Hand“ ist abstrakt, da sie die eigene Liebesunfähigkeit hin-nimmt und vor der konkreten, mit Konflikten verbundenen Beziehung schützt. Eine wirkliche Liebesbeziehung ist dann im Hier und Jetzt kaum möglich.

„Furcht vor der Freiheit“ (Fromm 1941a, GA I, S. 213ff.) impliziert auch ***Flucht vor der Freiheit***. Dazu folgende Abbildung:

---

2 Erinnert sei an Sigmund Freud (1856–1939): *Der Wahn und die Träume in W. Jensens ‚Gradiva‘. Mit dem Text der Erzählung von Wilhelm Jensen und Sigmund Freuds Randbemerkungen* (1912) sowie an Joseph Frhr. von Eichendorffs (1788–1857) Novelle: *Das Marmorbild* (1818).

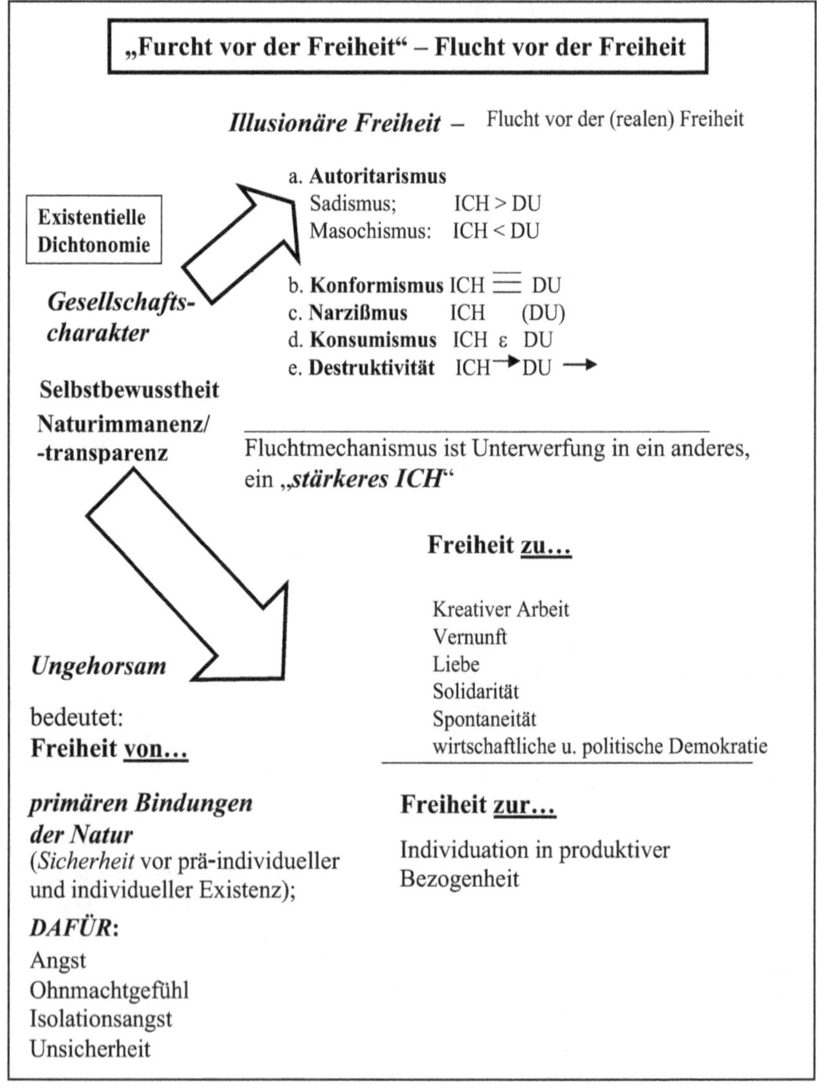

Die Vergangenheitsfixierung spielt vor allem in der neurotischen Liebe eine überwertige Rolle. Die Fixierung eines Partners auf einen Elternteil lässt ihn Gefühle, Erwartungen, Ängste und Hoffnungen, die auf den Elternteil bezogen sind, auf den „geliebten Partner“ übertragen. Die infantile Bezogenheit der Vergangenheit überlagert als emotionale Regression die gegenwärtige Beziehung zum

Partner. Das Dort und Damals der ursprünglichen Interaktion setzt sich durch das verdrängte Unterbewusste hinter dem Rücken der Beteiligten wieder durch. Die Beziehungsformen ‚passen' daher nur solange, wie der Partner die Erwartungen des anderen ohne eigene Interessenartikulation akzeptiert. In Langeweile oder in ein konfliktuöses Geschehen wird diese Form der Partnerschaft zwangsläufig einmünden. (vgl. Lorenzer 1972; 1973, S. 195f.)

Symbiose statt Liebe

Die am einschneidendsten und schwersten zu erkennende Verunmöglichung von liebender Bezogenheit ist die „symbiotische Liebe" (1956a/GA, S. 451f.). Hier herrscht das Bestreben vor, Liebe zu ‚haben', das Liebesobjekt zu besetzen, zu besitzen, zu kontrollieren und einzuschränken (1976a/GA, S. 304f.). Diese aktiv-sadistische Form von Liebesunfähigkeit will in den anderen hineingehen, ihn bis in Tiefenschichten penetrieren, um ihn zu einem untrennbaren Teil des eigenen Egos zu machen. Der masochistisch ‚Liebende' wiederum möchte selbst zu einem untrennbaren Teil des Gegenübers werden. Er geht durch Unterwerfung im anderen auf. Er wird zum Ding des anderen Menschen.

Dies kann sich durchaus und zuerst in der Eltern-Kind-Beziehung äußern, in einer Überemotionalisierung und Förderung – Optimierung des Kindes. (Beck/Beck-Gernsheim 1990, S. 168f.). Hier stehen nicht die kindlichen Kompetenzen im Zentrum, sondern Delegationen und Übertragungen, das Kind wird damit verdinglicht, instrumentalisiert. Für Fromm jedoch hat der individuelle, lebendige Mensch den Vorrang (1960b/GA V, S. 19–41).

Résumée

Diesen verschiedenen sozialen Deformationsformen von Liebe ist die Furcht vor Bezogenheit bei gleichzeitiger Furcht vor Isolation eingeprägt (Fromm 1956a/GA, S. 446f.). Wird dieser Konflikt nicht durch zumindest oberflächliche soziale Beziehungen abgeschwächt, so besteht die Möglichkeit des Ausweichens auf orgiastische Zustände, autosuggestive Trance, Rituale, Tänze, Alkohol und Drogen. Die gesellschaftlich „normalste" Lösung des Konfliktes zwischen Isolationsangst und Bezogenheitsfurcht ist die durch Werbung und Medien vermittelte Konformität. Die Pseudo-Einheit der abstrakten Gleichheit erlaubt jedem die gleichen Gefühlsinhalte – allerdings verbunden mit gleichzeitiger Selbst-Aufgabe.

Reife Liebe

Reife Liebe hingegen, bei der Kreativität mitschwingt, löst das Paradoxon (erinnert sei an die Metapher der zwei Parallelen, die sich im Unendlichen treffen), das zwei eins werden und doch jeder der zwei einer ist. Reife Liebe stellt die

Bezogenheitsform dar, in der Vereinigung unter gleichzeitiger Bewahrung der Individualität und Integrität möglich wird. Geben und Empfangen sind im psychischen Reichtum der Person verankert. Authentisches, kreatives in-Bezogenheit-Sein gründet im Vertrauen des Individuums auf sich selbst. Genau dies meint Adornos Aphorismus: „Geliebt wirst du einzig, wo du schwach dich zeigen darfst, ohne Stärke zu provozieren.“ (Adorno 1983, S. 253)

In dieser angstfreien Beziehung ist es möglich, sich selbst als lebendig, vital und lebensvoll zu erfahren. Die Entwicklung von Liebesfähigkeit ist an die biographische Erfahrung vergangener liebesbetonter Situationen geknüpft, an die gesellschaftliche Förderung solidarischer Interaktionsformen und an das phasenhafte Vorausschreiten in der praktischen Verwirklichung liebender Bezogenheit im Rahmen einer individuellen Entwicklungslogik. Die erste biographische Erfahrung von Liebe ist die zwischen Eltern und Kindern. (vgl. Johach 1987, S. 114f.) In der primären Sozialisation wird die Orientierung des elterlichen Gesellschaftscharakters sozialisatorisch wirksam. (Fromm 1956a/GA, S. 462f.) Nur wo das Kind geliebt wird, wo die Haltung der Liebe vorgelebt wird, kann sie das Kind anstecken. Die Liebesfähigkeit eines Kindes wird also sozial entwickelt und „erweckt“.

Mütterlichkeit und Liebe

Von einer gewissen Problematik ist das asymmetrische Verhältnis zwischen Mutter und Kind. Bedingungslose Mutterliebe (vgl. Badinter1985; vgl. Lasch 1987) im Bild von Käthe Kollwitz (1910) gibt dem Kind emotionale Geborgenheit, Wärme und Heimat. Das Gefühl von Geborgenheit wird zur festen emotionalen Basis: *Ich werde geliebt, weil ich das bin, was ich bin,* oder vielleicht noch präziser: *Ich werde geliebt, weil ich bin.* Das Kind kann sie allerdings nicht einfordern. Im Falle sadistischer oder nekrophiler Charakterorientierungen in der Mutter bleibt deren Bild im Kind als negative Fixierung bestehen. Fast unüberwindbar wird dem Kind *Kälte* eingeprägt. Fromm, der das Bild neuer „weiblicher“ Väter noch nicht kannte, sah die Bedeutung des Vaters als Bezugsperson erst in einem Alter von sechs Jahren gegeben. Der Vater bildet den Gegenpol zur unbedingten Mutterliebe. Denken, Gesetz, Ordnung und Disziplin werden von ihm verkörpert. Liebe wird tendenziell zur Erwartung, diesen Zielen und Haltungen zu entsprechen. Bedingte väterliche Liebe kann damit aktiv durch Anpassung erworben werden. Ihr Grundsatz lautet: „Ich liebe dich, *weil* du meinen Erwartungen entsprichst, weil du deine Pflicht erfüllst, weil du mir ähnlich bist.“ (1956/GA IX, S. 465) So wird durch Ausbalancieren beider Antinomien die Grundlage geschaffen, dass man *seinen* (selbstsüchtigen) *Narzissmus überwindet* und damit die Hauptvoraussetzung für die Fähigkeit schafft, lieben zu können. (vgl. Fromm 1939/1994, S. 198ff.; 1991d[1974]/GA XII, S. 357f.)

Käte Kollwitz (1867-1945): Mutter mit Kind auf dem Arm (Mother with her Child in her Arms), 1910, aus: http://www.williamweston.co.uk/pages/previous/single/19/158/1.html (20.12.09)

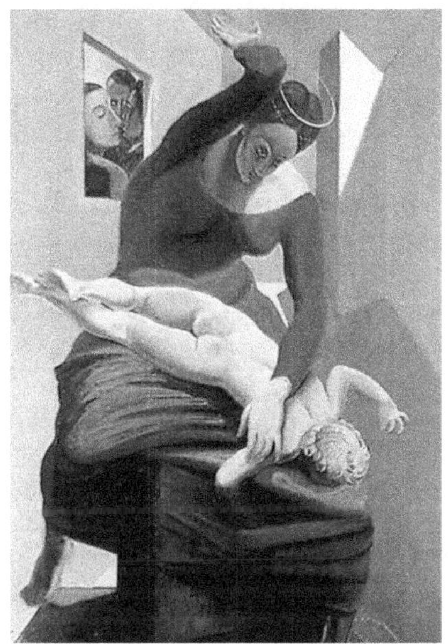

Max Ernst (1891–1976): The Virgin Spanking the Christ Child (die Jungfrau, das Christuskind schlagend), 1926, aus: www.flickr.com/photos/mogun/461534750/ (20.12.09)

Die Konfrontation mit den gesellschaftlichen Tatbeständen wird funktional ausgerichtet. Konfundieren die Elternrollen, kann es zu einseitigen Fixierungen kommen, zu Zwangsneurosen, Depressionen, Hysterien und Süchten. Die eingangs erwähnte Asymmetrie der Mutter-Kind-Dyade kann im Falle einer inzestuösen, nicht-sexuellen Fixierung Individuation verhindern. Das kindliche Selbst bleibt dann als Erwachsener mit dem Mütterlichen quasi parasitär verwoben. Das mütterliche Selbst dient dem unentwickelten Charakter nur als Krücke. Aufrechter, eigener Gang kann nicht gelernt werden, wenn die Mutter das Kind nicht aus primären Bindungen entlässt. Die frühe Mutterfixierung verliert quasi naturwüchsig ihre Bedeutung, wenn die Mutter selbst ein glücklicher Mensch ist. Andernfalls überträgt sich ihre narzisstische Haltung in überschwänglicher, bemutternder Form. Liebevoll bleibt sie, solange das Kind sich in Abhängigkeit halten lässt, weil das ihre eigenen Allmachtsphantasien stabilisiert. Hierin kommen durchaus humane Bedürfnisse zur Geltung, nämlich die nach Transzendenz des Egos und Wirkmächtigkeit. Problematisch wird die Situation aber für beide, wenn deshalb der Trennungs- und Individuationsvorgang nicht gelingt. Die Mutter muss aktiv den Vorgang der kindlichen Individuation fördern, damit Liebe auch nach der Trennung möglich bleibt. (Miller 1981; Badinter 1988, S. 185f.) Neurotisch-narzisstische, nicht-authentische Selbstlosigkeit, bzw. kompensatorisch Selbst-Sucht der Mutter würde Lebensfeindschaft in das Kind hinein sozialisieren. (Fromm 1939/1994, S. 205; 1956a/GA, S. 476) Dies wird von Maaz (2008, S. 60f.) im Begriff des Lilith-Komplexes ausdifferenziert. Auch das Bild von Max Ernst 1926 (s.o.) bringt diesen negativ strafenden Aspekt von Mütterlichkeit zum Ausdruck.

Insofern ist Geborenwerden nicht nur ein natürlicher, sondern ein zutiefst existentieller Vorgang. Das Kind muss sich um der eigenen Individuation willen aus der Mutter-Kind-Symbiose lösen, aus dem sozialen Uterus der Familie und der Gleichaltrigengruppe herausbewegen. Die primären Identifikationen muss das Kind aktiv auflösen, um inzestuöse Symbiosen zu vermeiden (Fromm 1936a/GA I, S. 149; 1964a/GA II, S.231), wie sie in nekrophilen Familienstrukturen die Folge sind.

Hier wird die Differenz zwischen S. Freud und E. Fromm deutlich, denn während für Freud der Ödipuskomplex einen libidinös-sexuellen unbewussten Prozess ausagiert, bei dem der Sohn sein Begehren nur aufgrund der Kastrationsdrohung und -angst überwinden muss, bei gleichzeitiger Fokussierung und Fixierung auf den Vater geht (vgl. Fromm 1973a/GA VII, S. 325f.), stellt sich für Fromm das Problem der Individuation unter der Bedingung einer Befreiung von der (destruktiv verschlingenden) Mutter. So wird der ‚Ödipuskomplex'[3] aus seiner patriarchalen Verklammerung heraus gebrochen. Die bedingungslose Liebe der Mutter gibt das sichere Gefühl eigener Kompetenz zur Selbstbestimmung. Angstfreiheit aber, als Freiheit zur produktiven Selbstentwicklung (Fromm 1936a/GA I, S. 162f.) erleichtert die Los-Lösung. Auch die Liebe des Vaters hat Unabhängigkeit zur Zielsetzung. Ihr ist jedoch Anleitung und Erwartung eigen. Sie kann und muss verdient werden; Autorität und Lenkung sind ihr wesentlich. Aufgabe der väterlichen Liebe ist die Entwicklung der Idealbildung, des Vorbildes im Menschen, die Verinnerlichung der Autorität. Durch Identifizierung mit den Ge- und Verboten des geliebten und gefürchteten Vaters wird das Kind diesem gleich. (ebd., S. 144ff.) Die Doppelfunktion des Gewissens, Unterdrückung und Ansporn zugleich, hat ihren Ursprung in der Ambivalenz des Kindes gegenüber dem Vater.

---

3 Ödipuskomplex bei S. Freud: Totem und Tabu. Einige Übereinstimmungen im Seelenleben der Wilden und der Neurotiker (1913), in: Studienausgabe, Bd. IX, Frankfurt a.M 1975; Das Ich und das Es (1923), in: Studienausgabe, Bd. III, Frankfurt a.M. 1975; Der Untergang des Ödipuskomplexes (1924), in: Studienausgabe, Bd. V, Frankfurt a.M. 1975; und E. Fromm: 1934a/GA I, S. 85–109; vgl. auch 1930d; 1948a; 1966h/GA VIII, S. 133–151; 1951a/GA IX, S. 273f.; Sigmund Freuds Psychoanalyse. Größe und Grenzen, Stuttgart 1979.

Hier zeigt sich der Versuch Fromms, zwischen Matriarchat und Patriarchat, matrizentrischen und patrizentrischen Komplex, zwischen oralem und analem Charakter eine historische und psychologische Synthese zu finden (vgl. ebd. 1933a; 1934a; 1970f/GA I, 78–114 und 1943b; 1948b; 1951b/GA VIII, S. 365–400.). Die bedeutet Freiheit *von* oraler Matrizentrizität gleichzeitig Freiheit *von* patrizentrischer Analität zu produktiver, ja Freiheit *zu* revolutionärer Individualität, in der beide Elemente in je neuen Synthesen auszubalancieren sind.(vgl. ebd. 1951a/GA VIII, S. 387–400)

Die Entwicklung der Liebesfähigkeit nach Fromm

Entwicklungsstufen und Bezugspersonen	**Idealentwicklung**	**Entwicklung des Selbst**
Klein-Kind	*Grundlegung der Liebesfähigkeit:* **„Ich werde geliebt, weil ich bin.“**	***Selbst-Vertrauen***
Familie Kindergarten (primäre Sozialisation)		Vertrauen in andere *(Urvertrauen).* Enge Beziehung zur ‚primären‘ Bezugsperson *(Mutter).* Ich-Bezogenheit: *Geliebtwerden ist wichtiger als lieben.*
Kind	*Entwicklung der eigenen Persönlichkeit.* *Erste Freundschaften:* **„Ich kann Liebe durch eigenes Bemühen hervorrufen.“**	***Selbst-Behauptung***
Familie, Schule Freizeit-Freundesgruppe (*Peer group*)		Entdeckung eigener Fähigkeiten und der eigenen Fantasie. Überwindung der Ich-Bezogenheit durch Bindung an die ‚sekundäre‘ Bezugsperson *(Vater).*
Jugendlicher	*Festigung der eigenen Persönlichkeit (Selbstliebe).* *Feste Freundschaften.* *Erste Liebe:* **„Ich liebe, weil wir uns gut verstehen.“**	***Selbstbewusstsein***
Schule Freizeitgruppe Freund/in Studien-Arbeitskollegen/innen		Vertrauen auf eigenes Können, in die eigene Kompetenz. Suche nach glaubwürdigen Ideen und (humanen) Vorbildern. Entwicklung eines ‚mütterlichen‘ und ‚väterlichen‘ Gewissens.
Erwachsener	*Stabile Bindungen aus Liebe und Verantwortung.* *Bezogenheit aus der Mitte.* *Liebende Fürsorge, Verantwortung, Achtung, Erkenntnis:* **„Ich werde geliebt, weil ich liebe.“**	***Selbstverwirklichung***
Partner/in Mit-Student/in Arbeitskollegen/innen Freunde/innen		Verantwortung für Andere. Übereinstimmung der Vorstellungen von sich selbst und den Erwartungen Anderer an das eigene Selbst.

Zur Liebesfähigkeit vgl. Wehr 1990, S. 62; vgl. Parallelen zu den Phasen-Theorien psychosexueller Entwicklung Freuds, der moralischer Entwicklung Kohlbergs, der kognitiven Entwicklung Piagets und der Interaktionsentwicklung von Habermas, in: Wehr 1989, S. 257, 260.

Dem so sozialisierten kreativen Charakter oder ‚revolutionären' Charakter (vgl. ebd. 1959c/GA IX, S. 399f; 1963b/GA IX, S. 343f.) gelingt die produktive Synthese in Freiheit zu produktiver Vernunft, Liebe und Arbeit in interessierter Bezogenheit.

Im Zusammenhang mit dem Verfall patriarchaler Autorität und ihrer Anonymisierung geraten auch das Gewissen und die Psychoanalyse selbst in Gefahr zu veralten. (vgl. Marcuse1970, S. 85f; Häsing/Stubenrauch/Ziehe 1979) „Die vaterlose Gesellschaft" vertuscht ihre entpersönlichte Autorität mit ökonomischen, bürokratischen oder technischen Sachzwängen. Damit wird die Dialektik von Autorität und verinnerlichter Autorität zur Spannungslosigkeit verurteilt. Ein persönliches Abarbeiten am widerstrebenden Anderen ist schwer vorstellbar. Abwiegeln, verschieben und die Weigerung, Verantwortung zu übernehmen, sind Mechanismen anonymer, struktureller Autorität. Was ‚man' tut, wird zur Triebfeder entsubjektivierten Handelns im Dienste eines allumspannenden Konformismus. Kritische Anmerkungen gegen oder zur eindimensionalen Gesellschaft vernimmt das entsubjektivierte Individuum kaum noch, das kritische Bewusstsein selbst ist in Frage gestellt. Auch Weiblichkeit gerät unters Diktat des Tauschprinzips und deshalb in den Bann pseudo-emanzipatorischer Marktmechanismen. So bieten sich gesellschaftliche Krücken für das Vorwärtskommen an. Stromlinienförmiges Outfit ersetzt verinnerlichte Werte zur Stabilisierung des narzisstischen Marktcharakters. Die oral-rezeptive Konsumhaltung, die in der primären Sozialisation eingeimpft wurde, drängt auf sofortige Befriedigung, ohne Frustrationen, die als Selbstwertverletzung wahrgenommen werden, ertragen zu können. Die Außenwelt interessiert nur insofern, als das narzisstische Individuum Nutzen daraus ziehen kann. Eine subjektive Realitätsverzerrung geht mit dieser Weltsicht einher. Grandiositätsgefühl oder Depressivität geben den emotionalen Rahmen des affektiven Befindens ab. (vgl. Fromm 1956a/GA, S. 509f.) Durch Konformismus entgeht der Marketing-Charakter der Desillusionierung. Inzestuöse, primäre Bindungen fixieren ihn an seine Ursprünge. Sind Kälte und Gleichgültigkeit mit vitaler Impotenz verknüpft, rächt sich das Individuum durch Destruktivität am nicht gelebten Leben. Der Mangel an Liebe und Selbstliebe pervertiert Vitalität in Letalität. (vgl. ebd. 1967/1994, S. 211f.)

Die Fluchttendenz des autoritären Charakters in der analhortenden Variante (vgl. ebd. 1936a/GA, S. 168f.; GA III) steigert sich über den Konformismus des Marketing-Charakters zur Destruktivität des nekrophil-destruktiven Charakters. Auch hierbei ist die Familie der „Transmissionsriemen der Gesellschaft". Liebesunfähigkeit gegenüber dem Selbst und der sozialen Umwelt ist für alle diese

Charakterdefizite stets ursächlich, denn „Liebe ist unteilbar, man kann Liebe zu anderen Liebesobjekten nicht von der Liebe zum eigenen Selbst trennen". (ebd. 1947a/GA, S.84f.) Innere Produktivität, Fürsorge, Achtung, Verantwortung und Erkenntnis aktualisieren sich nur im eigenen Selbst, denn die „Bejahung des eigenen Lebens, des eigenen Glücks und Wachstums und der eigenen Freiheit ist in der Liebesfähigkeit eines jeden verwurzelt." (ebd.) Liebe lässt sich nur mitteilen. Individuation ist an die Integration der eigenen Liebesfähigkeit geknüpft.

Erotische Liebe

„Die erotische Liebe beginnt mit dem Getrenntsein und endet im Einssein. Die Mutterliebe beginnt mit dem Einssein und führt zum Getrenntsein." (ebd. 1995, S. 86.)

Dieses knappe Zitat mag die Differenz zwischen Mutterliebe und Partnerliebe verdeutlichen. Erotische Liebe ist für Fromm (1956a/GA IX, S. 471f.) das „Verlangen nach vollkommener Vereinigung", nach Einheit mit einer anderen Person. Dieser Vereinigungswunsch hat seinen Ursprung in den existentiellen Bedürfnissen, genauer im Bedürfnis nach Bezogenheit. Das spezifisch erotische Moment entspringt der Polarität zwischen Mann und Frau (ebd. 1943b/GA, S. 365f.), einer Spannung zwischen den Geschlechtern, die auf Gleichberechtigung und Bewahrung der eigenen Identität beruht. Das Gelingen kleidet er in die Metapher des ‚Miteinander den »*Tanz des Lebens*«' (ebd. 1976a/ GA II, S. 332) tanzen.

Henri Émile Benoît Matisse, avantgardistischer Maler, geb. Le Cateau-Cambrésis/Nordfrankreich 1869, gest. Nizza 1954), Vertreter der ‚Wilden' (Fauvismus), Umsetzung eines körperlich-räum-lich-expressiven Ausdrucks in Farbe, wie in seinem Werk „Der Tanz" des Lebens (1910 – St. Petersburg/Eremitage) – (vgl. Microsoft® Encarta® Enzyklopädie 2000), aus: http://www.germanposters.de/matisse-henri-der-tanz.html (20.12.09)

Matisse bringt dies in die bildliche Form. Hier wird auch der Unterschied zu Freud deutlich, an dem Fromm kritisiert, dass er die Sexualität überbewerte, die sexuelle Triebenergie zu mechanisch sehe (Triebaufladung-Triebreduktion). Vor allem gegen die daraus resultierende Konsequenz, dass die Frau ein kastrierter Mann sei, die durch ihren Penisneid in Minderwertigkeitsgefühle gedrängt werde, meldet Fromm seinen energischen Widerspruch an. Er stellt dem Penisneid den Gebärneid des Mannes gegenüber. (1956a/GA IX, S. 470) Unter dem Eindruck mutterrechtlicher Überlegungen betont er die natürlich-biologische Produktivität, die sich in der Potenz des Gebärenkönnens darstellt. Von daher könnte man den Mann als ‚nicht gebärfähige' Frau bezeichnen, bestünde Fromm nicht auf der Gleichwertigkeit von Männern und Frauen.

Erotische Liebe ist für Fromm an spezifische individuelle Merkmale geknüpft. Erotik könne nicht zwischen allen Menschen entstehen, sondern nur zwischen Menschen, die sich aufgrund gewisser Charakterzüge individuell attraktiv werden. Jemanden zu lieben meint eine Bezogenheit auf den ganzen anderen Menschen, auf seine Gefühle, Entschlüsse, Hoffnungen und Wünsche. Der Willensentschluss – als Absicht, seine Liebesfähigkeit auf dieses besondere Individuum zu konzentrieren – ist für die erotische Intensität von entscheidender Bedeutung. Der erotischen Liebe widersprechen der Egoismus zu zweit, der den anderen exklusiv, ausschließend vereinnahmen will und sich dann mit ihm gemeinsam als Paar von der sozialen Umwelt absondert. Bezogenheit aus der Mitte verhindert diese Einschränkung der Liebesfähigkeit. Täglich sind gewissermaßen Mauern zu durchbrechen, um oberflächliche Pseudo-Intimität zu verhindern, welche die Illusion von Liebe nur verstärken würde und mit einem vollen, spontanen Leben als menschliches Wesen nicht vereinbar wäre.

Aus diesem Grund wendet sich Fromm deutlich gegen Partnerschaften unter besitzorientierten Gesichtspunkten. Das vertragliche Arrangement, wie es zum Beispiel eine gesetzlich geregelte Ehebeziehung darstellt, birgt die Gefahr in sich, dass hiermit die emotionale und soziale Dynamik still gestellt wird. Durch das exklusive Besitzrecht auf den Körper, die Gefühle und die Zuwendung des Partners (ebd. 1976a/GA, S. 321f.) verwandelt sich die spontane Partnerschaft allzu leicht in eine Eigentümergemeinschaft, die sich durch den gemeinsamen Besitz, die soziale Stellung, das Zuhause und Kinder definiert. Langeweile ersetzt Ehrlichkeit und zersetzt nach und nach die Liebesfähigkeit. Auch ein Partnerwechsel ohne Veränderung der strukturellen Bedingungen begünstigt eher Verliebtheit als einen produktiven Liebesbezug. Nicht zu unterschätzen ist auch das soziokulturelle Klima. Im Zeichen der repressiven Entsublimierung, der Freigabe des Erotischen im Dienste der Konsumgesellschaft, überträgt sich das Prinzip der Überflussproduktion auf die erotische Beziehung. Sexualität wird zur Konsum-Ware, der erotische Partner allzu schnell zum Wegwerfobjekt. Im Zusammenhang mit sexuellem Leistungsdruck gerät Erotik vollends in den Bannkreis totaler Vergesellschaftung. Auch intimste persönliche Bereiche werden so „veröffentlicht“, was an der Zurschaustellung des Sexuellen in Werbung, Pornographie und „käuflicher Liebe“ ablesbar ist. Das Bedürfnis nach Bezogenheit und die Angst vor sozialer Isolation werden dem Geist des Kommerzes unterworfen. Die damit einhergehende Betonung von Beherrschung und Unterwerfung fördert eine sadomasochistische Charakterorientierung. Die regressiven Vereinigungsillusionen wirken allerdings nur vorübergehend durch die orgiastische, emotionsgeladene sexuelle Begierde. Zärtlichkeit, die reifer Erotik entspräche, wird tendenziell negiert, der Eros als Spannung zwischen dem weiblichen und dem männlichen Pol geschwächt. Übrig bleibt die Befriedigung physiologischer Leidenschaften, was angesichts von Aids und unter dem Aspekt ganzheitlicher, humaner Existenz nicht unproblematisch sein kann.

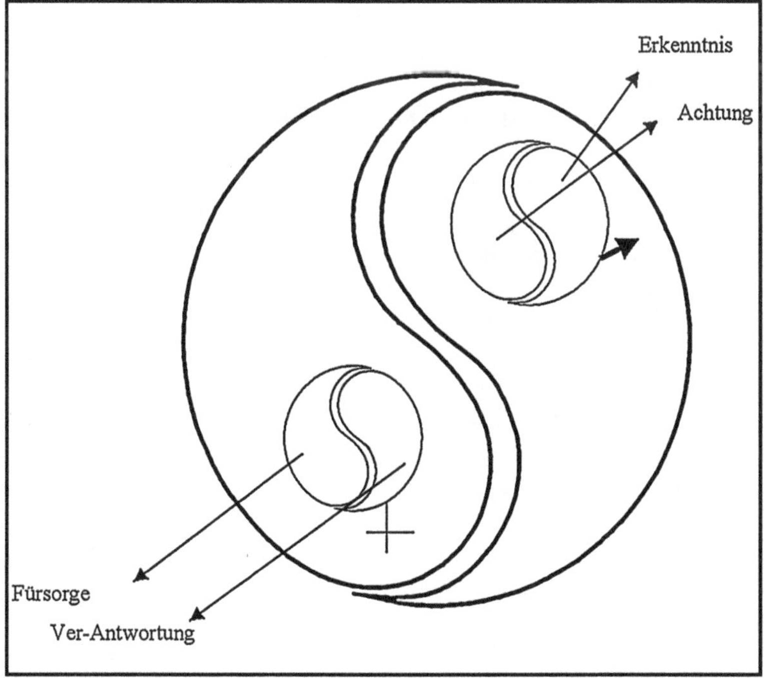

Mit der Verringerung der ***männlich-weiblichen erotischen Polarität***[4] durch androgyne Gleichheit – *Dasselbe-Sein* –, erleidet auch die menschliche Kreativität Schaden.

4 Geschlechter-Polarität bei Fromm: Mann-Frau: vgl. 1994; 1933a; 1934a; 1970f/GA I, 78–114; 1943b; 1948b; 1951b/GA VIII, S. 365–400; vgl. auch Reiche 2000.

Um diese Verluste zu minimalisieren, schlägt Fromm die Praxis der Konkreten Liebe vor, in der Liebe leben heißt, als gleichberechtigte, aber polare Subjekte zu kommunizieren. (vgl. Fromm 1956a/GA IX, S. 449f.) Dies nicht im Sinne eines Rezeptbuches, sondern im Sinne von bedingenden Voraussetzungen der Liebe (ebd. 1956a/GA, S. 503f.). Da Liebe eine Charakter-Haltung ist, wird sie durch selbstverantwortliche Disziplin gestärkt. Die Konzentration auf den Partner erfordert den Verzicht auf den Wunsch, alles und jeden gleichzeitig zu „verschlingen". Da Alleinsein keine Bedrohung darstellt, kann man intensiv im Hier und Jetzt mit einem Menschen zusammen sein, so dass das Antlitz des anderen als individuelles erfahrbar wird. Geduld und Stille, die dem technischen Prinzip der Geschwindigkeit widersprechen (ebd. 1967/1994, S. 222), weil sie Zeit und Muße für das *Sein* in der Beziehung bereitstellt, wird selbstverständlich. Die Akzeptanz der Wichtigkeit der Beziehung für die eigene Individuation, die letztlich eine Willensentscheidung ist, macht es leichter, die eigene Liebesfähigkeit praktisch zu entwickeln.[5]

‚*Liebe als* ***Fürsorge***', als tätige Sorge für das Leben und Wachstum dessen, was wir lieben, „Verantwortung", d.h. die Fähigkeit und Bereitschaft, auf ausgesprochene und unausgesprochene Bedürfnisse zu antworten, „Achtung", d.h. die Fähigkeit, jemanden zu sehen, wie er ist, seine einzigartige Individualität wahrzunehmen, und „Erkenntnis", das verstehende Sich-Hineinversetzen in den innersten Kern des wahren Selbst des anderen (ebd. 1956a/GA IX, S. 455ff.), sind als Voraussetzungen der Liebe immer schon in die Geschlechterpolarität und die sexuelle Attraktion eingelassen. (ebd. 1943b; 1948b; 1951b/GA VIII, S. 365–400) Bedeutet *Weiblichkeit/Mütterlichkeit* eher empfangen, bergen und produzieren, so *Männlichkeit/Väterlichkeit* eher eindringen, ordnen und zeugen. Dem widerspricht nicht, Natürlichkeit, Leiblichkeit, allgemeine Brüderlichkeit/Schwesterlichkeit und Rezeptivität gegenüber analytischen Geist, Logos, zeugender Potenz, Individualität und Fortschritt stärker zu akzentuieren.[6] Liebe wird so männlich-weiblich gebrochen. Auf der einen Seite unbedingte mütterliche Liebe, d.h. Fürsorge und Verantwortung, auf der anderen Seite bedingte väterliche Liebe, d.h. Erkenntnis und Achtung, die auf Ziele weisen. Beide Aspekte jedoch, müssen nach Fromm kreativ in sich selbst ihre Einheit finden, um die negativen Aspekte der Zuneigung wie Nachgiebigkeit und Beschränkung, Bejahung und Forderung, Oralität und Analität, Narzissmus und Autoritarismus zu verhindern. (vgl. 1933a; 1934a; 1970f/GA I, 78–114 und 1943b; 1948b; 1951b/GA VIII, S. 365–400) Die biophile Persönlichkeit entwickelt aufgrund ihrer Sozialisations- und Liebeserfahrungen

5 Gamm 1979, S. 46f., 98f.; Finkielkraut 1987; Buber 1962, S.115; Marcuse 1971, S. 195f.

6 1934a/GA, S. 85f.; 1973a/GA, S.140; 1933b/GA, S.93f.

ein väterliches und ein mütterliches Gewissen, so dass ,***Freiheit zu*** *Liebe*', Vernunft und Produktivität möglich wird. Liebesfähigkeit, die in der primären Sozialisation entwickelt worden ist, kann ihre Ausgestaltung auch in anderen Interaktionen erfahren. Die Ausdifferenzierung der liebesbetonten Charakter-Orientierung in den Bereichen der Erziehung, der Therapie und der atheistischen Religiosität möchte ich daher im Folgenden beispielhaft skizzieren.

Eine ähnliche Konzeption findet sich auch bei McAdams (1996). Für ihn sind liebesorientierte Menschen in der Lage, grundsätzlich zwischen vier verschiedenen Formen der Liebe zu unterscheiden: der erotischen Liebe, der Zuneigung, der Freundschaft, der Nächstenliebe. Intimität ist zwar der Liebe förderlich, aber nicht mit dieser identisch, da hierbei weitere Elemente hinzutreten.

Charakteristische Elemente der Formen der Liebe[7]

erotische Liebe (eros)	**Zuneigung (storge)**	**Freundschaft (philia)**	**Nächstenliebe (agape)**
Vereinigung	Vertrautheit	rationale und ruhige Form der Liebe zwischen Gleichgestellten	bedingungslose und selbstlose Liebe zur Menschheit
Idealisierung	Elternliebe	Intimität möglich	keine Instrumentalität
Eifersucht	freundschaftliche, natürliche und anspruchslose Form der liebe, die mit der Zeit wächst	gemeinsame Interessen/ gemeinsame Wahrheiten	fordert am wenigsten, ist am wenigsten selektiv
Intimität	Intimität möglich – aber nicht essentiell	Bewunderung/ Identifikation	vollständige Identifikation

Zentrales Merkmal der erotischen Liebe ist das Bestreben nach Verschmelzung, Einssein, d.h. der Überwindung der Trennung. Intimität kann der Liebe

7 Mc Adams unterscheidet liebesorientierte Individuen von machtorientierten. Typen liebesorientierter Menschen sind: der Liebende (Aphrodite), der Pfleger (Demeter), der Freund (Hera), der Ritualist (Hestia) vs.: der Krieger (Ares), der Reisende (Hermes), der Weise (Zeus), der Macher (Hephaistos) – folgende Typen verbinden Macht und Liebe: der Lehrer, der Heiler, der Humanist, der Berater, der Schlichter. Zentral für McAdams Identitäts- und Liebestheorie ist die zentrale Bedeutung der individuellen Lebensmythen/-geschichten. Ähnlich typisiert Riemann (1999, S. 11), hier unterscheidet er sexuell(-erotische) Liebe, platonische Liebe, karitative und Menschenliebe. Tabelle: Martina Möller.

förderlich sein, zielt aber primär um das Teilen des inneren Selbst und nicht auf das Auflösen des eigenen Selbst. Große Übereinstimmungen finden sich bei der „erotischen Liebe“, während die Mutterliebe und die „Nächstenliebe“ größere Parallelen verzeichnen.

Liebe und Erziehung

„Unter den Bedingungen der Schule als Agentur der Gesellschaft verkehrt sich die ‚Kunst des Erziehens‘, pädagogische Liebe, allzu oft in eine überfütternde Mütterlichkeit, die ihre Zöglinge nur zur endlosen Konsumption sinn(en)loser Lernhappen zwingt. Wie mit einem Nürnberger Trichter wird den Kindern Wissen ‚eingetrichtert‘. Allerdings wird nur das der jeweiligen sozialen Lage entsprechende Wissen, das dem zu erwartenden Arbeitsplatz funktional ist, investiert.“ (Fromm 1976a/GA, S. 301 f.)

Der Besitz von spezifischem, abprüfbarem Informationsgut ist entscheidend. Bewusstwerdung, die Illusionen zerstört, also Aufklärung im kritisch-produktiven Sinne, ist nicht beabsichtigt. Wissenspakete werden in mundgerecht vorfabrizierten Häppchen angeboten. Im Unterricht herrscht ein unverbindliches Parlieren vor, das die eigenständige Meinungsbildung eher verwirrt, als sie begründet zuzulassen. Der autoritätslose Meinungsmarkt entpuppt sich so als fremdbestimmte Symbiose.

Für Fromm öffnet sich jedoch auch eine produktive Alternative zum habenorientierten Lehr-Lern-Verfahren:

„‚Erziehen‘ bedeutet, dem Kind zu helfen, seine Möglichkeiten zu realisieren. [Das englische Wort „education“ = Erziehung kommt vom lateinischen „e-ducere“, was wörtlich soviel bedeutet wie „herausführen“ oder „etwas herausbringen, was potentiell bereits vorhanden ist“.] Das Gegenteil von Erziehung ist Manipulation, bei welcher der Erwachsene nicht an die Entwicklungsmöglichkeiten des Kindes glaubt und überzeugt ist, daß das Kind nur dann zu einem ordentlichen Menschen wird, wenn er ihm das, was er für wünschenswert hält, einprägt und alles unterdrückt, was ihm nicht wünschenswert scheint. An einen Roboter braucht man nicht zu glauben, weil in ihm kein Leben ist, das sich entfalten könnte.“ (1956a/GA IX, S. 513)

Produktive Bezogenheit als Erziehung zum Sein bedeutet jedoch Hilfe zur Verwirklichung der je kindlichen Subjekt-Potenzen und -Kompetenzen, die als im Kind potentiell vorhanden zur realen Aktualisierung zu führen sind (vgl. ebd.)

Er macht darauf aufmerksam, dass man „(e)rst seit relativ kurzer Zeit [etwa mit Friedrich Wilhelm August Fröbel und Maria Montessori] (…) zu erkennen [begann], daß ein Kind lernen will, wenn der Lernprozess selbst interessant ist“ (ebd. 1991b/NL 6, S. 146ff.), denn das Kind steht unter dem Eindruck eines starken Bedürfnisses nach Stimulation und optimaler Anregung.

Dabei gibt es Anklänge schon bei Jan Amos Comenius (1592–1670), der davon ausgeht, dass nur eine Erziehung, die „durchtränkt ist vom echt und tief durchlebten Sinn des Lebens, kann zum Leben erwecken." Eine solche Erziehung wird wieder „religiös" sein, auch wenn sie ganz unkirchlich sein sollte ... Sie wird „voll Ehrfurcht sein und voll Liebe" Ehe wir das nicht erkennen, bleibt es bei dem „leeren Kreislauf von Erwerb und Verbrauch"[8] (Arnhardt/Reinert 1996, S. 16.) In diesem Falle kann Schule als „Werkstatt der Menschlichkeit" gelten. (ebd., S. 17)

Auch die pädagogische Anthropologie des Johann Heinrich Pestalozzi (1746–1827) fußt auf (pädagogischer) ‚Liebe'.

„Es ist Pestalozzis Überzeugung, daß der Mensch nicht nur um seiner selbst willen in der Welt sei, daß er sich nur durch die Vollendung seiner Brüder vollende, und daß wir die eigentliche Form unserer Existenz erst dann erreichen, wenn wir am wenigsten für uns, am meisten für andere existieren. Erst im Für-andere-Sein kommt der Mensch zur wahren Individualität, zum Selbersein: Die Liebe ist das einzige, das ewige Fundament der Bildung unserer Natur zur Menschlichkeit." (Reinert [v. Carlsburg]/Arnhardt/Cornelius 1996, S. 153)

Die darin sich deutlich machende „sehende Liebe" stellt das metaphysische Zentrum des Menschen dar; die Einigung der menschlichen Zwiespältigkeit: Tier, bürgerlicher Halbmensch, göttlicher Funke in der (wahren) Menschennatur (vgl. ebd.). Bei Fromm hieße dies Ausbalancieren der existenziellen Dichotomien und Finden einer neuen, menschlichen Harmonie.

Bei Maria Montessori, die von Fromm (1991b/NL 6, S. 1993) als Zeugin moderner Erziehung herangezogen wird, ist die emotionale Beziehung zum Erzieher der zentrale Aspekt jeder Erziehung, diese muss von „Liebe" bestimmt sein, der „mächtigsten aller Emotionen, aufgrund derer menschliche Wesen voneinander angezogen werden und Beziehungen zu Personen und Objekten aufnehmen, die ihre grundlegendsten Bedürfnisse befriedigen." (vgl. Montessori 1977, S. 86)

Auch bei Janusz Korczak[9] finden sich utopische Anklänge und das Insistieren auf ‚Liebe' in der Erziehung. „Es kommt die Stunde, in der der Mensch sich erkennen, vor sich Achtung haben und sich lieben wird" (vgl. Korczak 1979, S. 93). Diese biophile Vorahnung nennt er den ‚Frühling des Lebens'.

In Martin Bubers Friedensphilosophie (1962; 1982) finden sich gleichfalls tief greifende Übereinstimmungen zu Fromm, was durchaus in der persönlichen Begegnung beider im freien Jüdischen Lehrhaus gegründet sein kann. (Wehr 1990, S. 12f.) Bubers Ich-Du-Philosophie umfasst Dialog, Gespräch und Begegnung.

8 ‚Haben' in der Frommschen Terminologie.

9 Korczak 1967; 1979; vgl. Biewend 1974; Kunz 1994; Klein 1996.

Diese Dialogbereitschaft und -fähigkeit zu fördern, war ein Hauptziel seines erzieherischen Humanismus. Er ging davon aus, dass das Ich auf sich allein gestellt nicht bestehen kann. Nur das Ich – Du schafft eine Welt der Beziehung, die sich als Gegenseitigkeit, Dialog und Begegnung offenbart. Der Dialog bzw. das Gespräch zielt auf die unmittelbare Verständigung zwischen Ich und Du ab auf Grundlage des Vertrauens. Die Voraussetzung für den Dialog ist die gegenseitige Hinwendung zum Partner und dessen Vergegenwärtigung. Buber nennt ‚Beobachtung', ‚Betrachtung' und ‚Innewerdung' die drei Möglichkeiten einen Menschen wahrzunehmen. Es ist nicht ausreichend, das Geäußerte zu akzeptieren, sondern es ist notwendig, den Menschen selbst anzunehmen. Das gegenseitige sich aufbauende Vertrauen erfüllt daraufhin das menschliche Verlangen nach Bestätigung. Grundmotive der Dialogphilosophie Bubers sind Bestätigung, Vertrauen und Verantwortung, diese werden stets als ein dialogisches Moment, nämlich der Verantwortung eines ‚Ich' für ein ‚Du' gesehen. Buber geht davon aus, dass das ‚Ich' ohne das ‚Du' beziehungs- und damit präsenslos ist. Um dem zu entgehen und damit Gegenwart für das Ich entstehen zu lassen, braucht das ‚Ich' das ‚Du'. Um die Beziehung zwischen ‚Ich' und ‚Du' in einer übergreifenden, neuen Qualität zu fassen, wird der Begriff des „wesenhaften Wir" einführt, der allerdings keine Entsprechung bei Fromm findet. Buber führt aus, dass zwischen den Gliedern des ‚Wir' eine ‚wesentliche Beziehung' besteht, Fromm würde dies ‚zentrale Bezogenheit' oder ‚Core-to core-relation' nennen. Das ‚Wir' schließt das ‚Du' potentiell ein. Nur Menschen, die zueinander wahrhaft ‚Du' sagen können, können miteinander wahrhaft ‚Wir' sagen. (vgl. Wolf 1992, S. 35–55; Buber 1962)

In Carl Rogers' personenzentrierter Haltung offenbart sich sensibles, aktives und konzentriertes tieferes Zuhören, wodurch das getrennte Individuum in Lage ist, sich aus seinem ‚Verlies' zu erlösen und in die „sonnigere Welt warmer zwischenmenschlicher Beziehungen" heraustreten zu können. (vgl. Rogers 1981, S. 23) Hierbei ist es wichtig, Verantwortung zu übernehmen, ohne das alter ego nach den eigenen Vorstellungen zu formen. Basis dieser einfühlsam, verstehenden Haltung ist *Echtheit/Kongruenz* der Person, gegründet in der Akzeptanz „bedingungsloser positiver Zuwendung". (ebd. 1981, S. 67) Rogers selbst weist auf die Nähe zu Buber hin, wenn er hymnisch die Tiefe einer wechselseitigen persönlichen Begegnung mit dem ästhetischen Genuss eines Sonnenunterganges vergleicht. (vgl. ebd., S. 29, 32) In der Schule aktualisiert sich diese Haltung als die Fähigkeit, Schüler/innen auf gleicher menschlicher Stufe zu sehen (ebd., S. 90, 137f.). Eine gewisse Differenz Fromms zu Rogers (Fromm 1991a/NL 5, S. 110f.) offenbart sich in einer Skepsis gegenüber der Gruppentherapie und der Intention, auch unbewusst wirkende Widerstände bearbeiten zu wollen. (ebd., S. 122)

Der von Fromm geschätzte Jean Piaget (ebd. 1991b/NL 6, S. 187) stellt fest, dass „(d)ie moderne Pädagogik (…) eine Kunst [ist], man kann sie nicht lernen, sondern nur weiterentwickeln, man wird als Pädagoge geboren,…Man wird es nicht, und auch der beste Methodikunterricht erschließt dem künftigen Lehrer nicht das Geheimnis des Kontaktes zu Kindern, wenn er Kinder nicht mag.“ (Piaget 1999, S. 147ff, 236)

Egozentrismus wird durch eine ‚Bezugslogik‘ überwunden, die durch gegenseitiges Verstehen, Vernunft, Neigung zur Kooperation, Self-government und eine *Erziehung zur Freiheit* in einer aktiven Schule gekennzeichnet ist.

Im Mittelpunkt der Frommschen Erziehungsphilosophie steht das Bild der *‚Freiheit in Liebe‘*. Und zwar nicht nur Freiheit von Zwängen, Indoktrinationen etc., sondern vor allem Freiheit zu entdecken, entscheiden und produktiver Liebesbezogenheit. Die Aufgabe des Lehrers, seine Schützlinge in Entscheidungsfragen nicht zu bevormunden, wurde bereits erwähnt. Denn nur durch diese Selbst-Autonomie kann ein Schüler Verantwortung und ein positives Selbstwertgefühl entwickeln, und in Folge dessen einen produktiven, biophilen Charakter ausbilden, sich uneingeschränkt aktualisieren und zu einem humanistischen Selbst-, Sozial- und Weltverständnis gelangen. Dies ist die eigentliche Essenz Frommscher Pädagogik (Cohen 1990).

Rationale Autorität, die in sachlicher Kompetenz, zeitlicher Begrenzung und ihrer humanistischen Zielrichtung gründet, besteht im Gegensatz zur herrschenden Praxis gerade in der Mitteilung eigener Existenz, was weitgehend Gordons Ich-Botschaften entspricht. Ungehorsam von Seiten des Schülers darf nicht stigmatisiert werden, wenn er in der Selbsttreue des Schülers zum eigenen Sein seine Ursache hat. (vgl. Fromm 1963d/GA IX, S. 367 f.). Die Bedeutung von rationaler, seinsbestimmter Autorität berührt dies nicht. Im Gegenteil: Gerade angesichts der bedrohten Einen Welt, einer weitgehend konsumistisch manipulierten Kindheit und einer mediengeprägten Umwelt ist sie mehr denn je vonnöten, um den heimlichen Lehrplan der Schule, Marktcharaktere hervorzubringen, zu unterlaufen.

Ungewöhnliches, lebendiges Lernen setzt die Herausforderung durch eine fleischgewordene und glaubhaft vorgelebte Idee in Gestalt des Lehrers voraus. (vgl. ebd. 1976a/GA, S. 293)[10] Identität kann sich in der Pubertät – und das ist die Situation von Schülern – nur an einem Nicht-Selbst ausbilden. Charakterentwicklung kann nur abgearbeitet werden in einer auch widerständigen dialogischen Beziehung. Dass Unterricht heute weitgehend gestörter Unterricht ist, ist auch auf eine

---

10 Vgl. auch: Adorno 1979, S. 95f., 107f.; Ziehe/Stubenrauch 1982; Bierhoff 1987, in: Claßen S. 95.

systemverursachte Kommunikationsstörung zurückzuführen.[11] Die existentiellen Bedürfnisse nach Bezogenheit, Transzendenz, Identität, Orientierung, Hingabe und Wirkmächtigkeit werden von der Institution Schule zu wenig berücksichtigt. Ein Angebot qualifizierter Anregung, Zuweisung von Selbst-Verantwortung, Vermittlung von Sicherheit und Geborgenheit sowie die Zulassung von Eigenständigkeit und Selbstverwaltung könnten hier grundlegende Veränderungen bewirken. Liebevolle Zuwendung und denkende, strukturierende (Seins-)Autorität (ebd. 1976a/GA II, S. 298) würden die männlich-weibliche Polarität in der schulischen Erziehung wieder dynamisieren. *Fördern und Fordern, Freiheit und Autorität* stünden wieder in *dialektischer Spannung*, allerdings mit der veränderten Zielrichtung, Heteronomie schrittweise in Autonomie zu überführen. Die bisherige, rein funktionale Erziehung zum Marketing-Charakter wäre dann produktiv verändert, wenn die kritische Herausforderung des Schülers durch den Lehrer das Empfangen und Beantworten des Gelehrten fördern würde. Die Flucht in den Konformismus wäre durch das Aufnahmen der Bedürfnisse des Schülers nicht mehr von zwingender Notwendigkeit. Erziehung zur Selbsterziehung aber, deren Ziel der freie Mensch ist, der Selbst-Denken gegen Manipulation und Ausnutzung setzt (ebd. 1989a/NL 1, S. 118), führt nach Fromm zum Wohl-Sein. Dies ist die Fähigkeit, die Realität angemessen wahrzunehmen, zu lieben und schöpferisch tätig zu sein, das Erleben des Selbst als Subjekt und Urheber eigener Kräfte. (1955a/GA IV, S. 144f.) Diese Humanisierung der Schule schließt Mut zum Sein und Leben - Lernen ein. Der produktive Lehrer muss in der Lage sein, die in der Schule auftretenden Antinomien ausgleichend auszubalancieren.[12]

Bewahren und Verändern, Belobigen und Bestrafen, Fördern und Fordern, Offenhalten und Fertigen, Verstehen und Widerlegen, Spielen und Arbeiten, Lieben und Begrenzen, Weichen und Standhalten, Zuwenden und Distanzieren sind Elemente einer biophilen Bildung, die in einem übergreifenden Zusammenhang produktiv vermittelt werden müssen. (vgl. Winkel 1988, S.147f.) Ansteckende Lebendigkeit, Personenzentrierung und problemformulierende Bildungsarbeit (Fromm 1968a/GA IV, S. 342) sind Conditio sine qua non einer Wachstumspädagogik der ‚Liebe zum Lebendigen'. ‚Ehrfurcht vor dem Leben'. (ebd. 1975c/GA V, S. 329f.) führt zu dem Ziel, eine menschengerechte Umwelt zu erhalten (1956a/GA IX, S. 469) Unter Ablehnung einer egozentristischen Wachstumsideologie, die Freiheit mit Zügellosigkeit verwechselt (vgl. 1970i/GA IX, S. 411), stützt sich die

11 Vgl. Rosemann 1979; Kümmel 1978; Singer 1973; Brunner u.a. 1978, Winkel 1988, S. 84f.

12 Vgl. Hentig v. 1976; Hernandez 1977; Singer 1981, Bierhoff 1985.

kritisch-humanistische Erziehung im Sinne Fromms auf eine humanistische Ethik und Anthropologie. Der fortschreitenden technokratischen Selbstzerstörung unserer Innen- und Außenwelt, der Innen- und Umweltverschmutzung, die doch nur Formen von nekrophiler Destruktivität sind, wollen biophile Bildung und humane Erziehung entgegenwirken.[13]

Liebe und Therapie

Diese nicht-erotische Liebeshaltung beinhaltet den Versuch, eine ‚Bezogenheit aus der Mitte' zu wagen. Akzeptierende Erkenntnis und Verantwortung zielen auf die Beseitigung von Rationalisierungen, Illusionen und Verdrängungen beim Klienten. Entscheidend ist, dass der Beratende die Kunst des Zuhörens beherrscht, um emotionale Widerstände wahrnehmen zu können. Durch spontanes Verstehen der therapeutischen Situation, in der das Vergangene auf die Gegenwart übertragen wird (vgl. 1955e/GA VIII, S.6f.), gelingt es dem therapeutischen Berater, sein Gegenüber intensiv zu erfassen. Denn er „muß eins mit ihm werden und zugleich seine Getrenntheit und Objektivität beibehalten, so daß er formulieren kann, was er in diesem Akt des Einsseins erfährt". (1957a/GA VIII, S. 26) Dieses intuitive Erfassen wird durch verstandesmäßige Einsichten vorbereitet, aber nicht ersetzt. Die lebendige, spontane Gesprächshaltung beinhaltet ein aktives Zugehen auf den Klienten. Durch eine reale Beziehung im Hier und Jetzt empfindet der therapeutische Berater in seinem Innern das, was der Ratsuchende undeutlich in sich spürt. Er ist beobachtender Teilnehmer, nicht nur „Chirurg" oder „Spiegel". (vgl. Bacciagaluppi 1988; Wehr 1991, S. 169f.) Tiefes Verstehen heißt, zur Empathie für andere Menschen fähig und stark genug sein, das Erleben des anderen so zu spüren, als ob es das eigene wäre. Eine solche Empathie setzt die Fähigkeit zu lieben voraus. Einen anderen Menschen zu verstehen, bedeutet, ihn zu lieben, nicht im erotischen Sinne, sondern so, dass er den anderen erreichen kann und seine Angst überwindet, sich selbst dabei zu verlieren. (Fromm 1991a/NL 5; S. 225f.)

Verstehen und Lieben lassen sich nicht voneinander trennen. Werden sie dennoch voneinander getrennt, kommt es nur zu einem verstandesmäßigen Prozess, und die Türe zum wirklichen Verstehen bleibt verschlossen. (ebd.)

„Verstehen" wird durch Traumdeutungen (ebd. 1972a/GA IX, S. 247; 1991a/NL 5, S. 140ff.) präzisiert und verfeinert. Aktives Zugehen auf den Klienten reduziert die narzisstische Wirklichkeitsverzerrung. Der Ratsuchende gerät leicht in Gefahr, die Beratung durch eine Art Vereinbarung (vgl. 1970c/GA VIII, S. 48f.) so zu entschärfen, dass die Beteiligten mit kleinen Besserungen zufrieden sind.

13 Vgl. Huschke-Rhein, in: Claßen 1987, S. 43f.

Eine reale Herausforderung, ein qualitativ neues Erlebnis, kommt so allerdings nicht zustande, weil die Distanz von Therapeut und Klient nicht überwunden wird. Therapie wird hier zur Anpassung. Das Ziel, das die therapeutische Liebe verfolgt, nämlich das individuelle Wachstum des Gegenüber zu fördern, um dessen Liebesfähigkeit, Vernunft und Produktivität zu steigern, verschwimmt in quasiharmonischen Illusionen. (vgl. 1957a/GA VIII, S. 23; 1989a/NL, S. 75f.)

Anknüpfungspunkt könnte demgegenüber die Position eines „guten Elternteils" sein. Das deutlich werdende Engagement der Therapeuten kann die verzerrte Selbstwahrnehmung objektivieren helfen. Unproduktive Charakterorientierungen können durch liebesbezogene Desillusionierung abgeschwächt werden. (vgl. 1947a/GA II, S. 74 f.) Den letzten Schritt humanistischer Therapie kann und muss jedoch der Ratsuchende selbst gehen. (vgl. 1957a/GA VIII, S.25; 1989a/NL, S. 118) Den Weg zum Selbst muss jeder individuell finden, nachdem er sich der stützenden Krücken der Therapie entledigt hat.

Liebe und Religion

Nachdem die Mehrzahl der Krücken, d.h. die Illusionen, Rationalisierungen, Vorurteile, Fluchttendenzen und Abwehrmechanismen, abgeworfen sind, kann es dem Individuum gelingen, seine existentiellen Dichotomien bewusst wahrzunehmen. Die Erkenntnis der eigenen widersprüchlichen Existenz drängt es dann nach einer Antwort auf die Frage nach dem eigenen Sein. Gottesliebe als intensives Gefühlserlebnis des Einsseins ist an einen rationalen Glauben geknüpft (vgl. GA VI), der im eigenen humanistischen Gewissen wurzelt. Religiöses Wohlsein ist die Ablehnung von Narzissmus und Haben-Orientierung nur durch die Freiheit eines tätigen, kritischen und selbstverantwortlichen Subjektes zu erzielen. (vgl. 1941a/GA I, S. 217 f.; 1960a/Ga VI, S. 312ff.) In der mystischen Liebe gilt der Satz: „Gott, das bin ich, insofern ich menschlich bin." Für Fromm gilt Gott als das Symbol der Prinzipien, Gerechtigkeit, Wahrheit und Liebe, als das Prinzip der Einheit hinter der Mannigfaltigkeit. Für ihn ist dies nicht an einen persönlichen Gott gebunden – im Gegensatz zu den monotheistischen Religionen des Judentums, des Christentums und des Islams, die dies als Grundlage ihres Glaubens ansehen.

Religiös-mystische Liebe ist für Fromm zutiefst mit der menschlichen Natur verbunden. Die existentiellen Bedürfnisse nach Transzendenz, Hingabe und Orientierung werden für Fromm durch die religiös-mystische Liebe befriedigt. Das humanistische Gewissen, kann dann Wohl-Sein erreichen, wenn produktive Selbsterfahrung mit liebesbezogener Interaktion und biophiler Ethik verknüpft werden. Dies zu fördern ist Aufgabe einer humanen Gesellschaft.

Es bleibt freilich zu fragen, inwiefern Fromms Differenzierung zwischen einem „rationalem“, d. h. humanistischen, biophilen Glauben und einem „irrationalen“ Glauben der Autoritätshörigkeit, wie ihn Judentum, Christentum und der Islam verkörpern, tragfähig ist. Gemessen an den Postulaten der Kritischen Theorie, denen sich Fromm bis weit in die dreißiger Jahre verpflichtet fühlte, ist seine Hinwendung zur Religiosität, die sich Ende der vierziger Jahre – wohl auch unter dem Einfluss seiner zweiten Frau Henny – abzeichnet, höchst ungewöhnlich. Die Sehnsucht nach einer Versöhnung des Menschen mit der Schöpfung scheint stellenweise die Oberhand über den Primat radikaler Gesellschaftsanalyse gewonnen zu haben. Kritische Stimmen haben nicht ohne Berechtigung vermerkt, dass Fromms religiöse Liebe einem Deus ex machina gleicht.

„Dieser Glaube, in dem Fromms Gesellschaftskritik unweigerlich aufgeht, transzendierte die Misere der Vermarktung und Manipulation des Menschen immer dort, wo ihm keine rationale Alternative greifbar scheint.“ (Knapp 1982, S. 43)

Die Liebe zum Leben: ‚Sein statt Haben‘

Ausgangspunkt für Fromms gesellschaftskritische Analysen sind die sozioökonomischen Grundstrukturen der Gesellschaft, die durch profitorientierten Kapitalbesitz gekennzeichnet ist. Die Durchdringung der Gesellschaft durch den Einsatz von Computern in fast allen Bereichen hat jedoch seit den sechziger Jahren zu einer qualitativen Veränderung des Kapitalismus geführt. War ehedem die Konkurrenz relativ gleichwertiger Anbieter von Waren oder Dienstleistungen auf dem Markt dominant, so haben Computer im Zusammenhang der beschleunigten Konzentration und Monopolisierung die Produktionsbedingungen entscheidend verändert. Die Megamaschine des Superkapitalismus (vgl. Fromm 1955a/GA IV, S.159f.) erfasst durch die Ausweitung des Marktes von Angebot und Nachfrage fast alle Lebensbereiche. Ökonomisches Nutzdenken dringt in ehemals ‚zwecklose‘ Bereiche ein: Kunst, Theater, Musik, Wissenschaft und Religion.

Die Verbindung von Technik, die zum Selbstzweck wurde, und Managerkapitalismus (vgl. ebd. 1960b/GA V, S. 19 f.) spaltet die Gesellschaft. Auf der einen Seite Manager mit ökonomischer und bürokratischer Macht, auf der anderen Seite die Masse der Bevölkerung, deren Möglichkeit zu einer befriedigenden und effektiven Nutzung von persönlicher Initiative, Intelligenz und Motivation tendenziell immer stärker beschränkt werden. Der Prozess der Ent-Individualisierung in bürokratischen Apparaten lässt das einzelne Subjekt zur praktischen Bedeutungslosigkeit schrumpfen. (vgl. 1976a/GA II, S. 348) Die Sachzwangideologie, die die realen, anonymisierten Machtstrukturen verschleiert, formt im Bereich ihres Wirkens Qualität zu Quantität um. Individuelle Eigenheit wird nur noch unter dem Gesichtspunkt massenhaften, standardisierten Auftretens zugelassen. Das Besondere verschwindet unter dem Eindruck des gesellschaftlich Allgemeinen. Denn auf den monopolisierten Märkten entscheidet nur das Massen-Angebot. Der Zwang, das Kapital auf dem globalen Markt in Profit umzuwandeln und sich gegen andere Global Player in der Konkurrenz zu behaupten, führt zu Konzentrationsbewegungen und Überproduktion. Hier gilt noch Charles R. Darwins (1809–1882) These, dass der Stärkere sich behauptet – und der Stärkste über das größte Angebot auf dem Markt verfügt.

Die darin wirkende, rein ökonomische Denkweise führt aufgrund ihrer Verabsolutierung dazu, dass Unternehmensleitungen über den Faktor „Arbeit", also arbeitende Menschen, wie über den Einsatz von Maschinen entscheiden. (vgl. 1941a/GA I, S. 287) Das arbeitende Individuum wird unter dem Einfluss des in der Vergangenheit gehorteten, toten Kapitals zum Instrument von wirtschaftlichen Verwaltungsakten. Das Diktat von Bilanzierung, Effizienz und Profit zerschneidet die sozialen Bezüge zwischen den Entscheidenden und Arbeitenden. Der Markt entscheidet über den Wert des Individuums. Unter dem Zwang, seine Arbeitskraft verkaufen zu müssen, um seinen Lebensunterhalt bestreiten zu können, übernimmt das bedeutungslos gewordene Individuum das Tauschprinzip, denn besitzorientiertes Haben, also totes Eigentum, bedeutet auf dem Markt Macht, Einfluss und Anerkennung. Diese (Ver-) Tauschung innerer Charakterorientierungen stabilisiert zumindest oberflächlich das Selbstwertgefühl. Allerdings empfindet sich das Individuum selbst als Ware. Da die „existentielle Besitzstruktur" einer Zwiebel mit vielen äußeren Schichten, aber ohne Kern gleicht (vgl. 1976a/GA II; S. 348), wird der Mensch zu einem Bündel von Begierden, das mit seinen unbegrenzten Konsumwünschen die innere Leere überdeckt. Zwar bedeutet der „freie" Markt auch eine gewisse Befreiung von verkrusteten, autoritären Strukturen. Diese wird jedoch durch Unsicherheit erkauft: Arbeitslosigkeit und Enteignung durch Inflation. Die Befreiung von überholten Zwängen bei gleichzeitiger Bedrohung durch anonyme Marktmacht machen das Individuum bereit zur „Teamarbeit", zum Funktionieren als Rad im Getriebe einer „gesunden Wirtschaft" – zuungunsten des eigenen ‚Wohl-Seins'.

So entwickelt sich im Wechselspiel zwischen ökonomischen Bedingungen und psychischen Momenten die Haben-Struktur der Gesellschaft, die auf den Prinzipien von Privateigentum, Profit und Macht (vgl. 1976a/GA II, S. 320) beruht. Dieser „technokratische Faschismus mit lächelndem Gesicht" (1976a/GA II, S. 280) widerspricht durch seine Natur zerstörenden Impulse humanen Existenzbedingungen. Der darin wirksam werdende Eroberungsdrang gegenüber

Mensch und Natur enthält große Anteile von Nekrophilie, hier in Gestalt von leidenschaftlicher Bezogenheit auf Mechanisches und Technisches. Die Entwicklung zur Haben-Struktur der Gesellschaft sieht Fromm in Parallelität zur Festigung des Privateigentums. So beruhte das Eigentum ursprünglich sicher auf dem existentiellen Wunsch, selbsttätig zu sein und sich aus der primären Bindung, also aus der Umklammerung durch die Natur, zu befreien. Die Freiheit des produzierenden wirtschaftlichen Handelns (vgl. 1989a/NL 1, S. 42) diente der Individuation, der Personwerdung des Menschen, war mithin ein Akt der Vernunft. Das Haben von Dingen, die man besitzen konnte, verschaffte Sicherheit vor Hunger, Armut und sozialer Abhängigkeit, stand im Dienste des physischen, biologischen Überlebens, das ja auch heute nicht überall gewährleistet ist.

Allzu schnell jedoch entwickelte sich in patriarchalen Kulturen eine Ideologie zum Schutz des Eigentums. Und mit der Macht des Besitzes entwickelte sich auch die Macht über Menschen. Somit pervertierte sich die Fähigkeit, potent, d.h. wirkungsvoll zu handeln, in die Beherrschung (vgl. 1941a/GA I, S. 312f.) von Dingen und Menschen. Für die Nicht-Potenten, Nicht-Besitzenden wurde der Individuationsprozess gestoppt. Der Selbstbestimmungsimpuls wurde negiert. Die konformistische, unterwerfende Anlehnung an den potenten Mächtigen wurde zur einzigen Möglichkeit, die eigene Machtlosigkeit zu ertragen und wenigstens sekundär – auf Umwegen – bedeutend zu werden. Fromm sieht die ersten Ansätze zur Entwicklung der Haben-Struktur in der jungsteinzeitlichen Revolution, in der aus Jägern und Sammlern Ackerbauern und Viehzüchter wurden. Am Anfang dieser Entwicklung gelang es noch, den Nahrungsmittelüberschuss unter matrizentrischen Gesichtspunkten gleichberechtigt aufzuteilen. (vgl. 1930d/GA VIII, S. 135 f; 1973a/GA VII, S. 135ff.) Die Organisatoren der Lagerhaltung konnten sich hierbei Teile der Mehrproduktion für die eigene Besitzbildung aneignen. Die Ungleichheit der Arbeitsteilung schlug sich dergestalt in der Ungleichheit des Besitzes nieder. In den Städten, die sich in den Hochkulturen zuerst ausprägten, führte die stärkere Organisationsmacht zu einer strengeren Teilung der Bevölkerung, so dass sich Klassen voneinander schieden. Der soziale Prozess der patriarchalen Klassenspaltung war eng verwoben mit der Aneignung und Organisation neuer Techniken, wie z.B. der Entwicklung der Keramikproduktion, der Eisenerzverhüttung und verbesserter Agrartechnologie. Auch der Tauschhandel und die religiösen Kulte verfestigten diesen Trend, der infolge von wirtschaftlicher und staatlicher Autorität dem Patriarchat zum Durchbruch verhalf. (vgl. 973a/GA VII, S. 143f.) Der Krieg, als eine Folge der Besitz-Macht-Struktur, zeigte die sadistische und nekrophile Komponente dieser Entwicklung auf.

Diese patriarchalen Herrschaftsstrukturen haben sich für Fromm qualitativ erst wieder in der Renaissance und Reformation in Europa grundsätzlich verändert. Die Befreiung von veralteten Weltbildern und Ordnungsvorstellungen (Gilde, Zunft) beförderte den Individuationsprozess. Dies wurde jedoch durch das Zerbrechen alter, primärer Sicherheiten mit steigender Isolation bezahlt. Als Ausweg aus dieser Verunsicherung bot sich die Unterwerfung unter den anonymen Markt an. Das Geld, genauer das Handelskapital, konnte sich als überpersönliche Macht anstelle ‚Gottes' festsetzen. Die Angst vor der feindlichen Welt des Marktes und dem Konkurrenzkampf legte es jedoch nahe, die Gnade eines Gottes zu suchen, dessen Wohlwollen am wirtschaftlichen Erfolg ablesbar und durch eine asketische Arbeitsmoral als „gottgefälliges Werk" zu erringen war.[14] Männliche Macht konnte sich zur Zeit der Renaissance in Gestalt des draufgängerischen Einzelgängers (Principe, Condottiere oder Handelsherr) des Eigentums und der staatlichen Gewalt versichern. Den politisch Ohnmächtigen blieb nur die Möglichkeit, ihre gesellschaftliche Machtlosigkeit durch repressives Verhalten in der Familie zu kompensieren. Vielfach bestand die einzige ‚Macht' des Bürgers der Renaissance darin, seiner Familie seinen Willen aufzuzwingen. Dieses autoritäre Verhalten wurde von den Kindern verinnerlicht. Die Gewalt der Ausbeuter fand somit in der Psyche der Individuen einen geeigneten Nährboden. Die Ausbeutung des Schwächeren durch den Stärkeren galt als „natürlich". Der Kreislauf der Ausbeutung, der Männer, Frauen und Kinder erfasste, war in Gang gesetzt, denn die Schwächsten, die Kinder, gaben das erlernte Verhalten als Erwachsene weiter. (vgl. 1976a/GA II, S. 321)

Die weitere technische und gesellschaftliche Entwicklung in Form der Industriellen Revolution und der Computerisierung führte die grundsätzliche Haben-Struktur fort, anonymisierte jedoch die Autorität des Mannes und überführte sie in die Macht der bürokratischen Megamaschine.[15] Hierbei wirkte die Familie als „Agentur der Gesellschaft", indem sie unmerklich den Willen des Menschen gesellschaftsfunktional formte. Die Anpassung des kindlichen Sozialcharakters an die Zivilisationsschablone geschieht nach wie vor durch das Einprägen von Orientierungsmustern des Habens. Irrationale Autoritäten und symbiotische Mutterbindungen gewährleisten die Leistungsfähigkeit des „Normalen". Kindliche Spontaneität und Entfaltung werden tendenziell verunmöglicht. Fromm sieht die psychischen Folgen der Haben-Struktur mit maximaler ökonomischer Effizienz, Produktionsmaximierung und maximalem Konsum in den Symptomen eines schrankenlosen Egoismus und Luststrebens

---

14 Vgl. Horkheimer/Adorno 1973; Marcuse 1978, S. 55ff.; Wittfogel 1972; Fromm 1973a/GA VII, S. 115ff., 1941a/GA I, S. 231ff.

15 Vgl. Bloch 1974, S. 802ff.; Marcuse 1970, S. 37f.; 1971, S. 154; 1972, S. 245f.

(*Hedonismus*). Dass hierbei auch Elemente des autoritären Charakters erhalten bleiben, erkennt Fromm an der Absonderung und Diskriminierung von Minderheiten und Randgruppen. Die irrationale Autorität, der man sich nicht erwehren kann, wird auf andere Gruppen verschoben. Das Ohnmachtgefühl wird aggressiv gewendet und sekundär befriedigt. Es handelt sich jedoch um eine Fluchttendenz, die in der Angst ihren Ursprung hat. Gegen das Leiden an der Identitätskrise bietet der Persönlichkeitsmarkt eine Vielzahl konsumtiver Scheinlösungen an. Der Versuch, der Langeweile mit Zeiteinsparungen und Zeittotschlagen zu begegnen, muss jedoch scheitern, weil die Angst vor dem Tod, dem Ende der individuellen Zeit, verdrängt werden muss. (vgl. 1976a/GA II, S. 359 f.; Gamm 1978, S. 46f., S. 160f.)

Wissen wird in der kapitalorientierten Gesellschaft des Habens zum Anhäufen von Wissenspaketen, das nicht mehr der Selbsterkenntnis dient, sondern der Selbstdarstellung auf dem Persönlichkeitsmarkt. Lernen degeneriert zum mechanischen Wiederkäuen von Informationen. Auch das Gespräch (vgl. Fromm 1976a/GA II, S. 269 f.) verkommt zum Austausch von Informationen über Status- und Imagedetails. Der authentische Dialog, der subjektives Befinden mitteilen könnte, wird auf Trivialitäten und Belanglosigkeiten reduziert. So wirken die Produktions-Konsumtions-Signale als Verdinglichungsmechanismen. Identität wird durch das Haben und Konsumieren von „Markterzeugnissen“ begründet. Konsum verlängert die Attraktivität der Unfreiheit, indem ein falsches Gefühl von Stärke vermittelt wird. Die wirtschaftlichen Systemerfordernisse nötigen zur Bedürfniserzeugung über Werbung und Suggestion. Werbemanager zelebrieren als „neue Priester“ (ebd. 1976a/GA II, S. 329) den Götzendienst an selbstfabrizierten, technischen Produkten. Der Konsum wird zum rituellen Akt. Hinter den Suggestionen der Werbung droht das Gespenst des sozialen Ausschlusses, lockt die phantasierte Kompensation des Mangels an Liebesfähigkeit und Selbstverwirklichung. (vgl. 1941a/GA I, S. 285f.)

Da es sich um eine Überkompensation der mangelnden Befriedigung existentieller Bedürfnisse handelt, verzerrt sich die Selbst- und Fremdwahrnehmung. Der „glückliche Konsument“ ist ein passiver, isolierter Mensch, der seine Depression durch Gier irrational und zwanghaft ausleben will. Geschäftiges Vergnügen, nicht produktive Selbsttätigkeit erwachsen daraus. Fromm bezeichnet den „zwanghaften Konsumenten“ auch als Narziss, der nur von sich selbst angefüllt, nur an eigenen Interessen orientiert ist und jede Leidenschaft auf sich selbst lenkt, wobei er um sich herum eine unsichtbare Mauer der Selbst-‚Sucht‘, nicht der Selbst-‚Liebe‘ zieht. (1939/1994, S. 177f; 1989a/NL 1, S. 153) Er will die ganze Welt, so wie er sie verzerrt sieht, in etwas verwandeln, was sein Eigen ist. (vgl. 1989a/NL 1, S. 149) Das Haben schließt den anderen aus. (Marcuse 1971, S. 106) Mit diesem Selbstbesitz, der in Selbstisolation gründet, geht eine unbewusste Feindseligkeit gegenüber den Konkurrenten einher. Fromm spricht in diesem Zusammenhang von einer schwachen chronischen Schizophrenie (vgl. 1968a/GA IV, S. 289f; 1991b/NL 4, S. 59f.), die Denken und Fühlen voneinander trennt. Das Angezogensein vom Technisch-Mechanischen, die Nekrophilie, hat hier ihre Wurzel. Damit ist der Kontrapunkt zur Liebesbezogenheit erreicht, Destruktivität und Fluchten vor der Freiheit nichtproduktiver Charakterorientierungen. Hier ist nur Gleichgültigkeit oder Liebe haben realisierbar.

Für den produktiv-kreativen, liebesfähigen Charakter hat ‚Liebe leben' eine existenzielle Bedeutung. Gerade im Akt des Liebe-Schenkens erlebt er/sie eigene vitale Stärke, eigenen Reichtum. Dieses Erlebnis gesteigerten Vitalität und Potenz erfüllt mit Freude. Im Bereich des Materiellen bedeutet geben reich zu sein. Nicht der ist reich, der viel hat, sondern der, welcher viel gibt. Der Hortende, der ständig Angst hat, etwas zu verlieren, ist psychologisch gesehen ein armer Habenichts, ganz gleich, wie viel er besitzt. Wer dagegen die Fähigkeit hat, anderen etwas von sich zu geben, ist reich. Er erfährt sich selbst als jemand, der anderen etwas von sich abgeben kann. Indem er anderen etwas von seinem Leben abgibt, bereichert er, steigert beim anderen das Gefühl des Lebendigseins und verstärkt damit das Gefühl des Lebendigseins auch in sich selbst. Er gibt nicht, um selbst etwas zu empfangen. Zum Liebe Verschenken gehört, dass es auch den anderen zum Geber macht. Liebe ist eine Kompetenz, die Liebe erzeugt. Impotenz ist die Unfähigkeit, Liebe zu erzeugen. Hier zitiert Fromm Karl Marx (1818–1883):

„Setze den Menschen als Menschen und sein Verhältnis zur Welt als ein menschliches voraus, so kannst du Liebe nur gegen Liebe austauschen, Vertrauen nur gegen Vertrauen etc. Wenn du die Kunst genießen willst, musst du ein künstlerisch gebildeter Mensch sein; wenn du Einfluss auf andere Menschen ausüben willst, musst du ein wirklich anregend und fördernd auf andere Menschen wirkender Mensch sein. jedes deiner Verhältnisse zum Menschen und zu der Natur muss eine bestimmte, dem Gegenstand deines Willens entsprechende Äußerung deines wirklichen individuellen Lebens sein. Wenn du liebst, ohne Gegenliebe hervorzurufen, das heißt, wenn dein Lieben als Liebe nicht die Gegenliebe produziert, wenn du durch eine Lebensäußerung als liebender Mensch dich nicht zum geliebten Menschen machst, so ist deine Liebe ohnmächtig, ein Unglück". (1956a/GA IX, 454f.)

Die Überwindung der sozialen Isolation und existentiellen Einsamkeit kann demnach nur durch Transzendenz des Egos durch Bezogenheit verbunden sein. „Selbstentäußerung" nennt Riemann (1999, S. 11) dieses Schranken überwindende wohlwollende Zuwenden. ‚Liebe' wird so zur Konstruktion konsensueller, gemeinschaftlicher sozialer Realität von Mit-Menschlichkeit und ist demnach die Via regia zur individuellen Selbst-Verwirklichung in autonomer Selbstbestimmung und Kreativität, zur „Liebe zum Leben"[16] („Biophilie"), womit Fromm eine „bestimmte Lebensqualität", eine Charakter-Haltung meint:

„Die Biophilie ist die leidenschaftliche Liebe zum Leben und allem Lebendigen; sie ist der Wunsch, das Wachstum zu fördern, ob es sich nun um einen Menschen, eine Pflanze, eine Idee oder eine soziale Gruppe handelt. Der biophile Mensch baut lieber etwas Neues auf, als dass er das Alte bewahrt. Er will mehr *sein*, statt mehr zu *haben*. Er besitzt die Fähigkeit, sich zu wundern, und er erlebt lieber etwas Neues, als dass er das Alte bestätigt findet. Das Abenteuer zu leben ist ihm lieber als Sicherheit. Er hat mehr das Ganze im Auge als nur die Teile, mehr Strukturen als Summierungen. Er möchte formen und durch Liebe, Vernunft und Beispiel seinen Einfluss geltend machen - nicht durch Gewalt und dadurch, dass er die Dinge auseinander reißt, nicht dadurch, dass er auf bürokratische Weise die Menschen behandelt, als ob es sich um tote Gegenstände handelte. Da er Freude am Leben und allen seinen Manifestationen hat, ist er kein leidenschaftlicher Konsument von frisch verpackten „Sensationen". (1973a/GA VII, S. 331) Denn das Leben ist für Fromm strukturiertes Wachstum und seinem innersten Wesen nach nicht streng zu kontrollieren und vorauszubestimmen." (vgl. 1964a, GA II, S. 194) „Wer das Leben liebt, fühlt sich vom Lebens- und Wachstumsprozeß in allen Bereichen angezogen." (1964a, GA II, S. 186)

So ist als Zielsetzung eine ***Kultur der Wertschätzung*** und demokratischen Partizipation intendiert, symbolisiert im Begriff der Biophile, der Lebensliebe, der Lebenskunst[17].

---

16 Vgl. Fromm 1941a/GA I, S. 285f.; 1968a/GA IV, S. 257f.; 1970i, GA IX, S. 416f.; 1976a/GA II, S. 359f. 1964a/GA II, S. 179f. vgl. auch Horney Eckardt: Fromm's Concept of Biophilia 1990 und Becker 2008.

17 Dass Liebe und Lebenskunst sehr viel miteinander zu tun haben, macht das Bild deutlich, das Wilhelm Schmid (1998) symbolhaft für Lebenskunst hält (lat. ars vivendi, französisch Savoir-vivre), das Bild des amerikanische Malers Edward Hopper (1959) mit dem erstaunlichen Titel „Exkursion in die Philosophie". (Archiv Wehr; http://wirtschaft.wikispaces.com/Philosophie+undWirtschaftskrise [12.06.2014]). Die halb nackte Frau auf dem Bett wendet dem auf dem gleichen Bett sitzenden Mann den Rücken zu. Die Differenz zu Matisses Tanz (des Lebens) ist frappant. Lebenskunst hieße demnach auch „Liebeskunst", in dem Sinne, dass Individuen in Kon-Takt zueinander gelangen, sich aus dem „Gefängnis der Isolation" befreien und einander zu-wenden. Vgl. Werner Eichinger, „Philosophie der Lebenskunst". Anleitung zur Selbstinszenierung oder Provokation zum produktiven Leben? Vortrag, auf der Tagung „Authentisch leben. Die Postmoderne und Erich Fromms Auffassung vom Menschen" gehalten, die vom 30. Mai bis 1. Juni 2003 in Bad Boll stattfand. Erstveröffentlichung in: Fromm Forum, deutsche Version (2004) 8, S. 34–39.

Die Liebe zum Leben, das Leben als Kunst, die Kunst des Lehrens und Lernens (Didaktik, Mathetik), Bildung – im Gegensatz, zu Erziehung als lebenslanger Prozess (LLL) –, die selbst-verantwortet und selbst-verantwortlich zur Vorbereitung auf das Leben hin vermittelt werden muss, beginnend mit mehr Investitionen für die Ausbildung und die Unterrichtung unserer Nachkommen, unsere Aussaat, unser Weizenkorn der Zukunft. (vgl. Jean Paul 1894, S. 124)

Das grundsätzliche Ziel einer *‚reflexiv-modernen'* zukunftsorientierten Lebensbildung (v. Carlsburg/Möller 2013) steht im Zeichen von Autonomie (Mündigkeit): Die Befähigung zu vernünftiger Selbstbestimmung und Solidaritätsfähigkeit, die Gewinnung von Individualität und Soziabilität, eine allgemein gültige, d.h. gleichwertige Basisausbildung, Vielseitigkeit bzw. Anpassungsfähigkeit, Ausbildung eines Selbst- und Weltverhältnisses, Kulturfähigkeit für jedes Individuum unserer Gesellschaft.

Epilog

Als Epilog einer *Erziehung zur Liebe*, zur Valorisierung des Anderen und sich selbst sollen einige Schlüsselbegriffe bezüglich einer zukunftsorientierten *Comenianischen* Bildungstheorie dargestellt werden. (vgl. Gudjons 2001, S. 205)

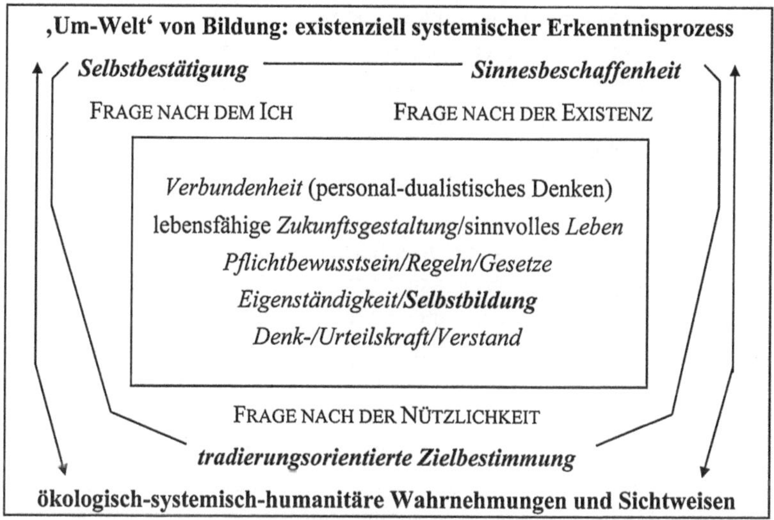

Somit muss der Bildungsbegriff als Comenianisches Bildungsgut folgenden Ansprüchen gerecht werden:

Bildung ist im Gegensatz, zu Erziehung ein *lebenslanger Prozess,* der im *selbst*verantworteten Denken, Handeln und Verhalten sowie *selbst*verantwortlich auf die lebens*bejahende* Zukunft hin gestaltet werden muss.

Bildung lässt sich nicht garantieren – sie ist letztlich ***Selbstbildung*** (Menschen-, Selbst-Bild) und *Selbstfindung*, womit die jeweilige Bedürfnislage in ihrer Ganzheit bedeutend wird. Die Verantwortlichkeit der Lernprozesse liegt damit beim Lerner – die Verantwortung der Lehrprozesse liegt bei den Lehrenden, den Eltern und unterstützend bei der Institution Schule.

Bildung muss vielseitig, differenziert und individualisiert sein sowie durch eine vorgelebte kommunikative Enkulturation, Erziehung und Sozialisation strukturiert werden, um allen Lebenslagen gerecht zu werden im Sinne einer ‚Hilfe zur Selbsthilfe' im Pestalozzischen Diktum – womit gezielt auf die *Trias von Erziehung/Unterricht, Bildung/Ausbildung und Enkulturation/sozialer Kompetenzerwerb* verwiesen werden soll.

Nicht von ungefähr soll hier Jan Amos Comenius (1592–1670) rekurriert werden. Über ihn reflektiert Wilhelm Dilthey (1833–1911) folgendermaßen:

„Comenius erstrebt die Beglückung des ganzen Menschengeschlechts durch die Erziehung. Dies fordert eine Methode des Unterrichts und ein alle Klassen der Gesellschaft umfassendes System von Schulen. […] Die Erziehung entwickelt nur, was in dem Menschen eingehüllt vorhanden ist. Ebenso ist der Weg der Entwicklung dieser Anlagen durch die Regeln der Natur bestimmt." (Dilthey 1974, S. 161)

Als Überschrift des VI. Kapitels der Großen Didaktik formuliert Comenius (1996d, S. 381):

„Der Mensch muß, wenn er zum Menschen werden soll, gebildet werden."

Und im ersten Abschnitt „Samen sind noch nicht Früchte" erklärt er, dass man diese erst „durch Beten, Lernen, Handeln" (ebd.) erlangen kann:

„Daher hat einer den Menschen nicht übel als ein erziehungsfähiges Lebewesen (animal disciplinabile) definiert, da er ja nicht zum Menschen werden kann, wenn er nicht dazu erzogen wird." (ebd.)

Und diese „Bildung des Menschen findet am besten im ersten Lebensjahr statt, kann sogar nur zu dieser Zeit erfolgen" (Überschrift des VII. Kapitels, ebd.). Zudem hat jeder Mensch ein Recht auf Bildung, auf Schule, gleich welchen Standes: „(n)icht bloß die Kinder der Reichen […], sondern alle in gleicher Weise, […], Reiche und Arme, Knaben und Mädchen, […] in allen Städten und Flecken, Dörfern und Häusern …" (Comenius 1957, S. 93) Als Bildungsziel in seinem siebenbändigen Werk (1645–1670) „De emendatione rerum humanarum Consultationis Catholicae – Pars Quarta. Pampaedia" (Allgemeine Beratung über die Verbesserung der menschlichen Dinge – Teil Vier. Allerziehung), Kap. 1, postuliert er: „omnes – omnia – omnino" (alle, alles, allumfassend) zu lehren. (Comenius 1965; Komenský 1970; vgl. Petersen/Priesemann 1996, S. 37f., 57; Comenius 2004, S. 170; März 1998, S. 285). Diese universale Bildung soll den Menschen in die Lage versetzen, Kräfte zu entwickeln, die innere Kräfte entfalten und eine Selbstbildung implizieren, zugleich zur allumfassenden „Kultivierung" des Menschen beitragen. (März 1998, S. 286, 288)

Da Bildungsinstitutionen primär neben ihrer Bildungs- auch eine Erziehungsaufgabe besitzen, erfüllen sie somit eine gravierende „Funktion der Gesellschaft" (Dilthey 1974, S. 192) und zeitigen insbesondere folgende Funktionen, wie sie zuerst von H. Fend umfassender formuliert wurden (vgl. 1980, S. 17, S. 19–39):

- Jede Institution des primären bis tertiären Bildungssektors hat eine ‚*Qualifikationsfunktion*': das besagt Hilfe für die Entfaltung von Fähigkeiten – Lebenslanges Lernen – bis zum individuell erreichbaren Ausmaß für den Arbeitsmarkt.
- Gleichzeitig aber sie ebenso eine ‚*Selektionsfunktion*' zu erfüllen: was bedeutet, nach Gründen zu suchen, die den Ausschluss von Lernenden mit (aktuellen) Lern- bzw. Verhaltensschwierigkeiten von bestimmten (institutionell

bedingten) Lernprozessen rechtfertigen – entsprechend dem Leistungsprinzip und aufgrund von Gerechtigkeitskriterien, nicht nur im kognitiven, sondern gerade auch im sozialen Bereich, s. u.a. die Migrationsproblematik.
- Nicht zufällig wird in den Zeiten, wenn eine an Wachstum orientierte Wirtschaft prosperiert, die *‚Allokationsfunktion'* (die beratende Zuweisung in bedarfsorientierte Ausbildungsgänge, die den Eignungen der Lernenden entsprechen) in den Vordergrund gestellt, während man sich in Zeiten der Stagnation oder Rezession um die Legitimierung selektiver Maßnahmen bemüht (*‚Legitimationsfunktion'*).

Ein weiterer Beitrag, den Bildungsinstitutionen zur gesamtgesellschaftlichen Reproduktion und deren Reflexion leisten, ist die u.a. von Wolfgang Klafki (vgl. 1986; 2007) angeführte Kulturtradierung und -entwicklung, die die Rückbesinnung auf die „klassischen Bildungstheorien für ein zeitgemäßes Konzept allgemeiner Bildung" (Klafki 2007, S. 15) beinhalten, die Wertschätzung der Dichtkunst, der Ästhetik, Malerei und Musik der vergangenen Jahrhunderte, die Advanced organizer für das Interesse des Individuums an der Kultur der Gegenwart sein sollte.

Dies hat Auslöserfunktion auch auf die Schule, allerdings darf schulische *Kulturüberlieferung* nicht nur vergangenheitsorientiert bilden, sondern sie muss die Brückenfunktion zum Vorwärts leisten, um Verständnis für heutige Kultur zu wecken, allerdings auch Tradierungen aufzuzeigen, aus denen sich heraus Neues entwickelt hat.

Klafki artikuliert *Bildung* „als Befähigung zu vernünftiger Selbstbestimmung" (Klafki 2007, S. 19). Dieses Verständnis umfasst alle seit der Aufklärung geforderten Kriterien wie Emanzipation, Mündigkeit, Freiheit, Unabhängigkeit, vernunftorientiertes Denken und Handeln, Autonomie… (vgl. ebd.) Spätestens seit Ph. Melanchthon und J.A. Comenius definiert sich Bildung – auch unter der Prämisse einer *Erziehung zur Liebe* – unter dem Primat der Humanität (Renaissancehumanismus), der Entfaltung des Menschengeschlechts, dass alle Menschen ein Recht auf Bildung als Qualifikation für das Leben haben, dass Bildung im Sinne des Johann Heinrich Pestalozzi (1746–1827) und seiner *Bindungs-/Sozialpädagogik* die „Individuallage" des Menschen verbessert, die *Liebe zum Kinde* evoziert und Kräfte im Inneren entwickelt, die den Herausforderungen des Alltags widerstehen, diese meistern sollen. Somit impliziert dieses gegenseitige Aufeinandergewiesensein auch Motivation zur Stärke, zur „Hilfe zur Selbsthilfe", zum Streben nach Unabhängigkeit und Qualifizierung zur Selbstbildung durch ganzheitliche Bildung mit ‚Kopf, Herz und Hand' – oder die Trias: Leib/Körper, Seele, Geist.

Dass Erich Fromm 1956 mit seinem Buch: „Die Kunst des Liebens" Dämme einbrach zeigt sich an der umfassenden Rezeption und der anhaltenden Auseinandersetzung mit dem Thema und seinem Buch. „Liebe" wird anhand der menschlichen Natur in die wichtigsten erziehungswissenschaftliche Bereiche implementiert und in seiner Relevanz erläutert. Beginnend mit dem Modell der „Furcht vor der Freiheit“ und den gesellschaftlichen Implikationen von Liebesfähigkeit („Willkommens-, Anerkennungs-Kultur“) wird deutlich gemacht, dass „Liebe“ von Freiheit, Symbiose, sexueller Attraktivität zu differenzieren ist. Sie konkretisiert sich in „Mütterlichkeit“, Väterlichkeit, in einer reifen Beziehung in Partnerschaft, Erziehung, Therapie und kulminiert in der „Liebe zum Leben“, der Biophilie. Die „Kunst des Liebens“ weitet sich konkret zur ‚Lebenskunst‘.

Jan Amos Comenius – Lehrer der Menschlichkeit – Mensch der Sehnsucht

(Gerhard Arnhardt [†]/Gerd-Bodo v. Carlsburg/ Franz Hofmann [†])

Der Pädagoge J.A. Comenius [Komenský] (1592–1670) stellte sein Denken und Handeln zunächst in den Dienst der unterdrückten tschechischen Nation und, nachdem durch die Ungunst der Zeit eine baldige Veränderung irreal erschien, als Forderung an die Menschheit. Er wollte sie befähigen, durch eine universale Erziehung die „Labyrinthe" der von den Idealen der Wahrheit, der Gerechtigkeit und des Friedens entfernten Welt zu beseitigen und eine neue Ordnung vollkommenen Wissens, die Wahrheit ausdrückenden Sprechens und analogen Handeln zu schaffen.

Der im mährischen Nivnice in der Nähe von Uherský Brod am 28. März geborene Sohn eines bemittelten Ackerbürgers wuchs unter dem Einfluss der Böhmisch-Mährischen Brüdergemeinde auf. An den Universitäten in Herborn (1611–1613) bei Johann Heinrich Alsted (1588–1638) und Johannes Piscator

(1546–1625) sowie Heidelberg (1613–1614) bereitete sich J.A. Comenius auf eine theologisch-pädagogische Tätigkeit in seiner Brüderunität vor. In den Wirren des Dreißigjährigen Krieges wurde er Lehrer, Anwalt und schließlich Bischof seiner verfolgten Brüder. England, Schweden und Ungarn riefen nach ihm als Reformer für das Bildungswesen. Sein umfangreicher theologischer und pädagogischer Nachlass zeichnet das Bild von einem pansophischen Pädagogen, welches dem Berufsethos über Jahrhunderte Impulse gab.

Weil J.A. Comenius wie andere Didaktiker seiner Zeit die Auffassung vertrat, dass die von ihm entwickelten „Gesetze, Grundsätze und Regeln“ des Lehrens und Lernens, recht angewandt, beinahe „mechanisch“ zum Erfolg führen würden, äußerte er sich oft über die *Eigenschaften des guten Lehrers*.

INFORMATORIUM.

Der Mutter Schul.

das ist,

Ein richtiger vnd augenscheinlicher bericht, wie fromme Eltern, theils selbst, theils durch ihre Ammen, Kinderwärterin, vnnd andere mitgehülffen, ihr allerthewrestes Kleinod, die Kinder, in den ersten sechs Jahren, ehe sie den Praeceptoren vbergeben werden, recht vernünfftiglich, Gott zu ehren, ihnen selbst zu trost, den Kindern aber zur seeligkeit aufferziehen vnd vben sollen.

Marci 10. 14.

Lasset die Kindlin zu mir kommen, vnnd wehret jnen nicht, denn solcher ist das reich Gottes.

Gedruckt zur Polnischen Lissaw

ANNO MDCXXXIII.

In seinem „Informatorium. Der Mutter schul.“ (Lissaw, dtsch. Lissa [1633]), tschechische Fassung „skola materska“ (1628–1631), nahm er dazu Stellung, wie die Eltern den für den Schulbesuch vorzubereitenden Kindern „ein gut Herz“ gegen die „praeceptores“ bereiten sollten. Er empfahl ihnen, die „Kunst der Weisheit“ des Lehrers sowie seine Freundlichkeit und Güte zu loben. Der Schulmeister seinerseits solle als ein „verständiger Mann“ mit ihm, also mit dem Schulanfänger, umzugehen wissen, das Kind „freundlich anreden, ihm etwas Schönes von Büchern, Malwerk, von musikalischen Instrumenten, und womit das Kind möchte gewonnen werden, zeigen“. Lehrer hätten „lebendige Muster der Tugend“ zu sein, zu der sie andere erziehen sollen, „und zwar nicht bloß zum Schein, sondern in Wahrheit“.

J. A. COMENII
JANUA LINGUARUM
RESERATA AUREA;
SIVE
Seminarium Linguarum, & scientiarum omnium: h.e. Compendiosa Latinam (& quamlibet aliam) Linguam, unà cum scientiarum, artiumque omnium fundamentis, perdiscendi Methodus, sub titulis C. periodis M. comprehensa.
Denuo impressa ad Usum Studiosæ Iuventutis Gymnasij SSmæ. Trinitatis Lovanij.
Dat is /
De Gulden ontsloten
DEURE DER TAELEN;
ofte
Een Saet-of Spruyt-gaerde aller Taelen ende wetenschappen: D. i. Een korte wyse om de Latijnsche (als oock eenigh andere) Taele mitsgaders de Gronden aller wetenschappen ende kunsten te leeren / in Hondert Hooft-tytels ende Dusent volteogen Spreucken beervat.
Herdruckt tot Gebruyck der Ionckheyt van het Collegie van de Alderh. Drijvuldicheyt tot Loven.
LOVANII,
Typis CYPRIANI COENESTENII.
ANNO 1667.

JOH. AMOS COMMENII,
ORBIS SENSUALIUM PICTUS.
Hoc est,
Omnium fundamentalium in Mundo Rerum & in Vitâ Actionum
Pictura & Nomenclatura.
Die sichtbare Welt /
Das ist /
Aller vornemsten Welt-Dinge und Lebens-Verrichtungen
Vorbildung und Benahmung.

NORIBERGÆ,
Typis & Sumptibus MICHAELIS ENDTERI.
Anno Salutis CIↃ IↃC LVIII.

J.A. Comenius wusste wohl aus eigener Erfahrung, dass „Überdruß und Widerwillen“ die Tätigkeit des Pädagogen bedrohen. Daher erteilte er den Rat, Lehrer sollten sich davor hüten, sich selbst geringzuschätzen und für „verächtlich zu halten“. Diejenigen, die es für eine Schmach halten, Lehrer zu sein, und sich nur des Lohnes wegen zurückhalten lassen, würden aus der „Tretmühle“ der Schule gewiss flüchten, wenn sie einen anderen Beruf gefunden hätten, der mehr einbrachte. Lehrer nach des J.A. Comenius’ Sinn jedoch, sehen sich an einen „Ehrenplatz“ gestellt. Ihr Amt betrachten sie „so vorzüglich wie keines unter der Sonne“. Ihre größte Sorge wird darin bestehen, schrieb er in den „Gesetzen für eine wohlgeordnete Schule“, ihre Schüler „durch gutes Beispiel mächtig zu ziehen, denn nichts ist natürlicher, als daß sich die Schüler nach des Lehrers Muster bilden“. Aber diese Vorbildwirkung entfalte sich nicht nur durch „Worte und

Vorschriften“. Sie, die Lehrer, dürften nicht Wegweisern ähnlich sein, die die einzuschlagende Richtung „bloß mit ausgestreckten Armen zeigen“. Es wäre vielmehr notwendig, in eigener Person voranzugehen.

(2)

Invitatio.	Einleitung.
M. Veni, Puer! diſce Sapere.	L. Komm her/ Knab! lerne Weißheit.
P. Quid hoc eſt, *Sapere?*	S. Was iſt das/ Weißheit?
M. Omnia, quæ *neceſſaria*, rectè *intelligere*, rectè *agere*, rectè *eloqui*.	L. Alles/ was nöhtig iſt/ recht verſtehen/ recht thun/ recht ausreden.
P. Quis me hoc docebit?	S. Wer wird mich das lehren?
M. Ego, cum DEO.	L. Ich/ mit GOtt.
P. Quomodo?	S. Welcher geſtalt?

M. Du-

Sein pädagogisches Schrifttum umfasst eine in sich geschlossene pansophische Bildungstheorie und deren praktische Handhabung für Lehrer. Weltruf erlangte er durch die 1631 erschienene „Janua linguarum reserata“ (Die erschlossene Pforte zu den Sprachen). In 100 Abschnitten wurde dem Lehrer demonstriert, wie er das Erlernen der Sprache mit dem Hineinleben in die Welt verbinden könne. Seine Vereinigung von Wort- und Sachverständnis brach mit ermüdender spätscholastischer Memorierpraxis zugunsten von Verständlichkeit und Anschaulichkeit des Lehrens. „Die mit Bildern versehene Janua“, der „Orbis pictus“ (Illustrierter Erdkreis, 1658), gab dem Lehrer eine didaktische geordnete Sammlung von Abbildungen in die Hand, die Vermittlung von Lebensweisheit durch Anschauung zum didaktischen Grundprinzip erhob.

Parallel zu weiteren Werken der Handlungsorientierung für Lehrer erschien seine aus vier gedanklichen Teilen bestehende „Didactica magna“ (Große Unterrichtslehre): 1628 in böhmischer, 1638 in lateinischer Sprache. Im ersten Teil sind dem Lehrer Ziele empfohlen. Christlich-humanistische Erziehung sollte allgemeine und berufliche Bildung für alle Knaben und Mädchen in einer gegliederten Einheitsschule bestimmen. Im zweiten Teil ist sein natürliches Methodensystem dargestellt. Es sollte dem Lehrer die Kunst erstrebenswert machen, natürliche Vorgänge nachzuahmen, also vom Konkreten zum Abstrakten, gleichsam in konzentrischen Kreisen, voranzuschreiten. Im dritten Teil werden dem Lehrer auf der Grundlage von Kardinaltugenden – „Weisheit, Mäßigkeit, Tapferkeit, Gerechtigkeit“ – religiös-sittliche Charakterbildung und adäquate Schulzucht ans Herz gelegt. Als Mittel galten: Vorbild des Lehrers, Belehrung, Ermahnung und Prügel. Der vierte Teil ist ein praktikabler Organisationsplan des Gesamtschulwesens in vier aufeinanderfolgenden Stufen: „infimita“ (Kindheit), „puerita“ (Knabenalter), „adolescentia“ (Jünglingsalter), „juventus“ (Mannesalter), für die jeweils spezifische Lehrer ausgebildet werden mussten. Ihre erfolgreiche Erziehertätigkeit konnte nach J.A. Comenius nur in tiefem Glauben und universalem Wissen wurzeln. Eine „Muttersprachschule“ sollte es in jeder Gemeinde geben, eine Lateinschule in jeder Stadt und eine Akademie in jedem Reich.

(4)

Cornix cornicatur.
die Kräße krechzet. á á Aa

Agnus balat.
das Schaf blöcket. bé é é Bb

Cicáda stridet.
der Heuschreck zitzschert. ci ci Cc

Upupa, dicit
der Widhopf/ruft du du Dd

Infans éjulat.
das Kind weinert. é é é Ee

Ventus flat.
der Wind wehet. fi fi Ff

Anser gingrit.
die Gans gackert. ga ga Gg

Os halat.
der Mund hauchet. háh háh Hh

Mus mintrit.
die Maus pfipfert. i i i Ii

Anas tetrinnit.
die Ente schnackert. kha kha Kk

Lupus úlulat.
der Wolff heulet. lu ulu Ll

Ursus múrmurat.
der Beer brummet. mum mum Mm

Johann Amos Comenius

Große Unterrichtslehre

mit einer Einleitung:

J. Comenius, sein Leben und Wirken.

Einleitung, Uebersetzung und Commentar
von
Dr. Gustav Adolf Lindner.

Wien, 1876.
Verlag von A. Pichler's Witwe & Sohn,
Buchhandlung für pädagogische Literatur und Lehrmittel-Anstalt,
V. Margarethenplatz 2.

In seinem pädagogischen Spätwerk, der „Pampaedia“ (universale Erziehung) spricht J.A. Comenius von den Lehrern, die es verstehen, jene Bildung zu vermitteln, welche allein dazu beitragen kann, Menschen für die erstrebte große Reform ihrer Angelegenheiten, für eine Welt der Weisheit und des friedvollen Zusammenlebens heranzuziehen. Solche Lehrer der „Pampaedia“ müssen es verstehen, „allen alles und allseitig gründlich zu lehren“. Ihre Zöglinge, die „Erstlinge eines besseren Menschengeschlechts“, dürfen aus den Schulen „nicht nur gelehrte Bücher davontragen, sondern sollen ihre Bildung … vielmehr in ihrem Innern tragen und durch Taten zum Ausdruck bringen“. Sie müssten alle Menschen durch alles, was „die menschliche Natur vervollkommnet, allseitig zur Vollendung führen“. Drei Bedingungen haben sie zu erfüllen:

„1. Jeder soll so sein, wie seine Schüler werden sollen; 2. Er soll die Fähigkeit besitzen, sie so zu machen; 3. Eifrig soll er an diesem Werk tätig sein.“ Der allgemeine Weg der Erkenntnis („Analyse, Synthese, Synkrisis“) müsse individuell geleitet werden, wobei sich „Leichtigkeit des Lernens“ auf „Gründlichkeit und Allseitigkeit“ stütze. Ein Lehrer oder „Lehrer des Ganzen“ benötige Einsicht in die Universalität des Seins; er bedürfe der Schlichtheit, um mit sicheren Mitteln zu einem bestimmten Ziel zu gelangen, und die Lehrfreudigkeit, um alles angenehm und erfreulich zu machen, wie in einem Spiel. „So kannst du“, appellierte J.A. Comenius an die Lehrer, „die ganze Stätte der Menschenbildung eine Schule, also ein Spiel („Schola ludus“ [Hanaw 1654]), nennen.“

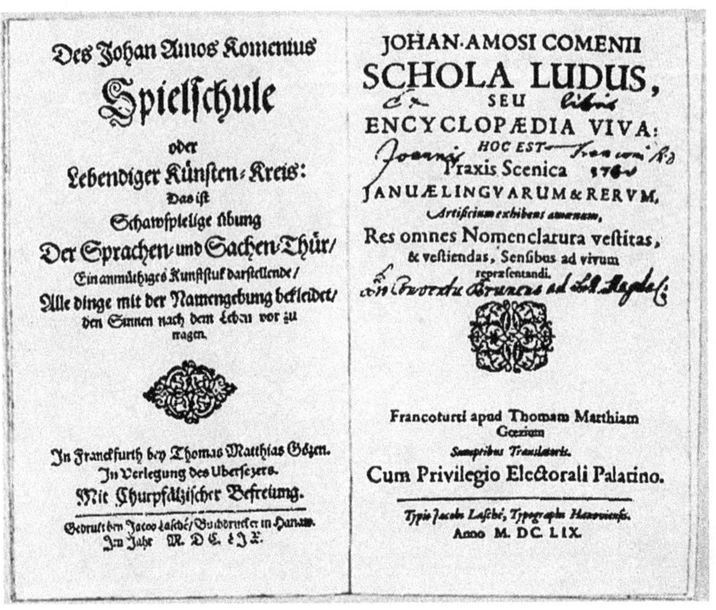

Des Johan Amos Komenius
Spielschule
oder
Lebendiger Künsten-Kreis:
Das ist
Schawspielige übung
Der Sprachen- und Sachen-Thür/
Ein anmuthiges Kunststuk darstellende/
Alle dinge mit der Namengebung bekleidet/
den Sinnen nach dem Leben vor zu
tragen.

In Franckfurth bey Thomas Matthias Gözen.
In Verlegung des Ubersezers.
Mit Churpfälzischer Befreiung.

Gedrukt bey Jacob Lasché/ Buchdrucker in Hanaw.
Im Jahr M. DC. LIX.

JOHAN. AMOSI COMENII
SCHOLA LUDUS,
SEU
ENCYCLOPÆDIA VIVA:
HOC EST
Praxis Scenica
JANUÆ LINGVARUM & RERVM,
Artificium exhibens amœnum,
Res omnes Nomenclatura vestitas,
& vestiendas, Sensibus ad vivum
repræsentandi.

Francofurti apud Thomam Matthiam
Goezium
Sumptibus Translatoris.
Cum Privilegio Electorali Palatino.

Typis Jacobi Lasché, Typographi Hanoviensis.
Anno M. DC. LIX.

Gewiss galt auch für J.A. Comenius' Vorstellungen vom ‚guten Lehrer' jene Aussage J.G. v. Herders, dass die Zeit damals nicht reif war, das Gewollte zu verwirklichen, so dass die Gedanken des großen ‚Lehrers der Völker' wie Schwäne in eine Zukunft schweben, in der sich die Träume zu erfüllen vermögen.

Die Forderung des J.A. Comenius, dass die Lehrer ihr „erleuchtetes" und „friedvolles" Fordern vorleben müssen, dass sie kein beschränktes, auf Spezialitäten eingeengtes Fachwissen besitzen, sondern es auf der Grundlage einer ganzheitlichen Weltanschauung darbieten und das Lernen bei aller Anstrengung als leichte und voll innerer Freude sich vollziehende Tätigkeit gestalten mögen, zählt, um einen dichterischen Nachruf von G.W. v. Leibniz auf J.A. Comenius zu paraphrasieren, zu dem Gedankengut, das sich jeder aneignen muss, der „zu den Guten sich zählt".

Der Lehrer/die Lehrerin von heute, gleich ob er/sie sich der elementaren, mittleren, höheren oder hohen Bildung verschrieben hat, sieht sich im Comenianischen Gedankengut in einem Spannungsfeld zwischen berufsethischer Entscheidungsfreiheit und verpflichtenden Denk- und Handlungsstrukturen, die zunehmend dem behütenden Kulturkreis entfremdet werden. Das schwindende Ansehen des Lehrers/der Lehrerin bei den Heranwachsenden wird durch Modeleitbilder, eine Flut manipulierender Kommunikationsmittel beschleunigt; Macht, Besitz, Einfluss… bewirken ein Übriges. Das berufsethische Selbstverständnis als Anreger sozialen Wandels ist damit auch heute starken Belastungen ausgesetzt. Großer Rollenerwartung von innen und außen steht ein ständiges Nichtfertigwerden mit der Realität entgegen, das frustrierend, aber auch anregend wirken kann, und es soll angedeutet werden, wie Lehrern über die Zeiten Selbstlosigkeit abverlangt wurde, die ihresgleichen in anderen Berufsständen sucht.

Bildnachweis (in der Reihenfolge der Bilder):

1. www.esf.brandenburg.de/sixcms/media.php/686/thumbnails/Comenius.jpg.57521.jpg.
2. Arnhardt/Reinert [v. Carlsburg] (1996), S. 366; Arlt, R. (1966): Bilderatlas zur Schul- und Erziehungsgeschichte. Teil 1.Berlin, S. 352.
3. Arnhardt/Reinert [v. Carlsburg] (2000), S. 148; Archiv. v. Carlsburg.
4. Comenius ([1658]/^{2}1979), Titelblatt; Original 1658: Archiv Comenius-Stiftung Naarden/NL.
5. Comenius ([1658]/^{2}1979), Titelblatt; Original 1658: Archiv Comenius-Stiftung Naarden/NL., S. 2 (Invitatio).
6. Comenius ([1658]/^{2}1979), Titelblatt; Original 1658: Archiv Comenius-Stiftung Naarden/NL., S. 4; Arnhardt/Reinert [v. Carlsburg] (2000), S. 149.
7. Arnhardt/Reinert [v. Carlsburg] (1996), S. 383; Korthaase, W. (1993): Die Berliner internationale Comenius-Gesellschaft zur Pflege der Wissenschaft und Volkserziehung (1891–1934). Berlin, S. 18.
8. Arnhardt/Reinert [v. Carlsburg] (2000), S. 149; Arlt, R. (1966): Bilderatlas zur Schul- und Erziehungsgeschichte. Teil 1. Berlin, S. 35.
9. Arnhardt/Reinert [v. Carlsburg] (2000), S. 150; Archiv v. Carlsburg; Archiv Comenius-Stiftung Naarden/NL.: J.A. Comenius' Didactica Opera omnia (1627–1657), Frontispiz mit Beschriftung des Jesuitenordens (1667).

Literatur

Adler, A. (1973): Der Arzt als Erzieher (1904). Zur Erziehung der Eltern (1912). Erziehungsberatungsstellen (1922). In: Adler, A./Furtmüller, C.: Heilen und Bilden, Frankfurt a.M.

Adler, A.: Schwer erziehbare Kinder. Bd. I/1926, S. 119–134.

Die Individualpsychologie. Ihre Bedeutung für die Behandlung der Nervosität, für die Erziehung und für die Weltanschauung. Bd. I/1926, S. 169–177. Kurze Bemerkungen über Vernunft, Intelligenz und Schwachsinn. 1928, Bd. I, S. 224–231. In: Psychotherapie und Erziehung. Bd. I, Frankfurt a.M., 1982.

Adler, A. (1931): Individualpsychologie und Erziehung. In: Psychotherapie und Erziehung, Bd. II, Frankfurt a.M., 1982, S. 63–70.

Adler, A. (1982): Ist Fortschritt der Menschheit möglich? wahrscheinlich? unmöglich? sicher? In: Psychotherapie und Erziehung, Bd. III, Frankfurt a. M., S. 163–168.

Adorno, T.W. (1962): Die revidierte Psychoanalyse. In: Horkheimer, M./Adorno, T.W.: Sociologica. Reden und Vorträge. Frankfurt a.M., S. 94–112.

Adorno, T.W. (1962): Theorie der Halbbildung. In: Horkheimer, M./Adorno, T.W.: Sociologica. Reden und Vorträge. Frankfurt a.M., S. 168–192.

Adorno, T.W. (1979): Gesellschaftstheorie und empirische Forschung (1969). In: Adorno, G./ Tiedemann, R. (Hg.): Soziologische Schriften I. Frankfurt a.M., S. 538–548.

Adorno, T.W. (1983): Minima Moralia. Frankfurt a.M.

Ariès, Ph. (1978): Geschichte der Kindheit. dtv, München.

Arnhardt G./Reinert [v.Carlsburg], G.-B. (Hrsg.) (1996): Jan Amos Comenius. Über sich und die Erneuerung von Wissenschaft, Erziehung und christlicher Lebensordnung. Bde. I/II. Donauwörth.

Arnhardt G./Reinert [v.Carlsburg], G.-B. (1997): Philipp Melanchthon. Architekt eines neuzeitlich-christlichen deutschen Schulsystems. Donauwörth.

Arnhardt, G./Hofmann, F./Reinert [v. Carlsburg], G.-B. (2000): Der Lehrer. Bilder und Vorbilder. Donauwörth.

Arnold, K. (1980): Kind und Gesellschaft in Mittelalter und Renaissance. München.

Arte: Themenabend am 2. Mai 1999.

Ayres, J (1992): Bausteine der kindlichen Entwicklung. Berlin/Heidelberg.

Bacciagaluppi, M. (1990): Erich Fromms Ansichten zur psychoanalytischen „Technik“ (1988). Vortrag zum Symposium „Erich Fromm: Leben und Werk“ (12.–15.05.1988 in Locarno). In: Wissenschaft vom Menschen – Science of Man. Jahrbuch der Internationalen Erich-Fromm-Gesellschaft. Münster, 1, S. 85–107.

Badinter, E. ([4]1988): Ich bin du. Die neue Beziehung zwischen Mann und Frau oder die androgyne Revolution. Aus d. Franz. v. F. Griese. München/Zürich.

Badinter, E. (1985): Die Mutterliebe. Geschichte eines Gefühls vom 17. Jahrhundert bis heute. (L'amour en plus: Histoire de l'amour maternel (XVIIe-XXe siecle). Aus d. Franz. v. F. Griese. München.

Balint, M. (1969): Urformen der Liebe und die Technik der Psychoanalyse. Frankfurt a.M.

Bauer, J. (2002): Das Gedächtnis des Körpers. Eichborn, Frankfurt a.M.

Beck, U./Beck-Gernsheim, E. (1994) (Hg.): Riskante Freiheiten. Individualisierung in modernen Gesellschaften. Frankfurt a.M.

Beck, U./Beck-Gernsheim, E. (1990): Das ganz normale Chaos der Liebe. Frankfurt a.M.

Becker, M. (2009): Wie zeitgemäß ist Biophilie? Erich Fromm und die Pädagogik in der Postmoderne, Referat bei der Tagung „Albert Schweitzer und Erich Fromm – Menschenbild und Erziehung", die vom 3. bis 5. Oktober 2008 in Königsfeld im Schwarzwald stattfand. Erstveröffentlichung. In: Fromm Forum (deutsche Ausgabe). Tübingen, Selbstverlag – ISSN 1437-0956-13, S. 79–86.

Beebe, B. & Lachmann, F. M. (1988): Mother-infant mutual influence and precursors of psychic structure. In: Goldberg, A. (Hg.): Progress in self psychology, Bd. 3. Analytic Press. Hillsdale, NJ, S. 3–25.

Beebe, B. & Lachmann, F. M. (1994): Representations and internalization in infancy: Three principles of salience. Psychoanalytic Psychology 11, 127–165.

Bierhoff, B. (1987): Erziehung und Identität zwischen Haben und Sein. In: Claßen, J. (Hg.): Erich Fromm und die Pädagogik. Gesellschafts-Charakter und Erziehung. Weinheim/Basel, S. 95–113.

Bierhoff, B. (1985): Kleines Manifest zur kritisch-humanistischen Erziehung. Pädagogik nach Erich Fromm. Dortmund.

Biewend, E. (1974): Leben ohne Illusion. Leben und Werk des Janusz Korczak. Heilbronn.

Blawat, K. (2009): Fluch der frühen Prägung. Süddeutsche Zeitung, 09.11.2009.

Bloch, E. (1974): Das Prinzip Hoffnung. 3 Bde. Frankfurt a.M.

Bowlby, J. (1951): Maternal Care and Mental Health. Bulletin of the World Health Organization 3, S. 355–534. Dt. 19973 Mütterliche Zuwendung und geistige Gesundheit. Kindler, München.

Braun, K. (2002): Die Suche nach den Narben der Kindheit. Die Zeit/Wissen, 31.10.2002, 30.

Brunner, E.J./Rauschenbach, Th./Steinhilber, H. (1978): Gestörte Kommunikation in der Schule. Analyse und Konzepte eines Interaktionstrainings. München.

Buber, M. (1962/[5]1984): Das dialogische Prinzip. Heidelberg.

Buber, M. ([5]1982): Das Problem des Menschen. Heidelberg.

Buber, M. (1984): Carl Rogers im Gespräch mit Martin Buber. In: Arbeitsgemeinschaft Personenzentrierte Gesprächsführung (Hrsg.): Persönlichkeitsentwicklung durch Begegnung. Wien, S. 52–72.

Carlsburg, G.-B. v. /Möller, M. (2011): Prolegomena zu einer ‚reflexiv-modernen' Pädagogik. In: v. Carlsburg, G.-B. (Hrsg./ed.): Enkulturation durch sozialen Kompetenzerwerb. Enculturation by Acquiring of Social Competences. Frankfurt a.M., S. 77–118.

Carlsburg, G.-B. v./Wehr, H. (2011): Christ, Humanist, Enzyklopädist und Pansophist. Jan Amos Comenius. In: v. Carlsburg, G.-B. (Hrsg./ed.): Enkulturation durch sozialen Kompetenzerwerb. Enculturation by Acquiring of Social Competences. Frankfurt a.M., S. 119–137.

Carlsburg, G.-B. v./Wehr, H. ([2010]/[2]2012): Bildung zur Selbstbildung. Konzepte der Professionalisierung und Persönlichkeitsentwicklung im Lehrberuf. Augsburg.

Claßen, J. (1987) (Hrsg.): Erich Fromm und die Pädagogik. Gesellschafts-Charakter und Erziehung. Weinheim/Basel.

Claßen, J. (1991) (Hrsg.): Erich Fromm und die Kritische Pädagogik. Weinheim/Basel.

Cohen, A. (1990): Love and Hope – Fromm and Education. Special Aspects of Education. Bd. 10. Amsterdam.

Cohen, D. (2000): Carl Rogers: A Critical Biography. Neuaufl. London.

Comenius, J.A. ([1654]/1888): Pädagogische Schriften. Zweiter Band: Schola Ludus d.i. Die Schule als Spiel. Bibliothek Pädagogischer Klassiker, hrsg. v. F. Mann, ins Dt. übertr. v. W. Bötticher. Langensalza.

Comenius, J.A. ([1654]/[2]1907): Pädagogische Schriften. Zweiter Band: Schola Ludus d.i. Die Schule als Spiel, Bibliothek Pädagogischer Klassiker, hrsg. v. F. Mann, ins Deutsche übertragen v. W. Bötticher. Langensalza.

Comenius, J.A. (1658): Orbis sensualium pictus. (…) Die sichtbare Welt. (…) Nürnberg [Reprint ([2]1979). Dortmund: Harenberg Kommunikation].

Comenius, J.A. (1667): J.A. Comenii Janua Linguarum Reserata Aurea. Loven.

Comenius, J.A. (1891): Große Unterrichtslehre, übersetzt, mit Anmerkungen und einer Lebensbeschreibung des Comenius hrsg. v. C.Th. Lion. Langensalza.

Comenius, J.A. (1898): Joh. Amos Comenius' große Unterrichtslehre, hrsg. v. C.Th. Lion. Langensalza.

Comenius, J.A. (1904): Das einzig Notwendige. Unum necessarium. Ein Laienbrevier. Jena/ Leipzig.

Comenius, J.A. ([4]1916): Eine Auswahl aus seinen pädagogischen Schriften. Für den Gebrauch an Seminarien. Bielefeld/Leipzig.

Comenius, J.A. (1947): Grosse Unterrichtslehre. Berlin/Leipzig.

Comenius, J.A. (1954): Große Didaktik, übers. u. hrsg. v. A. Flitner. Düsseldorf/München.

Comenius, J.A. (1957): Große Didaktik, hrsg. u. eingel. v. H. Ahrbeck. Berlin.

Comenius, J.A. (1961): Grosse Didaktik, neubearb. u. eingel. von H. Ahrbeck. Berlin (Ost).

Comenius, J.A. (1960/[2]1965): Pampaedia. Lateinischer Text und deutsche Übersetzung, hrsg. v. D. Tschižewskij in Gemeinschaft mit H. Geissler/K. Schaller. Heidelberg.

Comenius, J.A. (1966): De rerum humanarum emendatione consultatio catholica, 2 Bde., Nachdruck d. Erstausgabe, Prag.

Comenius, J.A. (1970): Böhmische Didaktik, übers. u. besorgt v.K. Schaller. Paderborn.

Comenius, J.A. (1991): Pampaedia, Allerziehung, übersetzt u. hrsg. von K. Schaller. Sankt Augustin.

Comenius, J.A. (1993): Angelus Pacis, hrsg. v. Eykmann, Walter, übers. von O. Schönberger. Würzburg.

Comenius, J.A. (1996a): Einladung aller Menschen zur friedlichen Beratung über die Verbesserung der Dinge. In: Golz, R./Korthaase, W./Schäfer, E. (Hrsg.): Comenius und unsere Zeit. Baltmannsweiler, S. 120–129.

Comenius, J.A. (1996b): Mathetica, d.h. Lernkunst. In: Golz, R./Korthaase, W./Schäfer, E. (Hrsg.): Comenius und unsere Zeit. Baltmannsweiler, S. 130–148.

Comenius, J.A. (1996c): Kurzer Entwurf über die Erneuerung der Schulen im Königreich Böhmen. In: Arnhardt, G./Reinert [v. Carlsburg], G.-B. (Hrsg.): Jan Amos Comenius. Über sich und die Erneuerung von Wissenschaft, Erziehung und christlicher Lebensordnung. Bd. 2. Donauwörth, S. 368–381.

Comenius, J.A. (1996d): Große Didaktik [Kapitel VI und VII]. In: Arnhardt, G./Reinert [v. Carlsburg], G.-B. (Hrsg.): Jan Amos Comenius. Über sich und die Erneuerung von Wissenschaft, Erziehung und christlicher Lebensordnung. Bd. 2. Donauwörth, S. 381–395.

Comenius, J.A. (1996e): Der Engel des Friedens. In: Arnhardt, G./Reinert [v. Carlsburg], G.-B. (Hrsg.): Jan Amos Comenius. Über sich und die Erneuerung von Wissenschaft, Erziehung und christlicher Lebensordnung. Bd. 2. Donauwörth, S. 645–670.

Comenius, J.A. (1998): Allverbesserung (Panorthosia), eingel., übers. u. erläutert v. F. Hofmann. Frankfurt a.M.

Comenius, J.A. (2001): Allermahnung (Pannuthesia), eingel., übers. u. erläutert v. F. Hofmann. Frankfurt a.M.

Comenius, Jan Amos (2002): Allererleuchtung (Panaugia), eingel., übers. u. erläutert v. F. Hofmann. Frankfurt a.M.

Comenius, J.A. (2004): Comenius der Pädagoge, hrsg. u. eingel. v. U. Hericks/M.A. Meyer/ S. Neumann /Chr.Th. Scheilke. Baltmannsweiler.

Comenius, J.A. (2008): Pansophia. Ein Brevearium über Gestalt und Gehalt des Dritten Teiles „Der Allgemeinen Beratung über die Verbesserung der Menschlichen Dinge“, eingel., übers. u. erl. v. F. Hofmann. In: Carlsburg, Gerd-Bodo v. (Hrsg.): Bildungs- und Kulturmanagement. Frankfurt a.M., S. 433–479.

Copei, F. ([9]1969): Der fruchtbare Moment im Bildungsprozeß. Heidelberg ([1930] Leipzig).

Cube, F. (1997): Fordern statt verwöhnen. München.

Dadds, M.R./Jambrak, J./Pasalich, D./Hawes, D.J./Brennan, J. (2011): Impaired attention to the eyes of attachment figures and the developmental origins of psychopathy. Journal of Child Psychology and Psychiatry and Allied Disciplines 52(3), S. 238–245.

DeMause, L. (Hrsg.) (1974): The History of Childhood. New York (The Psychohistory Press). Dt. (1980): Hört ihr die Kinder weinen. Frankfurt a.M.

Dersin, D. (Hrsg.)(1997): Im Europa des Mittelalters. TIME-LIFE, Amsterdam.

Dewey, J. (1993 [TB 2000]): Demokratie und Erziehung. Eine Einleitung in die philosophische Pädagogik, hrsg. u. mit einem Nachw. v. Oelkers, J. Weinheim/Basel.

Dilthey, W. ([4]1974): Pädagogik. Geschichte und Grundlinien des Systems. Göttingen.

Dönhoff, M., Gräfin (1998): Es sind unsere Kinder. ZEIT, Nr. 16/98, S. 1.

Dornes, M. (1993): Der kompetente Säugling. Fischer, Frankfurt a.M.

Dornes, M. (1997): Die Frühe Kindheit. Fischer, Frankfurt a.M.

Dornes, M. (1998): Bindungstheorie und Psychoanalyse: Konvergenzen und Divergenzen. In: PSYCHE, 4/98, S. 299–348.

Dreikurs, R. (1994): Die Grundbegriffe der Individualpsychologie. Stuttgart.

Egle, U. T.; Hardt, J.; Nickel, R.; Kappis, B. & Hoffmann, S. O. (2002): Früher Streß und Langzeitfolgen für die Gesundheit. Wissenschaftlicher Erkenntnisstand und Forschungsdesiderata. Praxis der Kinderpsychologie und Kinderpsychiatrie 2/2002, S. 411–434.

Eichendorff, J. Frhr. v. ([1818]/2005): Das Marmorbild. Stuttgart. [Erstausg. Frauentaschenbuch für das Jahr 1819, hrsg. v. F. de la Motte Fouqué].

Eichinger, W. (2004): „Philosophie der Lebenskunst“. Anleitung zur Selbstinszenierung oder Provokation zum produktiven Leben? Vortrag, zur Tagung vom 30. Mai bis 1. Juni 2003 in Bad Boll: „Authentisch leben. Die Postmoderne und Erich Fromms Auffassung vom Menschen“. Erstveröffentlichung in Fromm Forum (deutsche Version), Nr. 8/2004, S. 34–39.

Eisenberg, L. (1995): The Social Construction of the Human Brain. American Journal of Psychiatry 152, S. 1563–1575.

Elbert, Th. (2005): Wie die Angst in den Kopf kommt. Die Zeit/Wissen, 10.02.2005, 32.

Ermann, M. (2009): Der Körper vergisst nicht. Der Spiegel 9/2009, S. 46–48.

Felitti, V.J. (2002): Kindheitsbelastungen und Gesundheit im Erwachsenenalter. Praxis der Kinderpsychologie und Kinderpsychiatrie 4/2002, S. 359–369.

Felitti, V.J. (2003): Ursprünge des Suchtverhaltens – Evidenzen aus einer Studie zu belastenden Kindheitserfahrungen. Praxis der Kinderpsychologie und Kinderpsychiatrie 8/2003, S. 547–559.

Fend, H. (1980): Theorie der Schule. München/Wien/Baltimore 1980.

Fend, H. ([2]2008): Neue Theorie der Schule. Wiesbaden.

Ferenczi, S. (1970): Schriften zur Psychoanalyse I, M. Balint/J. Dupont (Hg.). Frankfurt a.M.

Ferenczi, S. (1972): Schriften zur Psychoanalyse II, M. Balint/J. Dupont (Hg.). Frankfurt a.M.
Finkielkraut, A. (1987): Die Weisheit der Liebe. Aus d. Franz. v. N. Vollard. München/Wien.
Fonagy, P. (1998): Metakognition und Bindungsfähigkeit des Kindes. In: PSYCHE, 4/98, S. 349–368.
Fonagy, P./Target, M. (1994): Understanding and the Compulsion to Repeat: A Clinical Exploration. Bulletin of the Anna Freud Centre 17, S. 33–56.
Fonagy, P./Target, M. (2004): Frühe Interaktion und die Entwicklung der Selbstregulation. In: Streek-Fischer, A. (Hg.): Adoleszenz – Bindung – Destruktivität. Stuttgart, S. 105–135.
Fraiberg, S.; Adelson, E. & Skapiro, V. (1980): Ghosts in the Nursery. A Psychoanalytic Approach to the Problems of Impaired Infant-Mother-Relationships. In: Fraiberg, S. (Hrsg.): Clinical Studies in Infant Mental Health. Tavistock, London, NY, S. 164–196. Dt.: Gespenster im Kinderzimmer. Probleme gestörter Mutter-Säugling-Beziehungen aus psychoanalytischer Sicht. In: Analytische Kinder- und Jugendlichenpsycho-therapie, H. 120, Jg. 4/2003, S. 465–504.
Fremmer-Bombik, E./Grossmann, K. (1993): Über die lebenslange Bedeutung früher Bindungserfahrungen. In: Petzold, H. (Hg.): Frühe Schädigungen – späte Folgen. Paderborn, S. 83–110.
Freud, S. (1975): Studienausgabe. Bde. III/V/IX. Frankfurt a.M.
Freuds [Sigmund] Psychoanalyse. Größe und Grenzen. Stuttgart 1979.
Freud, S. ([1912]/[3]1995): Der Wahn und die Träume in W. Jensens ‚Gradiva'. Mit dem Text der Erzählung von Wilhelm Jensen und Sigmund Freuds Randbemerkungen Frankfurt.
Fromm, E. ([1956]/[4]1966): Die Kunst des Liebens. Frankfurt a.M./Berlin (Erstaufl. 1956].
Fromm, E. ([3]1978): Anatomie der menschlichen Destruktivität. Reinbek.
Fromm, E. (1991): Erich Fromm: Von der Kunst des Zuhörens. Therapeutische Aspekte der Psychoanalyse, R. Funke (Hg.). Weinheim/Basel.
Fromm, E. (1999): Gesamtausgabe in zwölf Bänden, von R. Funke (Hg.). Stuttgart/München.
Funk, R. (1997): Liebe im psychoanalytischen Denken Erich Fromms. Vortrag im Rahmen der 47. Jahrestagung der Deutschen Gesellschaft für Psychoanalyse, Psychotherapie, Psychosomatik und Tiefenpsychologie (DGPT) zum Thema Psychoanalyse der Liebe am 27. September 1996 in der Inselhalle in Lindau. Erstveröffentlichung (gekürzt): In: Höhfeld, Kurt/Schlösser, Anne-Marie (Hg.): Psychoanalyse der Liebe. Bibliothek der Psychoanalyse, Gießen, S. 247–265.
Garlichs, A./Leuzinger-Bohleber, M. (1995): Aufwachsen in zwei Deutschlands: Eine angewandte psychoanalytische Pilotstudie mit Kindern in Jena und Kassel. In: Datler, W./Finger-Trescher, U./Büttner, C. (Hg): Jahrbuch für Psychoanalytische Pädagogik, Bd. 7, S. 72–100.
Gehrig, H. (1996): Comenius und Pestalozzi - Spuren einer Beziehung. In: Golz,R./Korthaase, W./Schäfer, E.(Hg.): Comenius und unsere Zeit. Baltmannsweiler.
Golz, R./Korthaase, W./Schäfer, E. (1996)(Hg.): Comenius und unsere Zeit. Baltmannsweiler.
Gervai, J. (2008): Einflüsse von Genetik und Umwelt auf die Entwicklung von Bindungsverhaltensweisen. In: Brisch K.H. & Hellbrügge, T. (Hg.): Der Säugling. Bindung, Neurobiologie und Gene. Klett-Cotta, Stuttgart, S. 185–206.
Gamm, J. (1978): Umgang mit sich selbst. Reinbek.
Geo (2002), H. 12.
Göppel, R./Hirblinger, A./Hirblinger, H./Würker, A. (2010) (Hrsg.): Schule als Bildungsort und „emotionaler" Raum. Opladen/Farmington Hills, MI.
Gordon, T. (1977): Lehrer-Schüler-Konferenz. Wie man Konflikte in der Schule löst. Hamburg.
Gordon, T. (1978): Familienkonferenz in der Praxis. Wie Konflikte mit Kindern gelöst werden. Hamburg [(1981) Reinbek].
Groddeck, N. (2002): Carl Rogers. Wegbereiter der modernen Psychotherapie. Darmstadt.

Gudjons, H. ([1993]/[7]2001): Pädagogisches Grundwissen. Bad Heilbrunn.
Habermas, J. ([11]1981): Technik und Wissenschaft als ‚Ideologie'. Frankfurt a.M.
Habermas, J./Luhmann, N. (1971): Theorie der Gesellschaft oder Sozialtechnologie – Was leistet die Systemforschung? Frankfurt a.M.
Häsing, H./ Stubenrauch, H./Ziehe, T. (1979/[3]1982) (Hrsg.): Narziß. Ein neuer Sozialisationstyp? Bensheim.
Hantel-Quitman, W. (2005): Liebesaffären. Zur Psychologie leidenschaftlicher Beziehungen. Gießen.
Hantel-Quitman, W./Kastner, P. (2004)(Hg.): Der globalisierte Mensch. Wie die Globalisierung den Menschen verändert. Gießen.
Heiland, H. (1995): Maria Montessori. Reinbek.
Hentig, H. v. (1976): Was ist eine humane Schule? München/Wien.
Hernandez, J. (1977): Pädagogik des Seins. Paulo Freires praktische Theorie einer emanzipatorischen Erwachsenenbildung. Achenbach.
Höhfeld, K./Schlösser, A.-M. ([3]1997)(Hg.): Psychoanalyse der Liebe. Gießen.
Hofmann, F. (1975): Jan Amos Comenius. Lehrer der Nationen. Leipzig/Jena/Berlin.
Horkheimer, M. (1962): Ideologie und Handeln. In: Horkheimer, M./Adorno, T.W.: Sociologica. Reden und Vorträge. Frankfurt a.M., S. 38–47.
Horkheimer, M. (1962): Zum Begriff der Vernunft. In: Horkheimer, M./Adorno, T.W.: Sociologica. Reden und Vorträge. Frankfurt a.M., S. 193–204.
Horkheimer, M. (1968/1970): Traditionelle und kritische Theorie. Vier Aufsätze. Frankfurt a.M., Frankfurt a.M./Hamburg.
Horkheimer, M./Adorno, T.W. (1962): Sociologica. Reden und Vorträge. Frankfurt a.M.
Horkheimer, M./Adorno, T.W. (1973): Dialektik der Aufklärung. Philosophische Fragmente. Frankfurt a.M.
Horney-Eckardt, M. (1994): Fromm's Concept of Biophilia, Paper presented at the 34th Winter-Meeting of the American Academy of Psychoanalysis. December 9, 1990 in San Antonio/Texas in Commemoration of Erich Fromm's 90th Birthday. First published in Journal of the American Academy of Psychoanalysis 20 (1992) 2, pp. 233–240 and reprinted in: Vom Umgang mit dem Fremden (Dealing with the Alien). Jahrbuch der Internationalen Erich-Fromm-Gesellschaft. Münster 5, S. 101–109.
Hüther, G. (2006): Brainwash: Einführung in die Neurobiologie für Pädagogen, Therapeuten und Lehrer. Auditorium Netzwerk. Mühlheim/Baden.
Huschke-Rhein, R. (1987): Die Liebe zum Lebendigen (Biophilie) als Grundlage der Erziehung und Bildung. In: Claßen, J.: Erich Fromm und die Pädagogik. Gesellschafts-Charakter und Erziehung. Weinheim/Basel, S. 43–60.
Jean Paul (o.J. [1916]): Titan und Komischer Anhang zum Titan. Erster Theil. Leipzig.
Jean Paul (o.J. [1916]): Titan und Komischer Anhang zum Titan. Zweiter Theil. Leipzig.
Jean Paul ([2]1894), bearb. von K. Fischer. Erster Teil. Leben und Lehren Jean Pauls. Levana, 1. Abteilung (Levana oder Erziehlehre). Langensalza.
Johach, H.: Charakterbildung und Familienerziehung. Primäre Sozialisation nach Erich Fromm. In: Claßen, J.: Erich Fromm und die Pädagogik. Gesellschafts-Charakter und Erziehung. Weinheim/Basel 1987, S. 114–126.
Julius, H. (2009): Bindungsgeleitete Interventionen in der schulischen Erziehungshilfe. In: Kißgen, R. (Hg.): Bindung im Kindesalter. Hogrefe, Göttingen, S. 293–316.
Jungmann, T./Reichenbach, Chr. (2009): Bindungstheorie und pädagogisches Handeln. Dortmund.

Kersten, W. (2001): Wertschätzung der Moderne – Paul Klee, Georg Schmidt und das Kunstsammlerehepaar Friedrich-Jezler. Freiburg.

Kant, I. (1803): Immanuel Kant über Pädagogik, hrsg. v. Rink, D.F.Th. Königsberg.

Kant, I. ([2]1982): Ausgewählte Schriften zur Pädagogik und ihrer Begründung, bes. v. Groothoff, H. unter Mitwirk. v.Reimers, E. Paderborn.

Kant, I. ([5]1984): Über Pädagogik, hrsg. v. Holstein, H. Bochum.

Kant, I. (1990): Kritik der reinen Vernunft. Transzendentale Ästhetik, A 19, B 33, hrsg. v. Schmidt, R. Hamburg, S. 63.

Keupp, H. (o.J. [ca. 2002]): Sich selber finden – Identitätskonstruktionen heute und welche Ressourcen in Familie und Gesellschaft sie benötigen. München, S. 5. http://www.ipp-muenchen.de/texte/sich_selber_finden.pdf (07.02.2011).

Keupp, H. (2002a): „Identitäten in der Ambivalenz der Postmodernen Gesellschaft". Vortrag beim 6. Benediktbeurer Herbstforum „...entweder – und ..." Vom Umgang der Sozialen Arbeit mit unlösbaren Widersprüchen. Benediktbeuren am 19. Oktober. http://www.ipp-muenchen.de/texte/identitaeten.pdf (02.06.2014).

Keupp, H. (2003a): Identitätskonstruktionen, Vortrag bei der 5. bundesweiten Fachtagung zur Erlebnispädagogik. Magdeburg am 22. September. http://www.ipp-muenchen.de/texte/identitaetskonstruktion.pdf (02.06.2014).

Keupp, H. (2003b): Gesellschaftlicher Umbruch und seine Konsequenzen für die individuelle Lebensbewältigung. München. http://www.gestalt-institut-frankfurt.de/download/Keupp.pdf (16.11. 2010).

Keupp, H. (2006): Bildung zwischen Anpassung und Lebenskunst. Ressourcen der Lebensbewältigung. Vortrag auf dem „Tag der Weiterbildung" am 3. März in St. Johann im Pongau. http://www.eb.salzburg.at/download/Keupp-Referat.pdf (18.05.2009).

Keupp, H. (2009): Das erschöpfte Subjekt in einer entgrenzten Welt. Vortrag beim Kampagnenauftakt des Münchner Bündnisses gegen Depression am 10.10.2009, S. 32. http://www.buendnis-depression.de/depression/bilder/Vortrag_Prof.Dr.Heiner_Keupp.pdf (07.02.2011).

Kilian, H. (1995): Psychohistory, Cultural Evolutions, and the Historial Significance of Self Psychology. In: Goldberg, A. (Hg.): Progress in Self Psychology, Volume 11. Hillsdale NJ, S. 291–302.

Klafki, W. (1986): Die Bedeutung der klassischen Bildungstheorien für ein zeitgemäßes Konzept allgemeiner Bildung. In: Zeitschrift für Pädagogik, Jg. 32, H. 4, S. 455–476.

Klafki, W. ([6]2007): Neue Studien zur Bildungstheorie und Didaktik. Zeitgemäße Allgemeinbildung und kritisch-konstruktive Didaktik. Weinheim/Basel.

Klein, F. (1996): Janusz Korczak. Sein Leben für Kinder – sein Beitrag für die Heilpädagogik. Bad Heilbrunn.

Klingst, M. (1998): Nehmt die Vandalen in die Pflicht. ZEIT, Nr. 16/98, S. 4.

Klotter, C. (1999): Liebesvorstellungen im 20. Jahrhundert. Gießen.

Knapp, G.P. (1982): Erich Fromm. Berlin.

Köhler, L. (1995): Das Selbst im Säuglings- und Kleinkindalter. Vortrag beim 4. Internatio-nalen Selbstpsychologie Symposium: „Das Selbst im Lebenszyklus", Dreieich, Juni 1995.

Köhler, L. (1998): Zur Anwendung der Bindungstheorie in der psychoanalytischen Praxis. In: PSYCHE, 4/98, S. 369–397.

Kohut, H. (1973): Überlegungen zum Narzißmus und zur narzißtischen Wut. In: PSYCHE, 27, S. 513–554.

Kohut, H. (1973): Narzißmus. Suhrkamp, Frankfurt a.M.

Kohut, H. (1975): Die Zukunft der Psychoanalyse. Suhrkamp, Frankfurt a.M.

Kohut, H. (1977): The Restoration of the Self. Dt. (1979): Die Heilung des Selbst. Frankfurt a.M.

Kohut, H. (1979): Die Heilung des Selbst. Frankfurt a.M.

Kohut, H. (1984): How does Analysis cure? Dt. (1987): Wie heilt die Psychoanalyse. Frankfurt a.M.

Kohut, H. (1987): Wie heilt die Psychoanalyse. Suhrkamp, Frankfurt a.M.

Kohut, H. (1993): Auf der Suche nach dem Selbst. München.

Kohut, H. (2001): Introspektion, Empathie und der Halbkreis psychischer Gesundheit. Selbstpsychologie 2, S. 147–168.

Komenský, J.A. (1959): Analytische Didaktik und andere pädagogische Schriften, ausgew. u. eingel. v. F. Hofmann. Berlin (Ost).

Komenský, J.A. (1970): Allgemeine Beratung über die Verbesserung der menschlichen Dinge, hrsg. v. F. Hofmann. Berlin (Ost).

Korczak, J. (1967): Wie man ein Kind lieben soll. Göttingen.

Korczak, J. (1979): Von Kindern und anderen Vorbildern. Gütersloh.

Korczak, J. (2002): Wie liebt man ein Kind. Das Kind in der Familie, hrsg. v. F. Beiner. Gütersloh.

Krapp, G. (1965): Philosophie – ein Gang durch ihre Geschichte. Verlag Lebendiges Wissen. München.

Krüll, M. (1990): Die Geburt ist nicht der Anfang. Stuttgart.

Kümmel. O.F./Maurer, F./Popp, W./Schaal, H. (1978): Vergißt die Schule unsere Kinder? München.

Kunz, L. (1994) (Hg.): Einführung in die Korczak-Pädagogik. Konzeption, Rezeption und vergleichende Analysen. Weinheim/Basel.

Lasch, C. (1987): Geborgenheit. Die Bedrohung der Familie in der modernen Welt. München.

Lichtenberg, J./Wolf, E. (1997): General Principles of Self Psychology: A Position Statement. In: Journal of the American Psychoanalytic Association, 1997, Vol. 45/2, S. 531–543.

Lickona, T. (1989): Wie man gute Kinder erzieht. Kindt, München.

Lorenzer, A. (1972): Zur Begründung einer materialistischen Sozialisationstheorie. Frankfurt a.M.

Leuzinger-Bohleber, M./Garlichs, A. (1993): Früherziehung West-Ost. Weinheim/München.

Loch, W. (1979): Lebenslauf und Erziehung. Reihe: Neue pädagogische Bemühungen, Bd. 79. Essen.

Lorenzer, A. (1973): Sprachzerstörung und Rekonstruktion. Frankfurt a.M.

Maaz, H.-J. (2007): Die Liebesfalle. Spielregeln für eine neue Beziehungskultur. München.

Maaz, H.-J. ([5]2008): Der Lilith Komplex. Die dunklen Seiten der Mütterlichkeit. München.

Maccoby, M. (1979): Die neuen Chefs. Reinbek.

März, F. (1998): Personengeschichte der Pädagogik. Ideen – Initiativen – Illusionen. Bad Heilbrunn.

Mahler, M.S./Pine, F./Bergman, A. (1975): The psychological birth of the human infant. New York (Basic Books). Dt. (1980): Die psychische Geburt des Menschen. Übers. v. H. Weller. Frankfurt a.M.

Marcuse, H. ([10]1971): Kultur und Gesellschaft 1. Frankfurt a.M.

Marcuse, H. ([1970]/[5]1972): Der eindimensionale Mensch. Neuwied/Berlin.

Marcuse, H. ([8]1970): Kultur und Gesellschaft 2. Frankfurt a.M.

Marcuse, H. ([6]1978): Ideen zu einer kritischen Theorie der Gesellschaft. Frankfurt a.M.

McAdams, D.P. (1996): Das bin Ich. Wie persönliche Mythen unser Selbstbild formen. Hamburg.
McGilchrist, I. (2009): The Master and his Emissary. Yale University Press. New Haven, London.
Mettler-v. Meibom, B.(1995): Kommunikation in der Mediengesellschaft. Berlin.
Mettler-v. Meibom, B. (2000): Die kommunikative Kraft der Liebe. Petersberg.
Mettler-v. Meibom, B. (2001): Schau-Spiel als Weg. Eine initiatische Kunsttherapie. Petersberg.
Mettler-v. Meibom, B. (2006): Wertschätzung. Wege zum Frieden mit der inneren und äußeren Natur. München.
Mettler-v. Meibom, B. (2007): Gelebte Wertschätzung. Eine Haltung wird lebendig. München.
Miller, A. (1981): Das Drama des begabten Kindes. Frankfurt a.M.
Montessori, M.M. (1977): Erziehung zum Menschen. München.
Nilsson, L. (1995): Ein Kind entsteht. München.
Nohl, H. (1958): Erziehergestalten. Göttingen.
Ornstein, A. (1977): Die Herstellung des Kontaktes mit der inneren Welt des Kindes. In: Familiendynamik, Heft 4, S. 282–315.
Ornstein, A./Ornstein, P. (1994): Elternschaft als Funktion des Erwachsenenselbst. In: Kinderanalyse, H. 3.
Ornstein, A. (1999): Child-Centred Family Treatment: A Conceptual Framework in Child Psychotherapy. Brief Course in Child Psychotherapy. März. Zürich.
Ornstein, A. (2007): Kindzentrierte Familienbehandlung: Konzeptuelle Rahmenbedingungen und Implikationen für die Behandlung (unveröffentl. Vortrag beim 4. Symposium des Instituts für Analytische Kinder- und Jugendlichen-Psychotherapie HD am 20.07.2007).
Ornstein, A./Ornstein, P. (1994): Elternschaft als Funktion des Erwachsenen-Selbst. Kinderanalyse 3/1994, S. 351–376.
Petersen, J./Priesemann, G. (1992): Einführung in die Unterrichtswissenschaft, Teil 2. Frankfurt a. M.
Perls, F.S. (1974): Gestalt-Therapie in Aktion. Stuttgart.
Perry, B.; Pollard, R.; Blakely, T.; Baker, W. & Vigilante, D. (1995): Childhood trauma, the neurobiology of adaption, and »use-dependent« development of the brain: How ›states‹ become ›traits‹. Infant Mental Health J. 16, S. 271–291.
Petersen, J./Priesemann, G. (1996): Comenius zur Theorie von Schule und Unterricht. In: Arnhardt, G./Reinert [v. Carlsburg], G.-B. (Hrsg.): Jan Amos Comenius. Über sich und die Erneuerung von Wissenschaft, Erziehung und christlicher Lebensordnung. Bd. 1. Donauwörth, S. 33–57.
Piaget, J. (1999): Über Pädagogik. Weinheim/Basel.
Plutarch (1947): Kinderzucht. Ernst Heimeran, München.
Portmann, A. (1951): Biologische Fragmente zu einer Lehre vom Menschen. Basel.
PZ [Zeitschrift der Bundeszentrale für politische Bildung] (2000) 104 (Dezember).
Rass, E. (2002): Kindliches Erleben bei Wahrnehmungsproblemen. Frankfurt a.M.
Rass, E. (2008): Kontaktaufnahme mit der Wahrnehmungswelt des Kindes: (Unerkannte) Störungen in der Wahrnehmungsorganisation und deren Auswirkungen auf die psychische Entwicklung. Books on Demand. Norderstedt.
Rass, E. (2011): Bindung und Sicherheit im Lebenslauf. Stuttgart.
Rass, E. (2012) (Hrsg.): Allan Schore: Schaltstellen der Entwicklung. Stuttgart.
Rass, E. (2013): Die frühe Kindheit – die grundlegende Weichenstellung in der Entwicklung. In: psychosozial 36. Jg., Heft 4, 2013, S. 99–109.

Rass, E. (2014): Gesundheit und Krankheit: Entwicklungspsychologische Entstehungsbedingungen aus der Sicht der Bindungs- und Affektregulationstheorie. (i.D.)

Reble, A. (1969): Geschichte der Pädagogik. Stuttgart.

Reiche, R. (2000): Geschlechterspannung. Eine psychoanalytische Untersuchung. Gießen.

Reinert [v. Carlsburg], G.-B./Arnhardt, G./Cornelius, P. (1996): Johann Heinrich Pestalozzi. Anthropologisches Denken und Handeln. Ein pädagogisches Konzept über die Zeiten. Donauwörth.

Riemann, F. (1999): Die Fähigkeit zu lieben. Berlin.

Rogers, C.R. ([1942]/1972): Die nicht direktive Beratung. München [Orig.: Counselling and Psychotherapy. Boston].

Rogers, C.R. (1985): Die Kraft des Guten. Ein Appell zur Selbstverwirklichung. Frankfurt a.M. [(1978) München].

Rogers, C.R. ([3]1979): Lernen in Freiheit. Zur Bildungsreform in Schule und Universität. München.

Rogers, C.R. ([1979]/[5]1985): Die Entwicklung der Persönlichkeit. Stuttgart.

Rogers, C.R. (1983): Therapeut und Klient: Grundlagen der Gesprächspsychotherapie. Frankfurt a.M. [(1981) München].

Rogers, C.R. (1984): Freiheit und Engagement. Personenzentriertes Lehren und Lernen. München.

Rogers und die Pädagogik. Therapieanspruch und Anwendungsmöglichkeiten des personenzentrierten Ansatzes in der Pädagogik (1987), hrsg. v. d. Gesellschaft für Gesprächspsychotherapie. Weinheim/München 1987.

Rogers, C.R. (1993): Die klientenzentrierte Gesprächspsychotherapie. Frankfurt [(1972) München].

Rogers, C.R. ([1981]/[5]1993): Der neue Mensch. Stuttgart.

Rogers, C.R. (1991): Partnerschule. Zusammenleben will gelernt sein – das offene Gespräch mit Paaren und Ehepaaren. Frankfurt a.M.

Rosemann, H. ([2]1979): Kinder im Schulstreß. Frankfurt a.M.

Schmalohr, E. (1975): Frühe Mutterentbehrung bei Mensch und Tier. München.

Schmid, P.F. ([2]1995): Personale Begegnung. Würzburg.

Schmid, W. (1998): Philosophie der Lebenskunst. Frankfurt a.M.

Schore, A. (1994): Affect Regulation and the Origin of the Self. The Neurobiology of Emotional Development. Erlbaum, Mahwah, NY.

Schore, A. (1996): The experience-dependent maturation of a regulatory system in the orbital prefrontal cortex and the origin of developmental psychopathology. Develop. and Psychopathol. 8, S. 59–87.

Schore, A. (2003): Affect Regulation and the Repair of the Self. Dt. (2007): Affektregulation und die Reorganisation des Selbst. Übers. v. E. Rass. Stuttgart.

Schore, A.N. (2005): Attachment, Affect Regulation, and the Developing Right Brain: Linking Developmental Neuroscience to Pediatrics. Pediatrics in Review 26(6), S. 204–217.

Schore, A. (2012): The Science of the Art of Psychotherapy. W. W. Norton & Company, New York.

Shahar, S. (1993): Kindheit im Mittelalter. Reinbek.

Singer, K. (1973): Verhindert die Schule das Lernen? München.

Singer, K. (1981): Maßstäbe für eine Humane Schule. Frankfurt a.M.

Slade, A. & Cohen, L. J. (2002): Elternschaft als Prozess und die Erinnerung an Vergangenes. Selbstpsychologie 7, H. 1, S. 83–141.

Spiegel 15/98: Die kleinen Monster. S. 126–141.
Spiegel spezial (1999), H. 5.
Spitzer, M. (1996): Geist im Netz. Spektrum, Heidelberg.
Stern, D. (1977): Mutter und Kind. Die erste Beziehung. Stuttgart.
Stern, D. (1992): Die Lebenserfahrung des Säuglings. Stuttgart.
Tausch, R. (2005): Personenlexikon der Psychotherapie. Wien.
Tausch, R./Tausch, A.-M. ([1960]/^{9}1990): Gesprächs-Psychotherapie. Hilfreiche Gruppen- und Einzelgespräche in Psychotherapie und alltäglichem Leben. Göttingen/Toronto/Zürich.
Tomatis, A. (1995): Das Ohr und das Leben. Düsseldorf.
Trescher, H.-G./Finger-Trescher, U. (1995): Setting und Holding-Function. Über den Zusammenhang von äußerer und innerer Strukturbildung. In: Finger-Trescher, U./Trescher, H.-G. (Hrsg.): Aggression und Wachstum. Matthias-Grünewald, Mainz, S. 90–116.
Trevarthen, C. (1993): The self born in intersubjectivity: The psychology of an infant communicating. In: Neisser, U. (Hg.): The Perceived Self: Ecological and Interpersonal Sources of Self-Knowledge. Cambridge University Press, New York S. 121–173.
Tronick, E. & Cohn, J. (1989): Infant–mother face-to-face interaction. Age and gender differences in coordination and occurrence of miscoordination. Child Develop. 60, S. 85–92.
Winnicott, D. (1960): The theory of the parent-infant relationship. In: Winnicott, D. (Hg.): The maturational processes and the facilitating environment. International Universities Press, New York, S. 37–55. Dt. (1974): Die Theorie von der Beziehung zwischen Mutter und Kind. Übers. v. G. Theusner-Stampa. In: Reifungsprozesse und fördernde Umwelt. Frankfurt a.M., S. 47–71.
Winnicott, D. (1965): Maturational Processes and the Facilitating Environment. The Hogarth Press, London. Dt. (2001): Reifungsprozesse und fördernde Umwelt. Psychosozial Gießen.
Wartenberg, D. (1996): Zum Menschenbild des Jan Amos Comenius. In: Golz, R./Korthaase, W./ Schäfer, E. (Hg.): Comenius und unsere Zeit. Baltmannsweiler, S. 11–15.
Wehr, H. (1987): Die Bedeutung Erich Fromms für die pädagogisch-psychologische Beratung in der Schule. In: Claßen, J.: Erich Fromm und die Pädagogik. Gesellschafts-Charakter und Erziehung. Weinheim/Basel, S. 160–180.
Wehr, H. (1989): Das Subjektmodell der Kritischen Theorie Erich Fromms als Leitbild humanistischen pädagogischen Handelns. Frankfurt a.M.
Wehr, H. (1990): Erich Fromm zur Einführung. Hamburg.
Wehr, H. (1991): Fromms Leben und Werk. In: Erich Fromm und die Kritische Theorie. Jahrbuch der Internationalen Erich-Fromm-Gesellschaft. Münster 2, S. 6–19.
Wehr, H./Carlsburg, G.-B. v. (2011): Der Weltverbesserer: Comenius (1592–1670). In: Kiel, E./ Zierer, K. (Hrsg.) (2011): Basiswissen Unterrichtsgestaltung. Bd. 1: Geschichte der Unterrichtsgestaltung. Baltmannsweiler, S. 43–57.
Winkel, R. (^{2}1988): Antinomische Pädagogik und Kommunikative Didaktik. Düsseldorf.
Wolf, E.S. (1996): Theorie und Praxis der psychoanalytischen Selbstpsychologie. Frankfurt a.M.
Wolf, S. (1992): Martin Buber – zur Einführung. Hamburg.
Ziehe, T./Stubenrauch, H. (1982): Plädoyer für ungewöhnliches Lernen. Reinbek.
Zottl, A. (1980): Erfahrung und Gegenwärtigkeit. Dialogische Folien über der Anthropologie von Carl Rogers. Göttingen.

ERZIEHUNGSKONZEPTIONEN UND PRAXIS

Herausgeber: Gerd-Bodo von Carlsburg

Band 1 Barbara Hellinge / Manfred Jourdan / Hubertus Maier-Hein: Kleine Pädagogik der Antike. 1984.

Band 2 Siegfried Prell: Handlungsorientierte Schulbegleitforschung. Anleitung, Durchführung und Evaluation. 1984.

Band 3 Gerd-Bodo Reinert: Leitbild Gesamtschule versus Gymnasium? Eine Problemskizze. 1984.

Band 4 Ingeborg Wagner: Aufmerksamkeitsförderung im Unterricht. Hilfen durch Lehrertraining. 1984.

Band 5 Peter Struck: Pädagogische Bindungen. Zur Optimierung von Lehrerverhalten im Schulalltag. 1984.

Band 6 Wolfgang Sehringer (Hrsg.): Lernwelten und Instruktionsformen. 1986.

Band 7 Gerd-Bodo Reinert (Hrsg.): Kindgemäße Erziehung. 1986.

Band 8 Heinrich Walther: Testament eines Schulleiters. 1986.

Band 9 Gerd-Bodo Reinert / Rainer Dieterich (Hrsg.): Theorie und Wirklichkeit - Studien zum Lehrerhandeln zwischen Unterrichtstheorie und Alltagsroutine. 1987.

Band 10 Jörg Petersen / Gerhard Priesemann: Einführung in die Unterrichtswissenschaft. Teil 1: Sprache und Anschauung. 2., überarb. Aufl. 1992.

Band 11 Jörg Petersen / Gerhard Priesemann: Einführung in die Unterrichtswissenschaft. Teil 2: Handlung und Erkenntnis. 1992.

Band 12 Wolfgang Hammer: Schulverwaltung im Spannungsfeld von Pädagogik und Gesellschaft. 1988.

Band 13 Werner Jünger: Schulunlust. Messung - Genese - Intervention. 1988.

Band 14 Jörg Petersen / Gerhard Priesemann: Unterricht als regelgeleiteter Handlungszusammenhang. Ein Beitrag zur Verständigung über Unterricht. 1988.

Band 15 Wolf-Dieter Hasenclever (Hrsg.): Pädagogik und Psychoanalyse. Marienauer Symposion zum 100. Geburtstag Gertrud Bondys. 1990.

Band 16 Jörg Petersen / Gerd-Bodo Reinert / Erwin Stephan: Betrifft: Hausaufgaben. Ein Überblick über die didaktische Diskussion für Elternhaus und Schule. 1990.

Band 17 Rudolf G. Büttner / Gerd-Bodo Reinert (Hrsg.): Schule und Identität im Wandel. Biographien und Begebenheiten aus dem Schulalltag zum Thema Identitätsentwicklung. 1991.

Band 18 Eva Maria Waibel: Von der Suchtprävention zur Gesundheitsförderung in der Schule. Der lange Weg der kleinen Schritte. 3. Aufl. 1994.

Band 19 Heike Biermann: Chancengerechtigkeit in der Grundschule – Anspruch und Wirklichkeit. 1992.

Band 20 Wolf-Dieter Hasenclever (Hrsg.): Reformpädagogik heute: Wege der Erziehung zum ökologischen Humanismus. 2. Marienauer Symposion zum 100. Geburtstag von Max Bondy. 1993. 2., durchges. Aufl. 1998.

Band 21 Bernd Arnold: Medienerziehung und moralische Entwicklung von Kindern. Eine medienpädagogische Untersuchung zur Moral im Fernsehen am Beispiel einer Serie für Kinder im Umfeld der Werbung. 1993.

Band 22 Dimitrios Chatzidimou: Hausaufgaben konkret. Eine empirische Untersuchung an deutschen und griechischen Schulen der Sekundarstufen. 1994.

Band 23 Klaus Knauer: Diagnostik im pädagogischen Prozeß. Eine didaktisch-diagnostische Handreichung für den Fachlehrer. 1994.

Band 24 Jörg Petersen / Gerd-Bodo Reinert (Hrsg.): Lehren und Lernen im Umfeld neuer Technologien. Reflexionen vor Ort. 1994.

Band 25 Stefanie Voigt: Biologisch-pädagogisches Denken in der Theorie. 1994.

Band 26 Stefanie Voigt: Biologisch-pädagogisches Denken in der Praxis. 1994.

Band 27 Reinhard Fatke / Horst Scarbath: Pioniere Psychoanalytischer Pädagogik. 1995.

Band 28 Rudolf G. Büttner / Gerd-Bodo Reinert (Hrsg.): Naturschutz in Theorie und Praxis. Mit Beispielen zum Tier-, Landschafts- und Gewässerschutz. 1995.

Band 29 Dimitrios Chatzidimou / Eleni Taratori: Hausaufgaben. Einstellungen deutscher und griechischer Lehrer. 1995.

Band 30 Bernd Weyh: Vernunft und Verstehen: Hans-Georg Gadamers anthropologische Hermeneutikkonzeption. 1995.

Band 31 Helmut Arndt / Henner Müller-Holtz (Hrsg.): Schulerfahrungen – Lebenserfahrungen. Anspruch und Wirklichkeit von Bildung und Erziehung heute. Reformpädagogik auf dem Prüfstand. 2. Aufl. 1996.

Band 32 Karlheinz Biller: Bildung erwerben in Unterricht, Schule und Familie. Begründung – Bausteine – Beispiele. 1996.

Band 33 Ruth Allgäuer: Evaluation macht uns stark! Zur Unverzichtbarkeit von Praxisforschung im schulischen Alltag. 1997. 2., durchges. Aufl. 1998.

Band 34 Christel Senges: Das Symbol des Drachen als Ausdruck einer Konfliktgestaltung in der Sandspieltherapie. Ergebnisse aus einer Praxis für analytische Psychotherapie von Kindern und Jugendlichen. 1998.

Band 35 Achim Dehnert: Untersuchung der Selbstmodelle von Managern. 1997.

Band 36 Shen-Keng Yang: Comparison, Understanding and Teacher Education in International Perspective. Edited and introduced by Gerhard W. Schnaitmann. 1998.

Band 37 Johann Amos Comenius: Allverbesserung (Panorthosia). Eingeleitet, übersetzt und erläutert von Franz Hofmann. 1998.

Band 38 Edeltrud Ditter-Stolz: Zeitgenössische Musik nach 1945 im Musikunterricht der Sekundarstufe I. 1999.

Band 39 Manfred Luketic: Elektrotechnische Lernsoftware für den Technikunterricht an Hauptschulen. 1999.

Band 40 Gerhard Baltes / Brigitta Eckert: Differente Bildungsorte in systemischer Vernetzung. Eine Antwort auf das Problem der funktionellen Differenzierung in der Kooperation zwischen Jugendarbeit und Schule. 1999.

Band 41 Roswit Strittmatter: Soziales Lernen. Ein Förderkonzept für sehbehinderte Schüler. 1999.

Band 42 Thomas H. Häcker: Widerstände in Lehr-Lern-Prozessen. Eine explorative Studie zur pädagogischen Weiterbildung von Lehrkräften. 1999.

Band 43 Sabine Andresen / Bärbel Schön (Hrsg.): Lehrerbildung für morgen. Wissenschaftlicher Nachwuchs stellt sich vor. 1999.

Band 44 Ernst Begemann: Lernen verstehen – Verstehen lernen. Zeitgemäße Einsichten für Lehrer und Eltern. Mit Beiträgen von Heinrich Bauersfeld. 2000.

Band 45 Günter Ramachers: Das intrapersonale Todeskonzept als Teil sozialer Wirklichkeit. 2000.

Band 46 Christoph Dönges: Lebensweltliche Erfahrung statt empirischer Enteignung. Grenzen und Alternativen empirischer Konzepte in der (Sonder-)Pädagogik. 2000.

Band 47 Michael Luley: Eine kleine Geschichte des deutschen Schulbaus. Vom späten 18. Jahrhundert bis zur Gegenwart. 2000.

Band 48 Helmut Arndt / Henner Müller-Holtz (Hrsg.): Herausforderungen an die Pädagogik aufgrund des gegenwärtigen gesellschaftlichen Wandels. Bildung und Erziehung am Beginn des 3. Jahrtausends. 2000.

Band 49 Johann Amos Comenius: Allermahnung (Pannuthesia). Eingeleitet, übersetzt und erläutert von Franz Hofmann. 2001.

Band 50 Hans-Peter Spittler-Massolle: Blindheit und blindenpädagogischer Blick. Der *Brief über die Blinden zum Gebrauch für die Sehenden* von Denis Diderot und seine Bedeutung für den Begriff von Blindheit. 2001.

Band 51 Eva Rass: Kindliches Erleben bei Wahrnehmungsproblemen. Möglichkeiten einer selbstpsychologisch ausgerichteten Pädagogik und Psychotherapie bei sublimen und unerkannten Schwächen in der sensorischen Integration. 2002.

Band 52 Bruno Hamann: Neue Herausforderungen für eine zeitgemäße und zukunftsorientierte Schule. Unter Mitarbeit von Birgitta Hamann. 2002.

Band 53 Johann Amos Comenius: Allerleuchtung (Panaugia). Eingeleitet, übersetzt und erläutert von Franz Hofmann. 2002.

Band 54 Bernd Sixtus: Alasdair MacIntyres Tugendenlehre von *After Virtue* als Beitrag zum Disput über universalistische Erziehungsziele. 2002.

Band 55 Elke Wagner: Sehbehinderung und Soziale Kompetenz. Entwicklung und Erprobung eines Konzeptes. 2003.

Band 56 Jutta Rymarczyk / Helga Haudeck: *In Search of The Active Learner.* Untersuchungen zu Fremdsprachenunterricht, bilingualen und interdisziplinären Kontexten. 2003.

Band 57 Gerhard W. Schnaitmann: Forschungsmethoden in der Erziehungswissenschaft. Zum Verhältnis von qualitativen und quantitativen Methoden in der Lernforschung an einem Beispiel der Lernstrategienforschung. 2004.

Band 58 Bernd Schwarz / Thomas Eckert (Hrsg.): Erziehung und Bildung nach TIMSS und PISA. 2004.

Band 59 Werner Sacher / Alban Schraut (Hrsg.): Volkserzieher in dürftiger Zeit. Studien über Leben und Wirken Eduard Sprangers. 2004.

Band 60 Dorothee Dahl: Interdisziplinär geprägte Symbolik in der visuellen Kommunikation. Tendenzen therapeutisch-kunstpädagogischer Unterrichtsmodelle vor dem Hintergrund multimedialer Zeitstrukturen. 2005.

Band 61 Gerd-Bodo von Carlsburg / Marian Heitger (Hrsg.): Der Lehrer – ein (un)möglicher Beruf. 2005.

Band 62 Bruno Hamann: Pädagogische Anthropologie. Theorien – Modelle – Strukturen. Eine Einführung. 4., überarbeitete und ergänzte Auflage. 2005.

Band 63 Airi Liimets: Bestimmung des lernenden Menschen auf dem Wege der Reflexion über den Lernstil. 2005.

Band 64 Cornelia Matz: Vorbilder in den Medien. Ihre Wirkungen und Folgen für Heranwachsende. 2005.

Band 65 Birgitta Hamann: Grundfragen der Literaturdidaktik und zentrale Aspekte des Deutschunterrichts. 2005.

Band 66 Ralph Olsen / Hans-Bernhard Petermann / Jutta Rymarczyk (Hrsg.): Intertextualität und Bildung – didaktische und fachliche Perspektiven. 2006.

Band 67 Bruno Hamann: Bildungssystem und Lehrerbildung im Fokus aktueller Diskussionen. Bestandsaufnahme und Perspektiven. 2006.

Band 68 Ingeborg Seitz: Heterogenität als Chance. Lehrerprofessionalität im Wandel. 2007.

Band 69 Margret Ruep / Gustav Keller: Schulevaluation. Grundlagen, Methoden, Wirksamkeit. 2007.

Band 70 Harald Schweizer: Krach oder Grammatik? Streitschrift für einen revidierten Sprachunterricht. Kritik und Vorschläge. 2008.

Band 71 Martina Becker / Gerd-Bodo von Carlsburg / Helmut Wehr (Hrsg.): Seelische Gesundheit und gelungenes Leben. Perspektiven der Humanistischen Psychologie und Humanistischen Pädagogik. Ein Handbuch. 2008.

Band 72 Sigvard Clasen: Bildung im Licht von Beschäftigung und Wachstum. Wohin bewegt sich Deutschland? 2009.

Band 73 Gerd-Bodo von Carlsburg: Enkulturation und Bildung. Fundament sozialer Kompetenz. 2009.

Band 74 Hermann-Josef Wilbert: Musikunterricht im Rückblick. Eine alternative Musikdidaktik. 2009.

Band 75 Britta Klopsch: Fremdevaluation im Rahmen der Qualitätsentwicklung und -sicherung. Eine Evaluation der Qualifizierung baden-württembergischer Fremdevaluatorinnen und Fremdevaluatoren. 2009.

Band 76 Leonard Wehr: Partizipatorisches Marketing privater Hochschulen. Corporate Identity als Ziel von Bildungsmarketing. 2011.

Band 77 Konstantinos D. Chatzidimou: Microteaching als erlebnis- und handlungsorientierte Methode im Rahmen der Lehrerausbildung und der Didaktik. Eine theoretische und empirische Untersuchung. 2012.

Band 78 Miriam Lange: Befähigen, befähigt werden, sich befähigen – Eine Auseinandersetzung mit dem Capability Approach. 2014.

Band 79 Eva Rass (Hrsg.): Comenius: Seiner Zeit weit voraus...! Die Entdeckung der Kindheit als grundlegende Entwicklungsphase. 2014.

www.peterlang.com

www.ingramcontent.com/pod-product-compliance
Lightning Source LLC
Chambersburg PA
CBHW030244100426
42812CB00002B/316
* 9 7 8 3 6 3 1 6 5 6 0 6 8 *